Westliches Mittelmeer
Kreuzfahrt

Lilly Nielitz-Hart · Simon Hart

► Dieses Symbol im Buch verweist auf den großen Faltplan!

Willkommen

Unterwegs im Mittelmeer

Den Mittelmeerraum 15 x direkt erleben

Willkommen
Unser Kreuzfahrt-Höhepunkt

Die Straße von Messina trennt das Tyrrhenische Meer vom Ionischen Meer und markiert den Übergang vom westlichen ins östliche Mittelmeer. Nördlich von Messina, bei der Einfahrt in die Meerenge, ist diese zwischen Punta del Faro auf der sizilianischen Seite und Punta Pezzo auf dem italienischen Festland nur ca. 3,3 km breit. Im Vorbeisegeln scheint hier die Küste zum Greifen nah, sodass man sogar die Einzelheiten der vorbeiziehenden Ortschaften ausmachen kann.

Erste Orientierung

Erlebnis Mittelmeerkreuzfahrt

Es gibt kaum einen besseren Weg, die kulturelle Vielfalt des Mittelmeerraums zu erkunden, als auf einem Kreuzfahrtschiff. Fast jeden Tag ist ein neuer Hafen zu entdecken, fährt das Schiff auf ein spektakuläres Panorama zu, taucht man ein in eine andere Welt. Die Schiffe steuern nicht nur die spannendsten Häfen der Festlandsküsten an, sondern auch zahlreiche Inseln: die Balearen, Korsika, Sardinien, Malta oder die größte Mittelmeerinsel Sizilien. Sie alle bieten neben wunderschönen Landschaften eine vielfältige Kultur und Zeugnisse einer reichen Geschichte.

Davon künden bereits spektakuläre Festungen an vielen Hafeneinfahrten. Die wehrhaften Bauwerke bezeugen die wechselhafte Geschichte des Mittelmeerraumes: Griechen, Römer, Karthager, Phönizier, Byzantiner, Sarazenen, Osmanen, Genuesen, Franzosen und Engländer haben ihre Spuren hinterlassen. Nicht umsonst bezeichnet man den Mittelmeerraum als »Wiege Europas«. Die Anrainerstaaten haben im Austausch und der Überlagerung ihrer Kulturen ihren eigenen, unverwechselbaren Charakter entwickelt.

Die Häfen

Die Kreuzfahrten im westlichen Mittelmeer führen zu Metropolen Spaniens, Frankreichs und Italiens, von denen viele direkt am Meer liegen. Oft gewinnt man schon von Bord aus einen groben Überblick über die Stadt, und nach dem Verlassen des Schiffs ist man gleich mitten im Geschehen. In **Malaga** (▶ B 5)**, Valencia** (▶ D 4)**, Barcelona** (▶ E 3) und **Genua** (▶ G 2) wurde zudem das

Hafengebiet selbst zur Erlebniswelt umgestaltet, sodass man hier in Fußweite vom Schiff Museen besichtigen, einkaufen oder essen gehen kann.

Doch nicht in allen Fällen fährt man mit dem Schiff sozusagen in die Stadt hinein. Für einige herausragende Ziele geht es zum jeweils nächstgelegenen Hafen: z. B. steuert man **Villefranche** (▶ G 2) oder **Cannes** (▶ G 2) für den Besuch von Monaco und Nizza an, **Genua** (▶ G 2) oder **Savona** (▶ G 2) für Portofino und die Cinque Terre, **Livorno** (▶ H 2) für Florenz, Pisa und Lucca, **Civitavecchia** (▶ H 3) für Rom. Je nach Länge und Thema der Kreuzfahrt kommen Aufenthalte auf verschiedenen Inseln hinzu, z. B. in **Palma de Mallorca** (Mallorca, ▶ E 4), in **Ajaccio** oder **Bastia** (Korsika, ▶ G 3), in **Valletta** (Malta, ▶ J 6), in **Messina** oder in **Catania** (Sizilien, ▶ J 5).

Auch Stops in Nordafrika, vor allem in **Tanger** (Marokko, ▶ B 5) oder **Tunis** (Tunesien, ▶ G 5), liegen bei einigen Veranstaltern auf den üblichen Routen. Wer auf konventionellem Weg reist, wird kaum so viele Ziele in einem einzigen Urlaub unterbringen können. Dazu packt man seinen Koffer ein einziges Mal und genießt die Rundumversorgung: kulinarisch, aber auch mit Unterhaltung, Wellness und Geselligkeit.

Länder und Regionen

Auch innerhalb eines besuchten Landes erlebt man oft kulturelle Differenzen. Am ungewöhnlichsten sind wohl die ehemaligen Kronkolonien **Gibraltar** (▶ B 5) und **Malta** (▶ J 6), denn hier betritt man Enklaven britischer Kultur. An der spanischen Küste reicht die Spanne im maurisch beeinflussten **Andalusien** (Málaga, ▶ B 5) von Flamenco und Stierkampf bis hin zu den Touristenmagneten an der Costa del Sol, wie Marbella und Torremolinos. Auch in der Region **Murcia** (Alicante, Cartagena, ▶ D 4) spürt man maurische Einflüsse und trifft auf griechische, karthagische und römische Ursprünge. **Valencia** (▶ D 4), Stadt der Fiestas, hat sich durch herausragende architektonische Projekte wie die Ciudad de las Artes neu definiert und gilt als eines der fortschrittlichsten Zentren Spaniens. **Barcelona** (▶ E 3), Hauptstadt Kataloniens, eröffnet einen Blick in die eigenständige katalanische Kultur, mit einer Mischung aus Historie, Tradition und einem sehr zeitgenössischen Ausblick.

Ein Tor zur Provence mit Städten wie **Avignon** (▶ F 2) und **Aix-en-Provence** (▶ F 2) ist die multikulturelle Hafenstadt **Marseille** (▶ F 2). Östlich davon erstreckt sich die **Côte d'Azur,** in der sich ein schicker Badeort und Jachthafen an den anderen reiht. Betuchte und Berühmte geben sich hier z. B. im Hafen von **Saint Tropez** (▶ F 2), beim Filmfestival in **Cannes** (▶ G 2) oder beim Grand Prix und im Casino von **Monte Carlo** (▶ G 2) ein Stelldichein. Die Insel **Korsika** (▶ G 3) ist eine Naturschönheit, die ihresgleichen sucht.

Die italienische Region **Ligurien** mit der Hauptstadt Genua (▶ G 2) zeichnet sich durch steile Küsten und ein gebirgiges Hinterland aus. An jeder Wegbiegung überraschen atemberaubende Aussichten. **Livorno** (▶ H 2) ist das Tor zur **Toskana,** die kulturell viel zu bieten hat und mit gutem Essen, guten Weinen und einer wunderschönen Landschaft aufzuwarten hat.

Selbst Inseln wie **Mallorca** (▶ E 4), die durch den Pauschaltourismus bekannt wurden, warten mit historischen Schätzen und überraschender kultureller Vielfalt auf.

In eine exotische Kultur taucht man in den nordafrikanischen Häfen ein. In **Tanger** (▶ B 5), einer der größten Städte Marokkos, treffen Orient und Okzident aufeinander, ist die Nähe zum europäischen Festland spürbar. Und in der Nähe von Tunis, Tunesien, befand sich einst eine der wichtigsten Städte der Antike, **Karthago** (▶ G 5). Auch den Besuch auf einem arabischen Markt sollte man sich dort nicht entgehen lassen.

Eine mächtige Festung bewacht den Hafen von Civitavecchia in Italien

Schlaglichter und Impressionen

Auf dem Schiff im Mittelmeer

Das Mittelmeer gehört zu den weltweit beliebtesten Kreuzfahrtdestinationen, denn man gelangt sozusagen über Nacht zu vielen der schönsten und interessantesten Sehenswürdigkeiten Europas. Vom Schiff aus ist der Blick auf die Küstenpanoramen, wie die der spanischen Costas, der Côte d'Azur und der Amalfiküste, die das Mittelmeer säumen, unverstellt. Einige der besten Ausblicke bieten sich vom Wasser. Nicht nur bei Capri sieht man die rote Sonne im Meer versinken – auf einer Mittelmeerkreuzfahrt erlebt man fast jeden Abend spektakuläre Sonnenuntergänge zum Greifen nah. Auch wenn das Schiff etwas weiter von der Küste entfernt ist, gibt es noch viel zu sehen. Neben Handelsschiffen tummeln sich Jachten und Fischerboote auf den geschäftigen Schifffahrtsrouten, die das Mittelmeer durchkreuzen. Pittoresk sind die hafennahen Märkte, die frische Früchte, Fisch und Meeresfrüchte anbieten – man kann sie in den entsprechenden Landesküchen beim Landausflug ausprobieren. Hier treffen auch die Kulturen der Anrainerstaaten zusammen, und Händler Asiens und Afrikas verkaufen ihre Waren.

Ankommen und Verabschieden

Zu den schönsten Momenten einer Kreuzfahrt gehört die Annäherung an ein Land und einen Hafen. Wenn am Horizont Klippen oder Berge aus dem Morgendunst auftauchen und sich die Silhouette der Küste abzeichnet, steigen die Spannung und die Vorfreude auf den Tag an Land. Zunächst sieht man vereinzelte Fischerboote und Segler, dann verdichtet sich der Verkehr auf dem Wasser. Schließlich holt das Lotsenboot das Schiff ab, um es sicher in den Hafen zu geleiten. Dort sieht man natürlich andere Kreuzfahrtschiffe mit gleichgesinnten Reisegruppen.

Auch das Auslaufen des Schiffes aus dem Hafen ist ein besonderes Erlebnis. Man steht an der Reling und wirft noch einmal einen letzten Blick auf die Bucht, in der man den Tag verbracht hat, sammelt seine Erinnerungen und macht die letzten Fotos. Viele Kreuzfahrtlinien laden nun zu einer Sailaway Party ein: Eine Band beginnt zu spielen, Champagner und Cocktails werden serviert. Das Schiff wird von kleineren Booten begleitet, die in der Bucht kreuzen, und niemand widersteht lange dem Drang, dem Gegenüber in der Ferne freundlich zuzuwinken. Dann geht es auf zum nächsten Ziel…

Reiserouten und Saison

Der Mittelmeerraum hat aufgrund seines durchgängig milden Klimas eine sehr lange Reisesaison – Aida und Costa bieten fast ganzjährig Mittelmeerkreuzfahrten an. Veranstalter, die im Mittelmeer ihre Heimathäfen haben, wie Costa (Savona) und MSC (Genua), bieten Rundreisen von und zu den unterschiedlichsten Häfen von Malaga bis Malta an. P&O und Royal Caribbean positionieren von April bis Oktober Schiffe im Mittelmeer, die bestimmte Routen befahren.

Je nach Veranstalter und Route werden verschiedene Hafenkombinationen angeboten. Bei Rundreisen kehrt man zum Abfahrtshafen zurück, wahlweise kann man jedoch auch eine Reise von A nach B unternehmen und die Heimreise von einem anderen Hafen antreten. Die angebotenen Routen sind unterschiedlich lang. Man kann entweder 7 oder 14 Tage reisen, es gibt aber auch Angebote von 4 bis 21 Tagen, und man kann Reisen kombinieren. Seetage werden immer dann in die Routen eingebaut, wenn das Schiff die Seemeilen bis zum nächsten Ziel nicht über Nacht bewältigen kann. Einige Kreuzfahrtlinien beginnen die Reise in den britischen Häfen Southampton oder Dover und durchfahren die Biskaya auf dem Weg ins Mittelmeer. Hier muss man mindestens vier Seetage für die An- und Abreise mit einrechnen.

In den Häfen

Die Kreuzfahrtindustrie stellt für die angefahrenen Orte eine wichtige Einnahmequelle dar. Kreuzfahrtgäste sind zwar meist nur einen Tag im Hafen, manchmal sogar nur einen Vor- oder Nachmittag. Sie möchten aber trotzdem so viel wie möglich sehen und erleben. So gibt jeder Reisende pro Hafentag etwa 50–90 € aus, für Essen und Trinken, Souvenirs, Eintrittsgelder etc.

Auf dem Schiff sind Gäste fast überall willkommen

Schlaglichter und Impressionen

Wenn man sich vor Augen führt, dass an manchen Tagen mehrere Schiffe gleichzeitig im Hafen liegen, die Tausenden von Passagieren Platz bieten, kann dies insbesondere für kleinere Orte äußerst lukrativ sein. Sie haben sich inzwischen sehr gut auf den Kreuzfahrttourismus eingestellt. Oft stellt die Touristeninformation einen Repräsentanten direkt am Terminal bereit, der Stadtpläne an die Kurzzeitgäste verteilt und mit Auskünften jeder Art helfen kann. Hier wird man oft auch auf Veranstalter verwiesen, die Ausflüge und Bootstouren für den Tag anbieten. Auch warten immer genügend Taxis für alle Besucher, die private Besichtigungstouren anbieten. Shuttlebusse vom Terminal ins Zentrum sind meist kostenfrei. Wenn viele Schiffe gleichzeitig im Hafen

Daten und Fakten

Fläche: Mit 2,5 Mio. km^2 ist das Mittelmeer ein Nebenmeer, das weniger als 1 % der Weltmeere einnimmt.

Bevölkerung: Im Mittelmeerraum leben 400 Mio. Menschen, 143 Mio. in den Küstenregionen.

Salzgehalt: Aufgrund von Verdunstung mit 3,8 % höher als im Atlantik.

Farbe: Das Mittelmeer ist planktonarm und hat daher eine tiefblaue Farbe.

Tiefste Stelle: Calypso Tief, 5267 m, südlich der Halbinsel Peloponnes, Griechenland. Im Westen um die Balearen herum beträgt die Tiefe zwischen 1500 und 3200 m, im Tyrrhenischen Meer um 3800 m und im Levantinischen Becken im Osten ist es um 5000 m tief.

Gezeiten: Die Gezeiten sind schwächer als im Atlantik, man spürt sie hauptsächlich bei Gibraltar und in der Nähe von Venedig und Triest.

Meeresboden: Südlich der Straße von Messina verläuft eine Schwelle, die das Mittelmeer in ein westliches und ein östliches Becken trennt. Im Tyrrhenischen Meer, vor Italien, gibt es unterseeische Gebirge sowie aktive Vulkane, wie den Ätna und den Stromboli. Die Sedimente im westlichen Teil sind ca. 25 Mio. Jahre alt. Im östlichen Becken gibt es aufgeschobene Sedimente und Gräben, die durch die Drift der afrikanischen Kontinentalplatte verursacht wurden, die nordwärts auf die eurasische Platte trifft. Die Sedimente im wesentlich tieferen östlichen Becken sind ca. 70 Mio. Jahre alt.

Winde und Klima: Es herrscht subtropisches Klima, im Sommer 23 °C im Westen, im Osten 25 °C, im Winter im Westen durchschnittlich 10 °C, im Osten 16 °C. Vorherrschende Winde: Der Mistral an der Südküste Frankreichs tritt vor allem im Herbst und Winter auf. Der Schirokko ist ein Südwind aus der Sahara, der alle Küsten des Mittelmeeres erreichen kann. An der adriatischen Küste stellt der Bora das Äquivalent zum Mistral dar. Die Etesien sind Nordwinde, die im östlichen Mittelmeer (in der Ägäis) auftreten.

Zuflüsse: 80 Flüsse in 19 Anrainerstaaten bringen Süßwasser in das Mittelmeer. Der größte Zufluss erfolgt jedoch durch die Straße von Gibraltar aus dem Atlantik. Während in den oberen Lagen Wasser zufließt, strömt es gleichzeitig in tieferen Lagen wieder ab.

Größte Inseln: Sizilien, Sardinien, Zypern, Korsika und Kreta.

eintreffen, ist allerdings bei den Hauptsehenswürdigkeiten mit langen Warteschlangen zu rechnen. Es empfiehlt sich, schon frühzeitig Karten zu buchen (z. B. Florenz/Uffizien, S. 107).

Fauna des Mittelmeeres

Im Mittelmeer gibt es etwa 500 große und kleine Fischarten. Was nur wenige wissen: darunter sind auch viele Hai-Arten, wie Katzenhaie, Blauhaie und sogar der Weiße Hai. Tiefseetaucher und Fischerboote haben hin und wieder über Begegnungen mit weißen Haien berichtet, allerdings sind die Populationen sehr klein, für Urlauber besteht daher keine Gefahr.

Erfreulich sind die Begegnungen mit Delphinschwärmen. Besonders in der Meerenge von Gibraltar sind Delphine, meist der Art des Blau-Weißen Delphins (Stenella coeruleoalba), sehr verbreitet. Oft begleiten sie größere Schiffe, man kann sie dann in der Nähe des Bugs deutlich sehen. Wenn Sie vor Gibraltar kreuzen, sollten Sie daher auf jeden Fall ein Fernglas bereithalten.

Wassersport

In der Nähe fast aller angelaufenen Häfen kann man sich in den klaren Wassern des Mittelmeers erfrischen. Infos zu Badestränden gibt es in diesem Buch im Infoteil bei den jeweiligen Häfen. Die besten Badebuchten und das sauberste Wasser im westlichen Mittelmeer findet man rund um Inseln, wie Mallorca, Korsika, Sardinien und Malta. Manche Veranstalter bieten im Hafen Wassersportaktivitäten wie Tauchen (Aida), Schnorcheln, Bananaboat Riding oder auch Segeln an.

Umweltschutz

Schiffe belasten durch die Verbrennung von Dieselkraftstoff die Umwelt, insbesondere die Küstenregionen. Obwohl Kreuzfahrtschiffe nur einen kleinen Teil der gesamten Schifffahrt ausmachen, produzieren sie etwa 0,1% der Treibhausgase der Welt. Dabei fallen vor allem die Werte für den Ausstoß von Schwefeldioxid, das Aerosole bildet, ins Gewicht. Auf hoher See wird oft noch Schweröl verwendet, das große Mengen Ruß und Abgase produziert. Der umweltfreundlichere Marinediesel ist zwar verfügbar, aber teurer im Verbrauch. Laut einer neuen Verordnung der Europäischen Kommission mussten die Schwefel-Emissionen auf der Ostsee, Nordsee und dem Ärmelkanal bis zum 1. Januar 2015 von 1,5% auf 0,1% gesenkt werden. In allen anderen EU-Gewässern sind die Grenzwerte bis 2020 von 3,5% auf 0,5% zu senken.

In den Häfen gelten ebenfalls strikte Bedingungen, denn auch während ein Schiff im Hafen liegt, bleiben normalerweise die Maschinen permanent in Betrieb, und aus den Schornsteinen entweichen Abgase. Man arbeitet derzeit an der Reduzierung des Energieverbrauchs, etwa durch neue Antriebstechnologien, und experimentiert mit ›saubererer‹ Energie in den Häfen. An Bord der Schiffe wird außerdem recycelt: Abwässer werden geklärt und aufbereitet. Im Hafen kann man oft beobachten, wie lange Schläuche an das Schiff angebracht werden, um Abwasser abzupumpen und neues Frischwasser einzuspeisen.

Verpackungen, Dosen etc. werden an Bord zerkleinert und komprimiert, denn bei Tausenden Gästen entsteht eine ganze Menge Müll. Als Reisegast können Sie Ihren Teil zum Umweltschutz beitragen, indem Sie auf keinen Fall Gegenstände über Bord werfen. An Bord können Sie z. B., wie in Hotels auch, Handtücher mehrfach benutzen, sodass diese weniger oft gewaschen werden müssen.

Geschichte, Gegenwart, Zukunft

Prähistorie und Antike

Prähistorische Funde weisen darauf hin, dass auf der Iberischen Halbinsel einige der frühesten Menschen Europas gelebt haben. In der Bronzezeit gab es kleinere Zivilisationen entlang der Küsten, wie z. B. die Etrusker in Süditalien (ca. 3000 v. Chr.).

Zur Bildung von Stadtstaaten und Handelsimperien kam es jedoch erst durch die Griechen und Phöniker, die der Entdeckerdrang aus den hochzivilisierten Reichen des Ostens ins westliche Mittelmeer trieb. Auf der Suche nach neuen Handelsrouten und Absatzmärkten und der Ausdehnung ihrer Territorien brachten sie ihr Wissen und ihre Kultur zu den neuen Küsten, errichteten Stützpunkte und Handelsniederlassungen z. B. in Sizilien, an der italienischen, französischen, spanischen und nordafrikanischen Küste. Einige davon entwickelten sich zu bedeutenden kulturellen und politischen Zentren, wie das griechische Siracusa in Sizilien und das phönikische Karthago in Tunesien, dessen Machtbereich bis nach Spanien reichte (ca. 900–800 v. Chr.).

Um 600 v. Chr. gewann das römische Imperium an Macht und dehnte sich von Italien aus. In den Punischen Kriegen löschten die Römer das blühende karthagische Reich unter Hannibal 146 v.Chr. aus, sodass die Römer die bestehenden Städte übernahmen und unterwarfen. Für mehrere Jahrhunderte kontrollierten sie ein riesiges Imperium, das sich von Westen nach Osten erstreckte. Das Mittelmeer wurde zum »Mare Nostrum«, dem römischen Meer. Nach dem Fall Roms blieb hiervon nur noch das Byzantinische Reich im Osten.

Mittelalter, Reconquista und Renaissance

Nach einem kurzen Vorstoß der Westgoten nach Spanien und der Franken nach Gallien etablierten sich die Ostgoten in Italien. Ab Beginn des 8. Jh. drangen islamisierte Araber von Marokko über Gibraltar nach Spanien vor und errangen dort für fast acht Jahrhunderte die Herrschaft über das Reich Al-Andalus, das heutige Andalusien.

Der Kampf des Christentums gegen den Vorstoß des Islams führte im Mittelalter zu den Kreuzzügen. Die Päpste in Rom wurden zur einflussreichsten Macht des christlichen Abendlandes. Ein Nebenprodukt hiervon war, dass z. B. Malta als Stützpunkt an die Ritter des Johanniterordens vergeben wurde. Das Königreich von Süditalien und Sizilien fiel an die Normannen unter Roger I. Im nördlichen Italien kam es zur Bildung von Stadtstaaten, die sehr bald den Handel im Mittelmeerraum kontrollierten und riesige Reichtümer erwirtschafteten: Genua, Pisa, Florenz und Venedig. Dies führte zu einer Blüte der Künste und Wissenschaften in der Renaissance, die bis nach Nordeuropa ausstrahlte.

In Spanien wurden die Araber im Rahmen der Reconquista von den Katholischen Königen Isabella von Kastilien und Ferdinand von Aragon bis 1492 verdrängt. Im selben Jahr finanzierte das Herrscherpaar die Reisen von Christoph Kolumbus. Nach der Entdeckung der Neuen Welt durch den Genueser waren es die Königreiche Spanien, Frankreich und Britannien, die den Seehandel übernahmen und sich zu Imperialmächten entwickelten.

Habsburger und Bourbonen

Im 16. Jh. tauchten die Habsburger als neue Macht auf. Die österreichische Dynastie erreichte es durch eine kluge Heiratspolitik, ihr Reich auf große Teile von Frankreich, Spanien, Nord- und Süditalien, Deutschland und Österreich auszuweiten. Im Rahmen der Erbfolge kam der Habsburger Karl I. (später als Karl V. Herrscher des Heiligen Römischen Reiches Deutscher Nation) 1519 auf den Thron. Durch eine Spaltung zerfiel das Haus in zwei Teile: Karls Sohn Philipp II. wurde zum Begründer der spanischen Linie und Karls Bruder Ferdinand I. begann die Erblinie der österreichischen Habsburger.

Unter Philipp II. kam es zu kriegerischen Auseinandersetzungen mit dem anglikanischen England (Niederlage der Armada 1588) und mit Frankreich. Nach dem Spanischen Erbfolgekrieg verlor Spanien einen Großteil seiner Ländereien und Machtbereiche an Frankreich. Gibraltar fiel 1704 an die Briten. Die Spanier regierten Süditalien und Sizilien bis 1713, dann übernahm dort das Haus Habsburg die Regentschaft. Ab 1738 kam es zu einem kurzen Zwischenspiel der Bourbonen. Bis zur Einigung im 19. Jh. blieb Italien ein in Norden und Süden gespaltenes Land.

Imperialmächte und Weltkriege

Frankreich beherrschte als Kolonialmacht in Nordafrika die Länder Marokko, Algerien und Tunesien. Das vereinigte italienische Königreich besetzte Libyen, die Briten dominierten Ägypten. Vom Beginn des 20. Jh. bis zum Ende des Zweiten Weltkriegs blieb der gesamte Mittelmeerraum bis zur Küste Nordafrikas und Ägyptens ein umkämpftes Gebiet. Insbesondere im Zweiten Weltkrieg erlittten die Hafenstädte in Italien, Spanien und Frank-reich ebenso wie die Mittelmeerinseln und Teile Nordafrikas schwere Schäden durch Gefechte und Bombenangriffe.

Vereintes Europa

Nach den Weltkriegen wurden die Kolonien in die Unabhängigkeit entlassen, einige erst recht spät, wie z. B. die nordafrikanischen Kolonien Frankreichs und Großbritanniens.

Mitte des 20. Jh. sah man auch die Notwendigkeit eines geeinten Europas im Interesse einer stabileren politischen Situation. Im Jahr 1955 wurde auf der Konferenz von Messina die Europäische Union ins Leben gerufen. Inzwischen gibt es auch Bestrebungen, den Lebensraum der Mittelmeerregion durch gemeinsame Umweltschutzprojekte für zukünftige Generationen zu erhalten.

In jüngster Zeit kam es zu demokratischen Bestrebungen in den nordafrikanischen Ländern wie Ägypten und Tunesien, die in der Zukunft sicher stärker in die gemeinsame Planung einbezogen werden müssen.

Malta – historische Kanonen erinnern bis heute an die wechselvolle Inselgeschichte

Essen und Trinken

Hunger leiden muss auf einem Kreuzfahrtschiff niemand – im Gegenteil, die meisten Reisenden nehmen während ihres Urlaubs zu. Der Reisepreis schließt Vollpension mit ein, das bedeutet bis zu sechs Mahlzeiten pro Tag – nicht zu vergessen Snacks wie Eiskrem für zwischendurch. Die Küche variiert je nach Herkunftsland der Kreuzfahrtlinie. Fast alle Linien bieten Themenabende mit Spezialitäten aus der bereisten Region.

Die Küchenchefs der Kreuzfahrtschiffe sind bestens auf **Diäten und Allergien** eingestellt. Vor der Reise muss man dies entsprechend beim Veranstalter angeben.

Tischzeiten vs. Freestyle Cruising

Üblicherweise gibt es an Bord ein oder mehrere Hauptrestaurants, in denen jeder Gast bei der Buchung automatisch einen Platz und eine Tischzeit zugeteilt bekommt. Man wählt entweder eine frühe oder späte Sitzung *(early* bzw. *late seating)* und diniert mit anderen Gästen (Zweiertische sind selten). Die Qualität und Präsentation der Speisen sowie der Service entsprechen einem feinen Restaurant, und es gilt ein Dresscode.

Beim Freestyle Cruising (z. B. bei NCL oder Aida) gibt es keine festgelegten Tischzeiten und auch keinen Dresscode, d. h. man begibt sich dann zum Restaurant, wenn man Essen möchte und bekommt jedesmal einen anderen Tisch zugeteilt. Allerdings gelten auch hier festgelegte Zeiten für den Service: Frühstück (ca. 7–10.30 Uhr), Lunch (11.30–14.30 Uhr) und Dinner (18–21 Uhr). Zu den Stoßzeiten können sich vor den Restaurants und Buffets Schlangen bilden.

Bei den meisten Schiffen gibt es zudem ein Selbstbedienungsrestaurant, in dem man alle Hauptmahlzeiten zwanglos einnehmen kann. Zusätzlich kann man sich dort fast rund um die Uhr mit Snacks versorgen. Zu später Stunde gibt es entweder ein Mitternachtsbuffet oder zumindest eine Restauranttheke, die durchgehend Snacks serviert. Auf großen Schiffen gibt es außerdem rund um den Pool Snackbars mit Pizza, Hamburgern, Eiskrem etc. In den warmen Jahreszeiten wird auch schon einmal auf Deck ein Grill (BBQ) aufgebaut.

Spezialitäten und Starköche

Auf fast allen Schiffen gibt es kostenpflichtige Spezialitätenrestaurants. Das Angebot reicht vom Steakhouse über mediterrane bis zu asiatischer Küche. Die Restaurants haben meist erweiterte Öffnungszeiten, jedoch muss man vorher einen Tisch reservieren. Publikumsmagneten sind Restaurants unter der Leitung von Starköchen. Ähnlich wie in den Filialen an Land stammt dann das Restaurantkonzept von einem Starkoch, von dem auch eine wechselnde Speisekarte gestaltet wird (z.B. Marco Pierre White/P&O, Nobuyuki Matsuhisa/Celebrity, Jamie Oliver/Royal Caribbean, Arnaud Lallement/Disney Cruises usw.). Der Preis liegt je nach Menü und Schiff bei 20–70 € pro Kopf. Zu bestimmten Zeiten reisen diese Köche für einige Tage an Bord mit, halten Vorträge oder geben Kochkurse für die Gäste.

An den Selbstbedienungsbuffets kann man nach Herzenslust schlemmen

Schlemmen beim Landgang

Beim Landgang sollte man unbedingt die örtlichen Spezialitäten kosten. Oft umwerben die Restaurants im Hafen die Kreuzfahrtgäste. Preiswerter und authentischer geht es in den lokalen Markthallen zu, wo man sich ein Picknick aus Käse, Oliven, Wurstspezialitäten und Obst zusammenstellen kann. In oder rund um die Märkte, wie die Boqueria in **Barcelona,** die Cours Saleya in **Nizza** oder den Mercado Centrale in **Florenz,** gibt es zudem Stände und Bistros, die günstige und frisch zubereitete Gerichte anbieten. Im Sommer bieten die *chiringuitos* an der **Costa del Sol** gegrillten Fisch und leckere Tapas. Zum Nachtisch locken in Spanien die *horchaterías* (katalanisch: *granjas),* mit leckeren Shakes aus Mandelmilch. Besonders Andalusien ist auch für seine Eiskrem berühmt. In Italien bietet eine Pizza oder ein Teller voller *antipasti* (Vorspeisen) einen leichten Lunch. Die maltesischen *pastizzi* – mit Käse oder Gemüse gefüllten Blätterteigtaschen – kann man den ganzen Tag essen.

Getränke

Kostenfreien Tee, Kaffee, (Leitungs-) Wasser, Säfte oder Eistee bekommt man in den Selbstbedienungsrestaurants normalerweise rund um die Uhr (bei Costa nur Tee und Wasser). Kaffeespezialitäten wie Espresso sind meist kostenpflichtig und nur bei MSC während der Mahlzeiten eingeschlossen.

Alle Getränke, die an den Bars oder beim Zimmerservice bzw. beim Weinsteward bestellt werden, werden in Rechnung gestellt. Zusätzlich fällt dann noch eine Service Charge von 15% an.

Für Familien mit Kindern, die viele Softdrinks, oder Erwachsene, die mehr als ein, zwei Gläser Alkohol pro Tag wünschen, lohnen sich **Getränkepakete.** Bei Softdrinks erhält man normalerweise einen Plastikbecher, den man sich an der Bar auffüllen lässt. Alkoholische Getränke werden im Glas ausgeschenkt. Man sollte vorher die Einschränkungen studieren und prüfen, ob sich die Ausgabe wirklich lohnt. Ein sehr gutes Preis-Leistungs-Verhältnis bieten gemischte Pakete mit Alkohol, Softdrinks, Kaffee und Eiskrem (MSC).

Kreuzfahrt-ABC

An- und Abreise

Flüge zum Abfahrtshafen oder die Anreise per Bahn oder Bus sind entweder von vornherein im Reisepreis inbegriffen oder werden vom Reisebüro oder Veranstalter gegen Gebühr einzeln hinzugebucht. Gleichzeitig wird dann auch der Transfer zum Schiff organisiert. Wer mit dem Auto anreisen möchte, findet in den meisten größeren Häfen in der Nähe des Terminals gesicherte Langzeitparkplätze, die man für die Dauer der Seereise mieten kann (etwa 60 €/Woche). Allerdings sind diese Plätze in Südeuropa oft nicht überdacht, das Auto steht in brütender Hitze. Generell gilt: Wer die Anreise auf eigene Faust bucht, muss den Transfer zum Schiff vom Flughafen oder Bahnhof ebenfalls selbst organisieren. Bei eventuellen Verspätungen ist man dann nicht abgesichert und verpasst im schlimmsten Fall das Schiff.

Buchung

Weltweit gibt es momentan 75 Kreuzfahrtveranstalter, die 350 Schiffe auf hoher See betreiben. Wer zum ersten Mal eine Kreuzfahrt bucht, sollte sich von einem Kreuzfahrtspezialisten beraten lassen, um das für ihn passende Schiff zu finden.

Der Kreuzfahrtmarkt richtet sich heute an ein breites Publikum aller Altersklassen. Die Veranstalter locken mit immer neuem Schiffsdesign, ausgefalleneren Restaurants und Freizeitangeboten. Neben familienorientierten Schiffen gibt es solche nur für Erwachsene, es werden Themenreisen angeboten, z.B.

Musikreisen von Hard Rock bis Klassik, Weinreisen usw.

Auf den Webseiten der Veranstalter findet man Deckpläne und virtuelle Schiffstouren. Rubriken wie etwa »Wichtige Fragen« oder »Leben an Bord« vermitteln einen umfassenden Eindruck vom Ambiente der Schiffe. Hilfreich sind auch die Kommentare und Meinungen anderer Kreuzfahrer, die sich auf Kreuzfahrtforen austauschen und dort Fotos und Videos hochladen.

Kreuzfahrtberater
www.kreuzfahrten.de,
www.cruise24.de,
www.globetrotter-kreuzfahrten.de,
www.e-hoi.de (www.e-hoi.ch),
www.kuoni.ch/buchen/kreuzfahrten,
www.seereisenportal.de,
www.meer-cruises.de

Gay Cruises
www.gay-traveler.de/gay-cruise.htm,
www.regenbogenurlaub.de,
www.seereisenportal.de/rubriken/
zielgruppen/gay.html.

Kreuzfahrtforen
www.boards.cruisecritic.com,
www.kreuzfahrten-treff.de,
www.shipedia.eu/forum,
www.kf-forum.eu,
www.schiffsbewertungen.de,
www.schiffskritiken.de

Buchungstarife und Nebenkosten

Der Reisepreis errechnet sich aus der jeweiligen Anzahl der Reisetage und der Kabinenkategorie. Im Standardpreis für eine Kreuzfahrt sind die Mahlzeiten in den Hauptrestaurants eingeschlossen, ebenso die Unterhaltung, die Benutzung der Sporteinrichtungen und die als kostenfrei deklarierten Wellnesseinrichtungen (Sauna, Jacuzzi usw.) sowie Hafengebühren. Getränke, Internetbenutzung, Kurse, Spezialitätenrestaurants, Landausflüge und Trinkgelder (s. »Trinkgeld«, S. 27) werden jedoch extra berechnet. Ein Aufschlag für Treibstoffkosten kann ebenfalls nachträglich in Rechnung gestellt werden.

Nur bei Luxuskreuzfahrten sind die obigen Leistungen sowie andere Extras inklusive. Manche Veranstalter, wie z.B. TUI (Mein Schiff) bietet einen ›All-inclusive‹-Tarif, der allerdings nicht alle wichtigen Leistungen abdeckt. Oft rechnet sich daher eher der Kauf eines zusätzlichen Wellness- oder Getränkepakets (s. »Essen und Trinken«, S. 14).

Gäste

Tausende von Kreuzfahrern sind sogenannte **Repeater** (Wiederholer) und verbringen Jahr für Jahr ihre Urlaube auf dem Meer. Bei den meisten Linien garantiert dies einen Wiederholerrabatt und zusätzliche Vergünstigungen, etwa in Form von Bordguthaben. Die VIPs unter den Wiederholern (mit besonders vielen Seetagen) werden außerdem etwa zu Cocktailpartys mit dem Kapitän und Offizieren eingeladen.

Heute lockt die Vielfalt der Kreuzfahrtkonzepte zunehmend **Newcomer** (Neulinge) an Bord, darunter viele jüngere Reisende. Einst bot nur die Norwegian Cruise Line (NCL) sogenanntes Freestyle Cruising an, bei dem die Gäste selbst entscheiden, wann und wo sie essen möchten. Heute bieten fast alle Veranstalter Büffetrestaurants, die fast rund um die Uhr geöffnet sind und wo die Kleiderordnung entspannt gehandhabt wird. Auch die Buchungstarife variieren und werden unterschiedlichen Ansprüchen und Geldbeuteln gerecht.

Familien mit Kindern werden von fast allen Veranstaltern heftig umworben. Neben gestaffelten Preisen gibt es Familienkabinen mit mehreren Betten, Zustellbetten oder Verbindungstür. Bei Aida, TUI, Costa, Cunard oder P&O wird ein einfallsreiches Freizeitangebot, mit sportlichen Aktivitäten, Spielen, Animation und Betreuung für den Nachwuchs vom Kleinkind- bis zum Teenageralter angeboten. Das Mindestreisealter liegt

Der Barmann kennt bald jeden Gast persönlich

je nach Veranstalter bei 6–12 Monaten. Die größeren Schiffe offerieren gegen ein Entgelt stundenweise Babysitting. **Jugendliche** profitieren von eigenen Aufenthaltsräumen (bei TUI z. B. Teenslounge), zum Teil mit Computerräumen, voll ausgestatteten Musikschulen und eigener Diskothek. (P&O Ventura und Azura). Auch in den Häfen werden speziell für Kinder konzipierte Aktivitäten angeboten, wie Aquaparks oder Zoos.

Auch **Einzelreisende** werden in puncto Unterhaltung meist gut bedacht: Es gibt Veranstaltungen zum Kennenlernen anderer Singles, bei gediegeneren Kreuzfahrtlinien, wie Cunard oder Silversea, stehen im Ballsaal auch schon mal Gentlemen Hosts bereit, die mit allein reisenden Damen das Tanzbein schwingen. Crystal Cruises setzt inzwischen als erste Linie auch sogenannte Ambassador Hostesses für allein reisende Herren ein.

Heiraten an Bord

Auf Schiffen, die unter der Flagge von Malta oder Bermuda fahren, kann der Kapitän auf See rechtsgültige Trauungen vollziehen. Allerdings ist das kein preiswertes Unterfangen und schließt zahlreiche Formalitäten mit ein, damit die Ehe auch im Heimatland als legal anerkannt wird. Man kann den Bund fürs Leben auch im Hafen schließen und unternimmt dann die Hochzeitsreise auf See. Eine ausführliche Beratung erhält man bei den Veranstaltern.

Kabinen

Für unterschiedlichste Anforderungen stehen Kabinen zur Auswahl – von der Innenkabine, Außenkabine mit Fenster, Balkonkabine, Suite bis hin zur Eigner-

Suite und zum Penthouse mit Butler. Die Grundausstattung aller Kabinen entspricht modernen Hotels.

Auf dem interaktiven Zimmerfernseher kann man sich über das Schiff, die Serviceangebote, den Wetterbericht und Landausflüge informieren. Zu empfangen sind in erster Linie internationale Sender wie BBC oder CNN, in Küstennähe auch regionale Sender. Manchmal werden beliebte Fernsehserien eingespielt. Außerdem kann man Filme und Musik gegen Gebühr herunterladen.

Der Kühlschrank ist mit einer kostenpflichtigen Minibar ausgestattet – auch Mineralwasser wird berechnet. Bei einigen Veranstaltern stehen ein Wasserkessel und eine Auswahl an Tee, Kaffee oder Kakaopulver bereit, in Luxussuiten gibt es sogar Espressomaschinen. Snacks und Getränke kann man rund um die Uhr auch über den Zimmerservice bestellen. Nur bei den Schiffen der gehobenen Klasse ist dieser jedoch kostenfrei.

Lärmanfällig sind Kabinen, die sehr nah an Bereichen liegen, wo das Personal ein- und ausgeht (auf dem Deckplan als weiße Fläche eingezeichnet). Kabinen auf unteren Decks in Heckbzw. Maschinenraumnähe können Vibrationen ausgesetzt sein. Aber auch in der Nähe der Gangways und der Ankerkette am Bug kann es laut werden.

Innenkabinen

Gewöhnungsbedürftig sind Innenkabinen, da man hier tatsächlich jedes Gefühl für die Tageszeit verliert. Bei einer Reise in den sonnigen Mittelmeerraum kann man natürlich tagsüber ausgiebig die Liegestühle auf den Außendecks nutzen. Auf manchen Hochseekreuzern gibt es Innenkabinen mit einem Fenster oder gar Balkon zum glasüberdachten Atrium (Cunard, Royal Caribbean). Hier bekommt man zwar Licht, büßt allerdings Privatsphäre ein.

Tipp: Wenn man den Fernsehkanal der Live-Webcam des Schiffs einstellt, sieht man die Aussicht vom Bug und die Wetterlage.

Balkonkabinen

Die schönste Reiseerfahrung bietet eine Balkonkabine. Vom eigenen Balkon kann man den Blick auf die See, etwa beim Morgenkaffee, in vollen Zügen genießen. Maximale Privatsphäre hat man auf Balkonen mit voller Abtrennung zur Nachbarkabine. Mit viel Wind ist allerdings in der Nähe des Bugs zu rechnen.

Tipp: Balkonkabinen mit eingeschränkter Sicht sind oft wesentlich preisgünstiger.

Einzelkabinen

25 % aller Kreuzfahrer reisen alleine. Kleinere ›Studiokabinen‹, wie bei NCL und Royal Caribbean, gibt es jedoch nicht auf allen Schiffen. Normalerweise muss man eine Doppelkabine zur Einzelbenutzung buchen, wofür ein happiger Aufschlag (Crystal Cruises und Costa 10–50%, Aida 70%, Cunard und Holland America 50–100%) anfällt.

Garantiekabinen

Wer eine vergünstigte ›Garantiekabine‹ bucht, bekommt erst kurz vor der Reise eine Restkabine zugewiesen. Hier darf man keine Top-Suite erwarten, wird aber mit etwas Glück mit einer höherwertigen Kabine überrascht.

Schiffe

Wie bei einem Hotel an Land wird auf jedem Schiff ein unterschiedlicher Standard angeboten, der von preisgünstig bis luxuriös reicht. Bei Windjammern und Jachten, die von 64 (›Sea Cloud‹) bis 450 Passagiere (›Seabourn Odyssey‹) fassen, gibt es eine geringere Auswahl an Gastronomie und Unterhaltung. Dafür werden viele luxuriöse Extras geboten und der Service ist exzellent. Dies spiegelt sich im Reisepreis von 300–600 €/Person und Tag wider. Diese Kreuzfahrtschiffe laufen ausgefallenere Destinationen und kleinere Häfen an, die für große nicht zugänglich sind.

Der Trend bei Schiffsneubauten geht jedoch hin zu immer größeren Schiffen, die schwimmenden Feriendörfern ähneln. Die beiden Megaliner ›Oasis of the Seas‹ und ›Allure of the Seas‹ (beide Royal Caribbean) nehmen bei voller Auslastung je 6360 Personen (Crew: 2164) an Bord. Die Kabinen bieten hier weniger als halb so viel Platz wie auf Luxusschiffen, dafür liegen die Tagesraten im Schnitt bei 70 € pro Person und man hat mehr Auswahl bei Freizeiteinrichtungen und Gastronomie, weitläufigere Decks und Promenaden. An den Pools, in den Buffetrestaurants und bei Landgängen muss man allerdings mit Wartezeiten rechnen. Wer auf einem großen Schiff reisen will, aber eine exklusivere Atmosphäre bevorzugt, kann bei Cunard (›Grill-Suiten‹), NCL (›The Haven‹) oder MSC (›Yacht Club‹) eine Suite im abgetrennten Bereich buchen, der den anderen Gästen verschlossen bleibt.

Deutschsprachige Hochseeschiffe

Aida Cruises (insgesamt 10 Schiffe),
FTI ›MS Berlin‹,
Hansa Touristik ›Ocean Majesty‹,
Hapag Lloyd ›Europa‹, ›Europa 2‹, ›Bremen‹ und ›Hanseatic‹,
Peter Deilmann ›MS Deutschland‹ (seit 1998 das »ZDF-Traumschiff«),
Phoenix Reisen ›Albatros‹, ›Amadea‹ und ›Artania‹,
Plantours ›MS Hamburg‹,
TUI Mein Schiff 1, 2, 3 und 4,
Transocean Kreuzfahrten ›Astor‹

Veranstalter

Viele Kreuzfahrtlinien gehören zu den zwei amerikanischen Kreuzfahrttriesen Carnival Corporation oder Royal Caribbean, die 75% des globalen Markts beherrschen. So ist die deutsche Aida eine Tochtergesellschaft von Costa Cruises, die zu Carnival gehört. Zu Carnival gehören auch Cunard Line, P&O Cruises, Princess Cruises, Holland America Line und Seabourn. Royal Caribbean (RCL) führt neben der 24 Schiffe starken eigenen Flotte z. B. auch Celebrity Cruises und Azamara Club Cruises und besitzt 50% der Anteile an der deutschen TUI. Obwohl jede Linie bewusst ihren eigenen Charakter bewahrt, gibt es oft eine gemeinsame Verwaltung und man nutzt dieselben Resourcen.

Die Mittelmeerländer und -inseln im Überblick

Land	Einw. (Mio.)	Wichtigste Hafenstädte	Einwohner	EU	Währung	Landesvorwahl
Gibraltar (GB)	0,03	Gibraltar	28 956	ja	£ (€ werden akzeptiert)	00350
Spanien	47,15	Malaga	560 000	ja	€	0034
		Cartagena	218 210			
		Alicante	334 418			
		Valencia	807 000			
		Barcelona	1 600 000			
Mallorca (E)	0,87	Palma de Mallorca	404 681	ja	€	0034
Frankreich	65,45	Marseille	851 420	ja	€	0033
		Cannes	72 939			
		St. Tropez	5690			
		Villefranche	6244			
		Nizza	344 875			
Korsika (F)	0,30	Ajaccio	55 000	ja	€	0033
		Bastia	43 000			
Monaco	0,03	Monaco	35 986	nein	€	00377
Italien	60,63	Genua	608 000	ja	€	0039
		Livorno	160 000			
		Civitavecchia	51 970			
		Neapel	1 000 000			0039
Sizilien (I)	5,05	Messina	240 000		€	
		Catania	313 000			
Malta (Gozo/ Comino)	0,42	La Valetta	6 098	ja	€	00356
Tunesien	10,28	Tunis/ La Goulette	730 000	nein	Tunesischer Dinar (TND)[1]	00216
Marokko	32,36	Tanger	700 000	nein	Marokk. Dirham (DH)[2]	00212

[1] 1 TND = ca. 0,44 €; 1€ = ca. 2,28 TND
[2] 1 DH = 0,09 €; 1€ = ca. 11 DH

Aus- und Einschiffung

Am Terminal wird das Gepäck entgegengenommen und auf die Kabine gebracht. Je nach Passagieraufkommen kann es mehrere Stunden dauern, bis alle Koffer in der richtigen Kabine angekommen sind, sodass Sie all die Dinge im Handgepäck mit sich führen sollten, die Sie gleich nach der Einschiffung benötigen.

Danach gehen Sie zum Check-in, wo Ihr **Bordpass** (Cruise Card) ausgestellt wird. Passagiere und Handgepäck werden wie im Flughafen einer Sicherheitskontrolle unterzogen bzw. durchleuchtet. Dann geht es auf das Schiff oder erst einmal in eine Wartehalle. Je größer das Schiff, umso länger ist die Wartezeit. Reisende mit Suiten haben Vorrang bei der Einschiffung.

Am Abend vor der Ausschiffung werden Sie gebeten, Ihren gepackten Koffer vor die Kabine zu stellen, damit dieser noch in der Nacht abgeholt werden kann. Die nötigsten Sachen für den nächsten Morgen sollten Sie deshalb wieder in eine gesonderte Tasche packen.

Wichtig: Achten Sie darauf, dass die Gepäckanhänger an allen Koffern ihre aktuelle Kabinennummer zeigen, damit sie auch zugeordnet werden können. Dies ist besonders wichtig bei Garantiekabinen (s. S. 19), wo Nummern erst kurz vor der Reise zugeteilt werden.

Bordsprachen

Wenn Sie mit einem internationalen Anbieter reisen, werden die Tagesprogramme und wichtige Informationen, wie z. B. die Ansagen des Kapitäns, in mehrere Sprachen übersetzt. Meist gibt es eine mehrsprachige Hostess, die bei Übersetzungen behilflich ist und zum Teil auch die Landausflüge begleitet. Auch das Personal an der Rezeption ist immer mehrsprachig und kann bei Fragen und Auskünften zu Diensten sein. Dennoch ist es von Vorteil, etwas Englisch zu sprechen, damit man sich auch mit Kellnern und Kabinenstewards oder anderen Gästen verständigen kann und auch die Abendunterhaltung und andere Veranstaltungen vollständig genießen kann.

Bordzeitung und Tagesprogramm

Zum Service an Bord gehört ein tägliches Informationsblatt, das jeweils am Vorabend in die Kabine geliefert wird. Es listet das komplette Veranstaltungsprogramm für den nächsten Tag, die Öffnungszeiten der Restaurants und Hafen-Informationen auf.

Bücherei

Die meisten Schiffe verfügen über eine Bücherei, die ein kleines Sortiment an Literatur und Sachbüchern sowie Tageszeitungen zur Verfügung stellt.

Einkaufen

Der Bordshop hält die nötigsten Artikel wie z. B. Zahnpasta oder Kosmetika bereit. Parfum, Schmuck, Sport- und Abendkleidung sowie Souvenirs kann man in den verschiedenen Boutiquen an Bord kaufen.

Geldfragen

Sie registrieren bei der Einschiffung eine Kreditkarte oder zahlen eine Geldeinlage. Von da an verläuft alles Weitere bargeldlos. Alles was Sie an Bord bezahlen: Getränke, Souvenirs, Spezialitätenrestaurants oder Kurse werden Ihrem **Bordkonto** belastet. Ein bis zwei Tage vor Ausschiffung erhält man den Ausdruck der Abschlussrechnung. Den Stand des Kontos kann man jedoch jederzeit an der Rezeption erfragen. Es empfiehlt sich, sämtliche offenen Fragen vor dem Morgen der Ausschiffung zu klären. Ausgaben, die Sie am Tag der Ausschiffung tätigen, kommen nicht mehr auf die Rechnung, d. h. diese Ausgaben werden nachträglich der Kreditkarte belastet.

In fast allen Häfen des westlichen Mittelmeers kann man mit Euro bezahlen. Manche Schiffe haben einen **Geldautomaten** an Bord, der Geld in verschiedenen Währungen ausgibt. Ansonsten kann man beim **Purser** Bargeld in die entsprechenden Währungen umtauschen. Die Kurse sind an Land jedoch günstiger. Auf Schiffen, die nicht den Euro als Bordwährung haben, fallen für alle Belastungen Ihrer Kreditkarte Umrechnungsgebühren an.

Gepäck

Beim Packen für die Kreuzfahrt sollte man bedenken, dass Standardkabinen oft nur wenig Stau- und Schrankraum bieten. Ein flacher Koffer lässt sich z. B. unter dem Bett verstauen. Wer zusätzlich ein kleineres Gepäckstück als Handgepäck mitnimmt, kann einen Kofferverlust, der auf Flügen immer wieder einmal vorkommt, besser verschmerzen. So kann man die wichtigsten Sachen immer mit sich führen und hat Kleidung zum Wechseln, bis der Koffer nachgesandt wird.

Wertgegenstände oder zerbrechliche Dinge gehören ins Handgepäck, da Koffer beim Auf- und Abladen gestapelt werden und beschädigt werden können. Das Handgepäck wird in jedem Hafen beim Landgang aus Sicherheitsgründen gescannt. Souvenirs, die als Waffen betrachtet werden können, werden bis zum Ende der Kreuzfahrt konfisziert. Bei amerikanischen Kreuzfahrtlinien ist es außerdem nicht erlaubt, alkoholische Getränke mit an Bord zu bringen.

Gesundheit

Alle Schiffe verfügen über medizinisches Personal, das bei akuten Erkrankungen Erste Hilfe leisten kann. Die größeren Schiffe haben eine Krankenstation an Bord, in der eine Grundausstattung an medizinischem Gerät vorhanden ist. Die Leistungen in diesen Einrichtungen werden privat abgerechnet und nicht zwingend von den heimischen Krankenkassen übernommen. Wenn eine schlimmere Erkrankung auftritt, werden Passagiere in ein Krankenhaus an Land überwiesen.

Von den gängigen Versicherungen werden Pakete für Kreuzfahrten angeboten, die einen Auslandskrankenhausaufenthalt einschließen. Bei längeren oder teuren Seereisen ist die gesetzliche Krankenversicherung nicht ausreichend. **Wichtig:** Bitte informieren Sie sich vor der Abreise bei Ihrer Krankenkasse oder Versicherung.

Internet

Die Internetbenutzung an Bord ist nicht kostenfrei. Auf den meisten Schiffen gibt es ein zentrales Internetcafé, wo man gegen eine bestimmte Gebühr vorhandene **PCs** nutzen kann. In öffentlichen Bereichen steht oft WLAN (Wifi) zur Verfügung, wo man eigene Geräte nutzen kann. Meist werden Internetpakete angeboten, die man tageweise oder für die Dauer der Reise erstehen kann. Wo Internetanschluss in den Kabinen vorhanden ist, wird auch dieser berechnet, lediglich in den teureren Suiten ist die Benutzung kostenfrei.

Bei **Smartphones** sollte man das automatische Roaming ausschalten, damit die teuren Minuten nicht durch automatische Updates aufgebraucht werden.

Kabinenpersonal

Das Kabinenpersonal wird mehrmals täglich in Ihrer Kabine tätig: Morgens wird das Bett gemacht und alles geputzt. Wenn Sie Getränke bestellt oder Kleidung in die Reinigung gegeben haben, so werden diese auch in Ihrer Abwesenheit in die Kabine geliefert. Während Sie zu Abend essen, entfernt man die Tagesdecke und klappt Ihr Bett auf *(turn down service)*, und Ihre Kabine wird noch einmal gesäubert und schön hergerichtet.

Kleiderordnung

Die Kleiderordnung trifft auf formelleren Schiffen normalerweise ab 18 Uhr in allen öffentlichen Räumen in Kraft. Dann muss man sich an den für den Tag vorgeschrieben Dresscode halten – es sei denn, man speist im Selbstbedie-

nungsrestaurant oder in der Kabine und nimmt nicht an den Veranstaltungen teil. Auch an Deck müssen Sie natürlich keine Krawatte tragen. Die Kleiderordnung variiert zwischen ›informell‹ (an Ein- und Ausschiffungstagen), ›leger-elegant‹ (an Hafentagen) oder ›formell‹ (an Seetagen). Am besten informieren Sie sich beim jeweiligen Veranstalter über die Anforderungen.

Landausflüge

Es bleibt ganz alleine Ihnen überlassen, wie Sie Ihren Tag im Hafen gestalten. Oft liegen die Kreuzfahrtterminals in Laufnähe zum Stadtzentrum und man kann sich gleich mitten ins Geschehen begeben. Wer keinen Landausflug über das Schiff buchen möchte, findet hilfreiche Hinweise zu den Häfen und zur Organisation von Ausflügen unter ›Infos‹ in den jeweiligen Kapiteln dieses Buches.

In fast allen Kreuzfahrtterminals gibt es **Stadtpläne und Fahrpläne** für öffentliche Verkehrsmittel. Oft hat auch die Touristeninformation dort einen Stand und hilft bei Fragen.

Mit **Shuttlebussen,** die in fast jedem Hafen zur Verfügung stehen, kommt man mal kostenlos mal gegen eine Gebühr an den Hafeneingang, bzw. direkt ins Zentrum der Stadt. (Die örtlichen Busse sind dabei im Zweifelsfall preiswerter als die vom Schiff angebotenen). Am Hafeneingang warten **Taxis,** mit denen sich oft ein günstiger Preis für eine private Rundfahrt aushandeln lässt. Wenn die Zeit im Hafen knapp bemessen ist, sollte man jedoch schon vorab planen. Wer weiter ausschwärmen möchte, kann z. B. vorab einen Wagen mieten, den man meist in der Nähe des Terminals abholen kann (etwa über www.holidayautos.de oder www.expedia.de). Oft ist jedoch auch der örtliche Bahnhof nur einen kurzen Fußmarsch entfernt und, sofern die Zeit dies erlaubt, kann man dieselbe Strecke mit der Bahn für einen Bruchteil der Kosten bewältigen.

Tipp: In den Kreuzfahrtforen kann man über den sogenannten *roll call* bereits vor der Fahrt Gleichgesinnte zusammentrommeln, die zusammen Mietwagen o. ä. für Landausflüge organisieren möchten.

Liegezeiten

Das Tagesprogramm (s. S. 21) informiert alle Gäste über die aktuellen Ankunftszeiten im Hafen und darüber, ob das Schiff auf Reede liegt oder im Terminal. Auch wenn das Schiff frühmorgens am Kai anlegt, können Passagiere das Schiff erst dann verlassen, wenn die **Gangway** ausgefahren ist. Normalerweise wird die Gangway ca. 45 Min. nach der Ankunft im Hafen heruntergelassen bzw. vor der Abfahrt wieder eingezogen. Das Schiff wird zwar eine Weile auf verspätete Gäste warten, aber da das nächste Ziel auch rechtzeitig erreicht werden muss, gibt es hier nicht sehr viel Spielraum.

Wenn das Schiff auf Reede liegt, erfolgt die Ausschiffung mit **Tenderbooten.** Dies sind normalerweise die Rettungsboote des Schiffes, die heruntergelassen und am Ende des Tages wieder heraufgehievt werden müssen. Gäste, die Landausflüge gebucht haben, werden zuerst ausgeschifft, da die Busse im Hafen auf sie warten. Wer individuell von Bord geht, kann daher erst später das Schiff verlassen – eventuelle Verzögerungen sollte man daher in die Ausflugplanung einkalkulieren.

Wichtig: nicht das letzte Tenderboot zurück zum Schiff verpassen!

Notfälle

Wenn Sie das Schiff informieren müssen, z. B. bei einer Verpätung oder einem Notfall, sollten Sie Kontakt mit dem Hafenagenten aufnehmen. Der Hafenagent *(port agent)* wickelt verschiedene organisatorische Aufgaben für Kreuzfahrtveranstalter in den jeweiligen Häfen ab und kann Informationen an das Schiff weiterleiten. Die jeweiligen Kontaktnummern werden teilweise im Tagesprogramm bzw. der Hafeninformation abgedruckt, oder man kann sie beim Purser (Rezeption) erfragen. Dort findet man auch die örtlichen Notrufnummern, falls man z. B. im Fall von Diebstahl die Polizei verständigen muss.

Orientierung an Bord

Wer auf den langen Gängen großer Schiffe die Orientierung verliert, kann sich folgendermaßen behelfen: die **Treppenaufgänge,** bei denen sich auch die Lifts befinden, sind normalerweise durchnummeriert oder alphabetisch geordnet. Merken Sie sich einfach die Position des von Ihnen benutzten Treppenaufgangs, und nehmen Sie diesen als Orientierungspunkt. Eine Hilfe sind auch die **Kabinennummern** – bei den meisten Schiffen sind die geraden Nummern auf der einen und die ungeraden auf der anderen Seite des Schiffes. In jedem Fall verlaufen die Nummern aufsteigend bzw. absteigend. **Pläne** hängen bei den Lifts aus, auf große Schiffen erhält man auch Mini-Faltpläne an der Rezeption.

Rauchen

Auf den meisten Schiffen gibt es keine Innenbereiche mehr, in denen geraucht werden darf (ausgenommen Raucher-salons oder einzelne Bars, etwa bei Cunard, TUI und Aida). Auch in den Kabinen und auf Kabinenbalkons ist das Rauchen verboten (außer TUI/Aida). Hier heißt es: raus an Deck, in die aus-gewiesenen Raucherecken! Wenn Sie Raucher sind, informieren Sie sich am besten bei der Kreuzfahrtlinie über die jeweiligen Bestimmungen.

Reinigung

Nur wenige Schiffe haben Waschsalons, in denen Gäste selbst ihre Wäsche kos-tenlos waschen, trocknen und bügeln können. Waschen oder Reinigen gegen Gebühr wird auf allen Schiffen angebo-ten. Dies kann jedoch unter Umständen ins Geld gehen, denn hier werden pro Kleidungsteil bis zu 6 € erhoben, Bü-geln kostet extra.

Reisebüro

Das Reisebüro bzw. Tour Office an Bord organisiert Informationsveranstaltun-gen über die angelaufenen Häfen und nimmt Buchungen von Landausflügen entgegen. Die Sprechzeiten findet man im Tagesprogramm.

Reisedokumente

Alle Reisedokumente müssen mindes-tens 6 Monate gültig sein, Kinder be-nötigen ein eigenes Reisedokument. Amerikanische Linien verlangen grund-sätzlich einen Reisepass, auch wenn die Gäste nur innerhalb Europas reisen. Für Reisen ins westliche Mittelmeer sind für Westeuropäer keine Visa erforderlich. Wenn Sie aus einem außereuropäi-schen Land stammen, sollten Sie sich über Visaanforderungen, wie z. B. Schengen-Visum, bei Ihrer Botschaft in-formieren.

Reisen mit Handicap

Moderne Kreuzfahrtschiffe bieten fast rundum barrierefreies Reisen an. Alle Decks sind mit Lifts zu erreichen, teils auch mit Blindenschrifttafeln. Rollstuhl-fahrer können eine rollstuhlgerechte Kabine wählen, die nicht zu weit von den Lifts entfernt liegt. Die Türen dieser Kabinen sind breiter, und im Badezim-mer gibt es keine Schwellen. In Häfen, in denen per Tenderboot ausgeschifft wird, müssen Reisende jedoch in der Lage sein, einige Schritte zu laufen oder unter Umständen Treppen zu bewälti-gen. Daher ist es wichtig, sich vor der Reise beim Veranstalter über die ge-nauen Anforderungen zu informieren.

Rezeption

Die Rezeption (Zahlmeister, Purser's Office, Hotel Manager's Office) ist die erste Anlaufstelle für alle Fragen. Das Hotelpersonal ist bei allen Problemen behilflich, die während einer Seereise auftauchen können: Hier kann man Geld umtauschen und erhält Informa-tionen über das Bordkonto. Über den Hotelmanager kann man z. B. auch Kabinenprobleme melden bzw., wenn nötig, einen Kabinentausch anfragen.

Seenotrettungsübung

Seit dem Unglück der ›Costa Concor-dia‹ 2012 muss die Seenotrettungs-übung am Tag der Einschiffung vor dem Auslaufen des Schiffes stattfinden. Wenn Sie spät eingecheckt haben, ist dies daher ihre erste Aktivität an Bord. Jeder Gast muss hierzu seine in der Kabine verstaute Schwimmweste anziehen und sich zur **Musterstation** begeben, deren Lagebeschreibung man auch in der Kabine findet. Dort wird man vom Personal in die Prozedur eingewiesen.

Seetage

Keine Sorge: Die Seetage an Bord müssen keineswegs langweilig werden. Seetage sind Tage der Erholung, an denen man die Seele baumeln lassen oder am Pool faulenzen und lesen kann – oder sich einer Schönheitsbehandlung unterziehen, die Wellnessangebote probieren, Kurse belegen …

Seekrankheit

Moderne Kreuzfahrtschiffe sind mit Stabilisatoren ausgestattet, die auch größere Brecher effektiv abfangen. Die ruhigste Kabinenlage ist in der Mitte des Schiffes, auf den mittleren, bzw. unteren Decks. Vorne und hinten im Schiff merkt man den Seegang am intensivsten, wenn es einmal stürmisch werden sollte. Normalerweise gewöhnt sich der Gleichgewichtssinn nach einigen Tagen an das sanfte Schaukeln des Schiffes, und man bemerkt es kaum noch – man joggt, isst und tanzt im Rhythmus der Wellen. Wer auf Nummer sicher gehen möchte, besorgt sich vor Abreise in der Apotheke ein Mittel gegen Seekrankheit oder sucht den Schiffsarzt auf.

Sicherheit

Kreuzfahrten gehören statistisch gesehen zu den sichersten Reisearten, und

man kann unbesorgt an Bord gehen. Dennoch war das Unglück der ›Costa Concordia‹ am 13. Januar 2012 vor der italienischen Insel Giglio, bei dem 32 Menschen – darunter auch zwölf Deutsche – ums Leben kamen, ein Warnsignal für die Industrie.

Neben Kollisionen mit anderen Schiffen oder Hindernissen, kann vor allem Feuer an Bord eine Gefahr darstellen. Jedes nach 2010 gebaute Schiff, muss daher einen zweiten Maschinenraum besitzen, damit es bei Energieausfall nicht auf fremde Hilfe angewiesen ist und sicher in den nächsten Hafen fahren kann.

Kreuzfahrtschiffe sind an die Bestimmungen der UN-Konvention »SOLAS« (International Convention for the Safety of Life at Sea) gebunden, und in den kommenden Jahren werden alle Augen der maritimen Sicherheitsorganisiationen auf Kreuzfahrtschiffe gerichtet sein.

Sport und Wellness

Moderne Schiffe bieten ausgezeichnete Einrichtungen für das körperliche Wohlbefinden: Je größer das Schiff, umso umfangreicher die Angebote. In Thermen und Saunalandschaften werden dort Massagen und Schönheitsbehandlungen angeboten, die oft nicht ganz billig sind. Zumindest die normale Sauna kann jeder meist kostenfrei nutzen. Dasselbe gilt für die recht gut ausgestatteten Fitnessstudios. Zumeist gibt es außerdem eine Jogging-Strecke auf dem Promenadendeck und Golf-, Tennis-, Tischtennis- oder Baseballmöglichkeiten auf den oberen Decks. Bei Royal Carribean und NCL gibt es an Bord Kletterwände, Wasserrutschen u. ä. Als Kurse werden z. B. Pilates, Yoga oder Zumba angeboten.

Gesellschaftstänze kann man auf den klassisch eleganten Schiffen wie Cunard lernen und kann die Kenntnisse dann abends beim Ball gleich ausprobieren.

Aktivausflüge, wie z. B. Fahrradtouren an Land (Aida), komplettieren das Programm.

Trinkgeld

Bei einigen Kreuzfahrtlinien sind Trinkgelder (Servicegebühren) für das Kabinen- und Restaurantpersonal im Preis bereits eingeschlossen, bei anderen wird ein ›empfohlener‹ Betrag (je nach Veranstalter ca. 4–15 Euro pro Person und Tag) automatisch auf die Bordrechnung gesetzt.

Jeder Passagier hat das Recht, Trinkgelder reduzieren bzw. ganz streichen zu lassen, z. B. wenn er mit dem Service nicht zufrieden war oder wenn er Trinkgelder selbst an den Kabinensteward/-stewardess oder die Kellner geben möchte. Hierzu muss man sich an der Rezeption melden und die Bordrechnung korrigieren lassen.

Es ist nicht empfehlenswert, Trinkgelder bereits bei der Buchung zu zahlen (obwohl einige Veranstalter darauf drängen), denn dann wird eine Nachkorrektur an Bord schwieriger.

Telefonieren

Wenn Sie auf hoher See von Ihrem Handy aus Telefonieren, erfolgt dies per Satellit und kann sehr kostspielig werden. Dasselbe gilt für das Kabinentelefon. Über die Roaming-Tarife auf See, und im Ausland sollte man sich daher vorher beim Netzanbieter erkundigen, um Überraschungen zu vermeiden. Wenn man in Reichweite der Küsten ist

(bis ca. 5 km Entfernung), gelangt man über das Roaming in die Netze der landesspezifischen Anbieter, was wesentlich günstiger ist.

Unterhaltung

Die meisten Schiffe haben ein großes Theater sowie kleinere Veranstaltungsräume. Hinzu kommen auf mehreren Stockwerken zahreiche Bars – vom Pub bis zur Champagnerbar. Hier spielen verschiedene Bands unterschiedliche Stile und Hits. Die Shows und anderen Darbietungen im Rahmen der Abendveranstaltungen sind von guter bis annehmbarer Qualität – viele Schiffe haben ihr eigenes Ensemble an Bord, das verkürzte Versionen von gängigen Musicals oder eigene Produktionen zeigt. Die Spanne reicht von Varieté und Zirkusshows über Comedy und Cover Bands bis zu klassischen Darbietungen.

Das Musikangebot an Bord ist allerdings bei vielen Veranstaltern immer noch auf ein älteres Publikum ausgerichtet und findet selten ein gutes Mittelmaß aus Oldies und aktuellen Charts.

Üblicherweise gibt es auch einen Nachtclub, der je nach Altersdurchschnitt des Publikums mehr oder weniger stark frequentiert wird.

Auch der Geist muss nicht einrosten. Den ganzen Tag finden im Rahmen des sogenannten Enrichment (Bereicherungsprogramm) an Bord Kurse und Veranstaltungen statt, mit denen man sich die Zeit vertreiben kann. Es werden z. B. Tanzkurse, Computerkurse, Origami oder Kochen angeboten. Manchmal reisen Prominente mit, die an Bord Vorträge halten. Ein Standard auf amerikanischen Schiffen sind protzige Casinos und Kunstauktionen.

Unterwegs im Mittelmeer

Während die Tage an Land prall gefüllt sind mit Besichtigungen und dem Entdecken neuer Orte, dient die Zeit an Bord der Entspannung. Ein besonderer Genuss: die letzten Abschiedsblicke auf Küsten und Inseln nach der Ausfahrt aus dem Hafen, während die Sonne über dem Meer untergeht ...

Gibraltar und Spanien

Gibraltar ▶ B 5

Der Felsen von Gibraltar, britisch *The Rock,* wacht ganz im Süden der Iberischen Halbinsel über die Einfahrt in die Straße von Gibraltar. An der schmalsten Stelle ist Nordafrika nur 14 km entfernt. Seit 1713 ist das nur 6,8 km² große Gebiet eine britische Kronkolonie. Der strategisch wichtige Marinestützpunkt ist auch ein Steuerparadies. Vom Stadttor gelangt man auf den **Grand Casemates Square,** wo touristische Restaurants mit Fish and Chips oder englischer Teestunde werben. Hier beginnt auch die Haupteinkaufsmeile von Gibraltar, die **Main Street.**

Affen bewachen den Felsen von Gibraltar

Upper Rock Nature Reserve 🟧1
www.gibraltarinfo.gi/gibraltar-cable-car, April–Okt. tgl. 9.30–19.15, Nov.–März 9.30–17.15 Uhr. Mit allen Sehenswürdigkeiten und freien Busfahrten: Erw. 28,70 €, erm. 17.50 €
Hauptanziehungspunkt ist das Naturschutzgebiet auf dem Felsen von Gibraltar mit seinen Sehenswürdigkeiten. Auf den 426 m hohen Berg gelangt man zu Fuß oder mit der Seilbahn (s. o.). Von den Aussichtsplattformen (mit Cafeteria 🟧1) hat man einen Rundumblick über die Straße von Gibraltar, zu den Bergen des marokkanischen Rif-Gebirges, über die Bucht der spanischen Hafenstadt Al-geciras und über die Costa del Sol im Osten.

Beim **Apes' Den** 🟧2 kann man Bekanntschaft mit den Berberaffen machen, die halbwild auf dem Felsen leben. Auf der Nordwestseite befinden sich die **Great Siege Tunnels** 🟧3, Verteidigungsanlagen aus der Zeit der spanischen und französischen Belagerung (1779–83). Auf dem Weg weiter nach unten passiert man die **World War II Tunnels** 🟧4 (10–18 Uhr, Führung durch Armeepersonal, Dauer 1 Std.). Folgt man der Straße bergab, so gelangt man zu den Überresten der ehemaligen maurischen Burg, des **Moorish Castle** 🟧5. Von Gibraltar aus hatte der Berber Tarik Ibn-Ziyad einst die Eroberung Spaniens begonnen. Man nimmt an, dass er hier bereits 742 eine Burg errichtete. Im frühen 14. Jh. erhielt sie ihr heutiges turmähnliches Aussehen.

Gibraltar

Sehenswert

1 Upper Rock Nature Reserve
2 Apes' Den
3 Great Siege Tunnels
4 World War II Tunnels
5 Moorish Castle

Essen und Trinken

1 Selbstbedienungs-cafeteria

Infos

Am Hafen: Kreuzfahrtschiffe machen an der Nordmole fest. Shuttlebusse fahren zum Stadttor am Grand Casemates Square (2 €). Zu Fuß sind es ca. 15 Min. bis dorthin.

Touristeninformation: www.gibraltar.gi, Gibraltar Tourist Board, Duke of Kent House, Cathedral Square, Tel. 00350 20 07 49 50, beim Stadttor.

Taxi: Stände u. a. beim Casemates Sq. Taxirundfahrten: www.gibtaxi.com, ab 4 Pers., 75 Min., 18–25 £.

Strände: Anfahrt Bus Nr. 4. Zu empfehlen sind der Eastern Beach und die Catalan Bay auf der Ostseite. Der Eastern Beach ist der größte und meistbesuchte der Strände. Catalan Bay ist ein kleiner Kieselstrand mit Fischerbooten.

Málaga ▶ B 5

Von Gibraltar breiteten sich die Mauren nach Osten aus. Von ihrem Reich Al-Andalus leitet sich der heutige Name der Region Andalusien ab. Sie ist bekannt für Flamenco und Stierkampf sowie für die ›Sonnenküste‹ Costa del Sol. Die

Geburtsstadt Picassos (direkt 1l ▶ S. 34) hat eine einladende, kosmopolitische Atmosphäre, die hafennahe Altstadt prunkt mit frisch herausgeputzten Bürgerhäusern und schicken Läden. Von der Alcazaba und dem Gibralfaro, der Burganlage über Málaga, hat man einen schönen Blick über die Stadt.

Teatro Romano 1

Calle Alcazabilla s/n, Mi–Sa 9–18, So bis 14 Uhr, Eintritt frei

Am Fuß der Burganlage finden sich die Überreste des Theaters aus der Zeit von Kaiser Augustus, das erst 1951 wiederentdeckt und in jüngster Zeit weiter ausgegraben wurde. Die maurischen Herrscher hatten die römischen Grundmauern großenteils überbaut und die Steine für ihre eigenen Bauten verwendet. Man betritt die Anlage durch ein kleines Informationszentrum.

Alcazaba 2

Calle Alcazabilla 2, April–Okt. tgl. 9–20.15, Nov.–März Mo 9–18, Di–So 8.30–19.30 Uhr, Eintritt 2,10, erm. 0,60 €, So ab 14 Uhr frei, Kombiticket mit Castillo de Gibralfaro 3,55 €

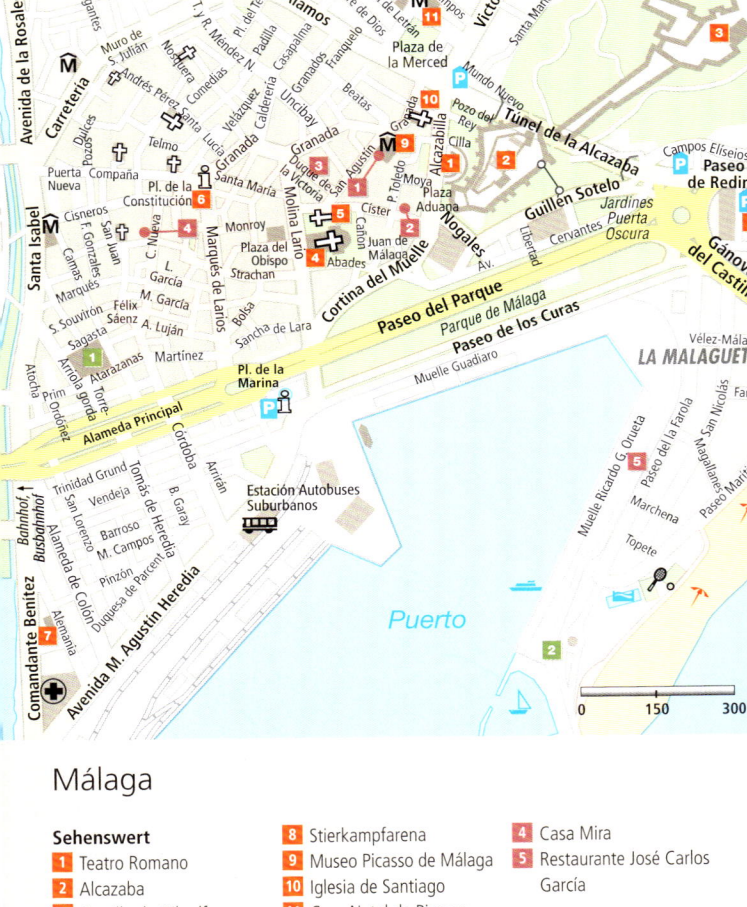

Málaga

Sehenswert

1 Teatro Romano
2 Alcazaba
3 Castillo de Gibralfaro
4 Catedral de la Encarnación de Málaga
5 Iglesia del Sagrario
6 Fuente Carlos V.
7 Centro de Arte Contemporáneo (CAC)

8 Stierkampfarena
9 Museo Picasso de Málaga
10 Iglesia de Santiago
11 Casa Natal de Picasso
12 Fundación Picasso

Essen und Trinken

1 Café im Museo Picasso
2 Uvedoble Taverna
3 La Cocina

4 Casa Mira
5 Restaurante José Carlos García

Einkaufen

1 Mercado Central de Atarazanas
2 Muelle Uno

Die **Alcazaba** stammt aus dem 8.–11. Jh. Sie war einst in die Verteidigungsanlagen der Stadt integriert, noch immer ist sie von einer doppelten Mauer mit rechteckigen Türmen umgeben. Durch verschiedene Tore und Gänge gelangt man in die Gartenanlagen und Höfe und zum **Palacio Nazarí** (Nasridenpalast). Ab 1179 gehörte Málaga zum Nasridenreich, und der größte Teil des heutigen Gebäudes stammt aus dem 14. Jh.

Castillo de Gibralfaro 3

Camino De Gibralfaro 11, April–Okt. Di–So 9–20, Nov.–März 9–18 Uhr, Eintritt 2,10 €, erm. 0,60 €, So ab 14 Uhr frei, Kombiticket mit Alcazaba 3,55 €, mit Centro de Interpretación (Militärmuseum) 9–18 Uhr, Eintritt 2,20 €

Von der Alcazaba geht es zum Castillo de Gibralfaro (14. Jh.) hinauf. Ein steil ansteigender Wehrgang dient als Verbindung zur Alcazaba, allerdings muss man diesen auf einem Pfad umgehen. Von hier sieht man auch auf das Oval der Stierkampfarena. Der Sultan von Granada, Yusuf I., ließ den Gibralfaro im 14. Jh. auf den Überresten einer Burg aus dem 8. Jh. erbauen, wahrscheinlich als Verteidigungsanlage für die Alcazaba. In der ehemaligen Pulverkammer ist ein Informationszentrum über die Burg untergebracht. Wer den Aufstieg unterhalb der Alcazaba-Umfassungsmauer entlang vermeiden möchte, kommt von der Alameda Principal mit der Buslinie 35 alle 40 Min. bis zum Kastell.

Catedral de la Encarnación de Málaga 4

Calle Molina Lario 9, Mo–Fr 10–18 Uhr, Sa 10–16.45 Uhr, So Gottesdienst, Eintritt 5 €

Die in der Altstadt gelegene Renaissance-Kathedrale entstand 1528–1782. Die Katholischen Könige gaben sie nach der Reconquista in Auftrag. Sie trägt auch den Namen La Manquita – weil ihr ein Turm fehlt. Sie wurde nie so ganz fertiggestellt. Das Gebäude mischt verschiedene Stile, der untere Teil ist gotisch, die Barockfassade stammt von Diego de Siloé. Innen ist die Kirche erstaunlich weiträumig. Das sehenswerte Chorgestühl weist 42 geschnitzte Figuren u. a. von Pedro de Mena auf.

Direkt neben der Kathedrale befindet sich die **Iglesia del Sagrario 5** mit einem Renaissance-Retabel (16. Jh.).

Durch schmale Altstadtgassen gelangt man auf die Plaza de la Constitución. Unter den Nasriden war sie die ›Plaza Mayor‹ oder ›Platz der vier Straßen‹. Vom 15. bis ins 19. Jh. war dies das Zentrum der Altstadt. Die **Fuente Carlos V. 6** (Brunnen Karls V.) mitten auf dem Platz stammt wahrscheinlich aus Genua und ist ein Werk der italienischen Renaissance.

Vom Platz erstreckt sich die **Calle de Marqués de Larios** in südlicher Richtung. Mit ihren Seitenstraßen ist sie eine der angenehmsten Einkaufszonen Málagas. In westlicher Richtung, nahe dem Bett des Río Guadalmedina, lockt die Markthalle **Mercado Central de Atarazanas 1** mit einer großen Auswahl an landwirtschaftlichen Produkten aus der Region.

Centro de Arte Contemporáneo de Málaga (CAC) 7

Calle Alemania, s/n, www.cacmalaga. org, Winter Di–So 10–20, Ende Juni–Mitte Sept. Di–So 10–14 und 17–21 Uhr, Eintritt frei

Unbedingt sehenswert ist das Zentrum für Zeitgenössische Kunst, weiter südlich entlang dem Flussufer zu erreichen. Es zeigt Retrospektiven ebenso wie brandaktuelle Kunst internationaler und regionaler Künstler, die hier erstmalig eine Plattform finden. Das Museum befindet sich im Gebäude des früheren Großmarkts aus dem Jahr 1939.

Stierkampfarena 8

Paseo Reding 8, www.la-malagueta.es, April–Sept. 10–14, 18–20 Uhr, Eintritt 1,80 €

Die Arena wurde 1874 von Joaquín Rucoba im Neomudéjar-Stil erbaut. 14 000 Menschen passen hinein. Bei der Arena gibt es ein Museum, in dem neben Dokumentationen auch Kostüme, Torero-Anzüge u. a. gezeigt werden. ▷ S. 36

1 | Auf Picassos Spuren durch Málaga

Cityplan: S. 34 | **Dauer:** Fußtour mit Museumsbesichtigung 2–3 Std.

Wussten Sie, dass der Jahrhundertmaler Pablo Ruiz Picasso in Málaga geboren wurde? Dass er hier die ersten Jahre seines Lebens verbrachte und das Malen lernte? Seit 2003 sind in einem historischen Adelspalast weit mehr als 200 Werke aus dem Erbe des Meisters zu sehen.

Am 25. Oktober 1881 wurde Picasso in Málaga geboren. Mit dem Picasso-Museum, das im Oktober 2003 eröffnet wurde und das seine Bestände seither ständig erweiterte, ist es der Stadt gelungen, diesem Erbe gerecht zu werden und dem Künstler im Kulturleben einen angemessenen Platz einzuräumen.

Das Picasso-Museum

Die Bestände des **Museo Picasso de Málaga** 9 (MPM) basieren auf Schenkungen und Leihgaben von Christine und Bernard Ruiz Picasso: Tochter und Enkel des Jahrhundertgenies stifteten über 200 Werke aus ihrem Erbe, die nun der Öffentlichkeit zugänglich sind. Die Stadt gab den wohl schönsten Ort dazu, den die Ausstellung erhalten konnte: den Palacio de los Condes de Buenavista, ein Grafenpalais im früheren Judenviertel Málagas, nur einen Katzensprung von der Kathedrale entfernt.

Im 16. Jh. wurde er im Stil der Renaissance in der für Andalusien typischen Mudéjarvariante errichtet und ist rund um einen zentralen Patio mit umlaufenden Galerien und holzgeschnitzten Decken angelegt. Schon Picassos Vater hatte in diesem Haus gearbeitet.

233 Werke aus dem Nachlass Picassos sind in den Räumen rund um den Innenhof auf zwei Stockwerken ausgestellt. Sie decken alle Aspekte des künstlerischen Schaffens ab: Gemälde, Zeichnungen, Skulpturen und graphische Arbeiten. Besonders stolz ist das Museum auf das Porträt von Olga Kokhlova, Picassos erster Frau: Sie hält den gemeinsamen Sohn Paolo im Arm,

von dem es auch ein eigenes Kinderbild gibt. In Zeichnungen, Gemälden und Skulpturen begegnen wir weiteren Geliebten und Ehefrauen Picassos: Marie-Thérèse Walter, Dora Maar, Françoise Gilot und Jaqueline Roque.

Untergrund mit Geschichte

Picassos Kunst steht in Málaga quasi auf den Fundamenten der Geschichte der Stadt. Im Souterrain des Gebäudes wird klar: Picassos Geburtsort wurde bereits im 8. Jh. v. Chr. von den Phöniziern gegründet, tüchtigen Seefahrern und Händlern, die von der anderen Seite des Mittelmeers kamen. In Málaga schufen sie die Handelsfaktorei Malaka und befestigten sie mit dicken Mauern und Türmen, von denen Teile freigelegt wurden, die nun im Keller des Picasso-Museums zu sehen sind.

Picassos Taufkirche

Nur ein paar Schritte vom Museum entfernt Richtung Plaza de la Merced liegt rechter Hand die kleine **Iglesia de Santiago** 10, die auf das 15. Jh. zurückgeht. Sie hat ein hübsches Portal im gotisch-mudéjaren Stil. Der frei stehende Glockenturm erinnert noch an die Tradition muslimischer Minarette. Die Innenausstattung ist barock. In dieser Kirche wurde Picasso getauft, und das Taufbecken tut auch heute noch seinen Dienst.

Das Geburtshaus

Picassos Geburtshaus, die **Casa Natal de Picasso** 11, liegt an der Plaza de la Merced (Nr. 15). Zu den Erinnerungsstücken an Picasso gehören dort ein Taufkleid und eine kleine Staffelei. Im Haus hat die Fundación Picasso ihren Sitz, die von der Stadt ins Leben gerufene Picasso-Stiftung. Sie beschäftigt sich mit dem Leben und Werk des Künstlers, unterhält eine Bibliothek und präsentiert einige Werke und Fotos.

Am selben Platz, schräg gegenüber dem Picasso-Geburtshaus, besitzt die **Fundación Picasso** 12 Ausstellungsräume und organisiert Kunstausstellungen zu Themen, die Licht in Picassos Schaffen bringen, Einzelaspekte seines Werkes verstehen helfen oder Einflusslinien auf spätere Künstler aufzeigen.

Infos

Picasso-Museum: San Agustín 15, www.museopicassomalaga.org, Di–Do, So/Fei 10–20, Fr/Sa 10–21 Uhr, 8 €.
Iglesia de Santiago: Di–Sa 9–13.30, 18–20 Uhr.
Casa Natal de Picasso/Fundación Picasso: Pl. de la Merced 15/13, www.fundacionpicasso.org, tgl. 9.30–20 Uhr, 2 € mit Audioguide, 3 € inkl. Wechselausstellungen.

Centre Pompidou in Malaga

Am Kopfende des Einkaufszentrums **Muelle Uno** 1, im Glasbau El Cubo, eröffnet im Frühjahr 2015 das Centre Pompidou eine Filiale. Das Pariser Museum für moderne Kunst wird hier neben Wechselausstellungen aus seiner Sammlung auch Werke von Picasso (www.centrepompidou.es) zeigen.

Essen und Trinken

Das Picasso-Museum besitzt ein nettes **Museums-Café** 1, in dem man Kleinigkeiten essen kann. Besonders schön sind die Außenplätze in einem Hof.
Die geräumige **Plaza de la Merced** (s. Casa Natal de Picasso) ist von Terrassen-Bars umgeben. Ob Frühstück oder abendlicher Aperitif – der Blick auf das Platztreiben hat etwas.

von Manuel García Blázquez

Essen und Trinken

Im Picasso-Museum – **Café 1**: s. S. 35.

Leckere Tapas – **Uvedoble Taverna 2**: Calle Cister 15, www.uvedoble taberna.com, Mo–Sa 12–16, 20–24 Uhr. Eine der besten Tapas-Bars der Stadt, direkt im historischen Zentrum, Tapas ab 2,10 €.

Typisch andalusisch – **La Cocina 3**: Duque de la Victoria 5, Tel. 0034 952 60 21 49, www.facebook.com/lacocina malaga, So/Mo 13–16, Di–Sa 13–16, 20–24 Uhr. Kleine, aber feine Tapas-Bar des Jungkochs Pachu Barrera.

Bestes Eis der Stadt – **Casa Mira 4**: Calle Marqués de Larios 5, Tel. 0034 952 21 24 22. Seit 1890 kredenzt Mira die beste Auswahl an Eiscremesorten.

Beste Aussicht – **Restaurante José Carlos García 5**: Plaza de la Capilla, Puerto de Málaga, Tel. 0034 952 00 35 88, www.restaurantejcg.com, tgl. 12–24 Uhr, Menü ab 54 €. Mit Terrasse am Hafen. Der Sterne-Koch serviert andalusische Spezialitäten.

Einkaufen

Haupteinkaufsstraße ist die Calle Marqués de Larios.

Markthalle – **Mercado Central de Atarazanas 1**: Calle Atarazanas 8, Mo–Sa 9–15 Uhr. Marktfrische landwirtschaftliche Erzeugnisse und Fisch.

Shopping-Center – **Muelle Uno 2**: Muelle 1, Mo–Sa 10–22 Uhr, www.mu elleuno.com. An der ›Mole Eins‹ lockt ein moderner Einkaufskomplex mit vielen Cafés und Restaurants.

Infos

Am Hafen: Vom Anleger führt eine Flanierpromenade entlang der Muelle Uno (Mole Eins) bis zur Uferpromenade Palmeral de la Sorpresas. Von hier gelangt man in 10 Min. ins Zentrum. (Shuttlebus vom Terminal bis Plaza de la Marina 4 €).

Touristeninformation: www.malaga turismo.com, Oficina Municipal de Turismo, Plaza de la Marina 11, Tel. 0034 951 92 60 20, April–Okt. Mo–Fr 9–19, Sa/So/Fei 10–19, Nov.–März 10–18 Uhr.

Öffentliche Verkehrsmittel: Hauptbahnhof María Zambrano, Explanada de la Estación s/n, www.renfe.com; Busbahnhof Estación de Autobuses, Paseo de los Tilos s/n, www.estabus. emtsam.es (nahe dem Hauptbahnhof).

Mietwagen: Hauptbahnhof, Explanada de la Estacion s/n, Tel. 0034 902 10 50 55, www.europcar.com.

Stadtrundfahrt: Hop-on-hop-off-Bus (www.viator.com/tours/Malaga), 18 €, vom Hafen quer durch die Stadt kann man hier beliebig ein- und aussteigen.

Strände: Der Hausstrand **Playa Malagueta** liegt auf der Ostseite der Hafenmole. Daran schließen sich die Strände **Pedregalejo, San Andrés** und **Guadalmar** an.

Ausflüge

Badeorte Costa del Sol (www.visita costadelsol.com): Anfahrt mit S-Bahn Linie C1 (Cercanías Linie 1; www.renfe. com/EN/viajeros/cercanias) alle 20 Min. von María Zambrano nach **Torremolinos, Benalmadena** und **Fuengirola** (Endstation, ca. 45 Min.), 2,20 €. Nach **Marbella** fährt der Bus (http://portillo. avanzabus.com) von Busbahnhof, ca. 1,5 Std., 7,40 €.

Antequera und El Torcal (http:// turismo.antequera.es/de): Anfahrt mit dem Mietauto über die A45; Alsabus, www.alsa.es, vom Busbahnhof 1 Std., hin und zurück 11,46 €. Das 52 km nördlich gelegene Bergdorf **Antequera** besitzt schöne Kirchen und Paläste, das Museo Municipal im Palacio de Nájera zeigt seltene Funde aus der Antike. 13 km südlich bieten die zerklüfteten Felsformationen des Naturschutzgebiets **El Torcal** fantastische Ausblicke.

Cartagena

Sehenswert

1 Museo Nacional de Arqueología Subacuática (ARQUA)

2 Muralla de Carlos III

3 Campus Muralla del Mar

4 Castillo de la Concepción

5 Museo del Teatro Romano

6 Decumano

7 Augusteum

8 Muralla Púnica

Essen und Trinken

1 Cafetería Teatro Romano

2 El Barril

Cartagena ▶ D 4

Cartagena liegt in der fruchtbaren Provinz Murcia. Die Stadt ist der Sitz der spanischen Marine, der natürliche Hafen wurde bereits von den Karthagern genutzt, die hier 228 v. Chr. ihr zweites Karthago als Gegenstück zu ihrer Hauptstadt in Nordafrika (S. 146) errichteten. Als die Römer es eroberten, nannten sie es Carthago Nova. Im Hintergrund erhebt sich der Monte de Ga-

leras mit dem Castillo de Galeras und der Festung Castillo de San Julián.

Am Hafen und in der Stadt

Die begrünte Hafenpromenade Paseo de Alfonso XII. ist ein guter Ausgangspunkt für eine Stadtbesichtigung. Im Westen grenzt sie an den Marinehafen. Von der Promenade blickt man auf die **Muralla de Carlos III** (s. u.), eine Mauer, die im 18. Jh. zum Schutz der Altstadt errichtet wurde.

Museo Nacional de Arqueología Subacuática (ARQUA) 1
Paseo del Muelle Alfonso XII 22, http://museoarqua.mcu.es, Mitte April–Mitte Okt. Di–Sa 10–21, So/Fei 10–15, Mitte Okt.–Mitte April Di–Sa 10–20, So/Fei 10–15 Uhr, Erw. 3 €, erm. 1,50 €, Eintritt frei So und Sa ab 14 Uhr
Etwa in der Mitte des Kais steht der Prototyp eines U-Boots. Dessen Erfinder Isaac Peral wurde in Cartagena geboren. Wer beim Thema bleiben will, begibt sich zum Museum für Unterwasserarchäologie. Hier erfährt man, wie Unterwasserarchäologie funktioniert, auch Funde sind ausgestellt, etwa Elefantenstoßzähne mit phönizischen Gravierungen.

Stadtmauern
Hinter dem Museum erhebt sich die Stadtmauer, die **Muralla de Carlos III** 2, die einst die ganze Stadt umspannte, bis der nördliche Teil dem Paseo de Alfonso XIII weichen musste. Im **Campus Muralla del Mar** 3 befand sich das alte Militärhospital.

Castillo de la Concepción und Ascensor Panorámico 4
Parque Torres, Juli–Mitte Sept. tgl. 10–20, 31. März–30. Juni, Mitte Sept.–4. Nov. Di–So 10–19, 5. Nov.–30. März bis 17.30 Uhr, Erw. 3,75 €, erm. 2,75 €, Kombiticket Panoramalift (Zugang Calle Gisbert) 4,25 €, erm. 3,25 €
Das Hügelfort **Castillo de la Concepción** wurde unter maurischer Herrschaft gebaut, da man von hier die ganze Bucht im Blick hat; jedoch schon die Iberer siedelten dort. Im Kastell erfährt man etwas über die Geschichte von Cartagena im Mittttelalter.

Museo del Teatro Romano 5
Plaza del Ayuntamiento 9, www.teatro romanocartagena.org, Mai–Sept. Di–Sa 10–20, So 10–14, Okt.–April Di–Sa 10–18, So 10–14, Ostern auch Do–So 10–20 Uhr Uhr, Museum und röm. Theater Erw. 6 €, erm. 5 €
Sogar in neuerer Zeit hat man in Cartagena noch sehr gut erhaltene römische Ruinen entdeckt, die Ausgrabungen dauern derzeit noch an. Das Museum ist so angelegt, dass man zuerst durch die Ausstellungsräume wandert, die den historischen Hintergrund erklären. Die Tour endet im Theater, dessen Bau Ende des 1. Jh. v. Chr. begonnen wurde, als Carthago Nova unter den Römern florierte. Es bot einst 6000 Zuschauern Platz.

Decumano 6
Calle Honda, Plaza de los Tres Reyes 1, Ostern/Mitte März–1. Nov. Di–So 10–14.30, 2. Nov.–1. Jan. bis 14 Uhr, Erw. 2 €, erm. 1 €
Entlang der Calle Jara gelangt man zum Decumanus. Hier spaziert man durch die unterirdischen Ausgrabungen, der römischen Hauptstraße, die einst zum Hafen hinunterführte.

Augusteum 7
Calle Caballero, Ostern Di–So 10–14.30, 21. April–30. Juni Sa/So 10–14.30, Juli–4. Nov. 11–16 Uhr, Erw. 2,50 €, erm. 2 €
In der Calle Caballero kommt man zum Tempel für den Kult des Kaisers Augustus. Er lag an der Nordostecke des von öffentlichen Bauten umgebenen Forums der römischen Stadt.

Muralla Púnica 8
Centro de Interpretación Muralla Púnica, Calle San Diego 25, informacion@puertoculturas.com, Juli–Mitte Sept. tgl. 10–20, 31. März–30. Juni, Mitte Sept.–4. Nov. Di–So 10–19, 5. Nov.–30. März Di–So 10–17.30, Ostern 10–19 Uhr, Erw. 3,50 €, erm. 2,50 €

Blick auf das große römische Theater von Cartagena

Noch weiter östlich befindet sich der einzige Überrest der punischen Stadtmauer, die der Stadtgründer Hasdrubal um 227 v. Chr. errichten ließ. Im angeschlossenen Museum werden der einstige Verlauf der Mauer und die Stadtstruktur nachempfunden.

Essen und Trinken
Historisch – **Cafetería Teatro Romano 1**: Plaza del Ayuntamiento 1, Tel. 0034 968 50 21 34. Nettes Café zum Ausruhen im Museum.

Tapas – **El Barril 2**: Calle del Aire 20, Tel. 0034 968 08 60 95, www.elbarril deltapeo.com. Rustikale Tapas-Bar.

Einkaufen
Die **Calle Mayor** ist die Haupteinkaufsstraße mit schicken Boutiquen.

Infos
Am Hafen: Vom Anleger gelangt man zu Fuss zur Uferpromenade Paseo Alfonso XII. Am Terminal gibt es eine Bushaltestelle, Taxis sowie einen Informationsschalter. Alle 40 Min. fährt ein Bus ins Stadtzentrum.

Touristinformation: www.cartagena turismo.es, www.cartagenapuertocul turas.com. Palacio Consistoral, Pl. del Ayuntamiento, Mai–Sept. Mo–Sa 10–13.30, 17–19 (Okt.–April 16–18), So/Fei 10.30–13.30 Uhr. Ein Büro auf dem Paseo Alfonso am Hafen ist geöffnet, wenn Kreuzfahrtschiffe vor Anker liegen.

Öffentliche Verkehrsmittel: Bahn: Hauptbahnhof Plaza de Méjico; Regionalbahn Feve, Pl. Almirante Bastarreche, Tel. 0034 968 50 11 72, www.feve.es/es, www.renfe.com/viajeros/feve; Busse: www.regiondemurciatransporte.es.

Mietwagen: Costa Cálida Rent a Car, Av. de Colón 124, Tel. 0034 968 51 56 17, www.retacarcc.com.

Taxi: Unión Radio Taxi Cartagena, Calle Dublín 60 (Pol. Ind. Cabezo Beazo), Tel. 0034 968 31 15 15.

Stadtrundfahrten: Bus Turístico, ab Hafenausgang Di–So stdl. 10–17 Uhr, 7 €, erm. 6 €.

Hafenrundfahrt: Barco Turístico, Juni–Sept. tgl. stdl. 11–15, 16.30–19.30, März–Mai, Sept.–Nov. Di–So stdl. 11–17 Uhr, Erw. 5,75 €, erm. 4,75 €.

Festival: Ende Sept. wird die Stadt während der **Fiestas de Carthagineses y Romanos** zur Bühne: Zehn Tage lang stellen kostümierte Gestalten Ereignisse aus der Geschichte Cartagenas dar (www.cartaginesesyromanos.es).

Ausflug
La Manga del Mar Menor
(www.la manga.net). Anfahrt mit Regionalbahn Feve zum zentralen Strand Los Nietos, Mo–Sa halbstdl., Fahrtzeit 30 Min., 2,70 € (Hin- und Rückfahrt) Im Osten erstreckt sich diese Nehrung. Es gibt zahlreiche Strände entlang der dem Meer zugewandten Seite ebenso wie auf der Lagunenseite. Vom Leuchtturm am Cabo de Palos im Osten hat man eine tolle Aussicht.

Alicante (Alacant) ► D 4

Alicante (335 000 Einw.) ist die zweitgrößte Stadt in der Provinz Valencia und dennoch angenehm kompakt. Über der Stadt thront der Monte Benacantil mit dem Kastell, im Osten beginnt hinter dem Stadtstrand Playa del Postiguet das lange Gebiet der Strände bis hin zum Badeort Benidorm. Im Westen erstreckt sich die Costa Blanca bis Cartagena. 1490 verlieh Ferdinand II. von Aragon Alicante die Stadtrechte, der Ort wurde ein wichtiger Handelshafen für den Export von Reis, Wein, Olivenöl, Orangen und Wolle.

Altstadt – Barrio Santa Cruz
Östlich der Explanada de España, einer plamenbeschatteten Flaniermeile am Meer, liegt unterhalb des Monte Benacantil das Altstadtviertel Santa Cruz. Seine engen Gässchen verleihen ihm viel Charme.

Das barocke Rathaus **Ayuntamiento 1** wurde im 18. Jh. von Lorenzo Chápuli entworfen. Neben dem Rathaus kann man die Ausstellung »La ciudad descubierta« besuchen. Sie birgt archäologische Überreste z. B. der alten Stadtmauern aus dem 13. und 16. Jh. (Pl. del Ayuntamiento, Mo–Fr 9–14 Uhr).

Zu den sehenswerten Kirchen gehört die **Concatedral de San Nicolás de Bari 2** (Pl. Abad Penalva 2, Mo–Sa 7.30–13, 17.30–20.30 Uhr). Sie ist eines der wenigen Gebäude aus dem 17. Jh., die noch erhalten sind. Der Bau des Bischofssitzes wurde im Stil der spanischen Spätrenaissance entworfen, im Desornamentado- oder Herrera-Stil.

Die **Basílica de Santa María 3** ist die älteste Kirche der Stadt mit Fundamenten aus dem 14. Jh. Im 18. Jh. wurde die zerstörte Fassade im Barockstil wiederaufgebaut (Pl. Santa María, Mo–So 10–12, 18–19.30 Uhr).

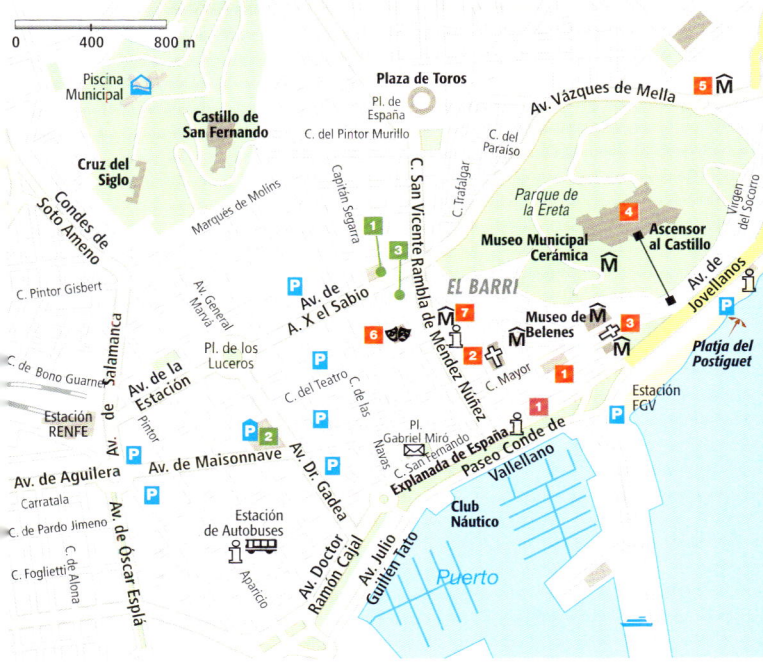

Alicante

Sehenswert

1 Ayuntamiento
2 Concatedral de San Nicolás de Bari
3 Basílica de Santa María
4 Castillo de Santa Bárbara

5 Museo Arqueológico Provincial (MARQ)
6 Teatro Principal
7 Museo de Hogueras

Essen und Trinken

1 Ausgangspunkt für die

Alicante Gourmet Walking Tour

Einkaufen

1 Mercado Central
2 El Corte Inglés
3 Espí

Castillo de Santa Bárbara **4**

www.castillodesantabarbara.com,
April–Juni/Sept. 10–22 (Lift bis 19.30),
Juli/Aug. bis 24 (Lift bis 23.30), Okt.–
März 10–20 (Lift bis 19.30) Uhr,
Erw. 3 €, erm. 2 €, Lift 2,50 €
Zur Besichtigung der Festung auf dem
Monte Benacantil, flächenmäßig eine
der größten Europas, nimmt man am
besten den Lift *(ascensor)* von der Playa
del Postiguet. Der Hügel wurde schon
um 3000 v. Chr. besiedelt. Im 4. Jh. v.
Chr. hattten die Römer die Siedlung *Lu-*
centum gegründet, die Araber verlegten
das Stadtzentrum dann auf den Haus-
berg Monte Benacantil, auf dem heute
das Castillo de Santa Bárbara steht.

Museo Arqueológico Provincial (MARQ) **5**

Plaza del Doctor Gómez Ulla,
www.marqalicante.com, Di–Fr 10–19,
Sa bis 20 Uhr, So und Fei 10–14 Uhr,
Juli/Aug., Di–Sa 11–14, 18–20 Uhr,
Eintritt Erw. 3 €, erm. 1,50 €, mit
El Tossal de Manises 4/2,20 €

Das Castillo überragt Alicante auf einem eindrucksvollen Felsen

Das herausragende Museum Alicantes ist das Archäologische Museum der Provinz Alicante am Fuß des Monte Benacantil. Es beherbergt archäologische, auch Unterwasserfunde, von denen einige bis ins Paläolithikum zurückdatieren. Die Ruinen des antiken Alicante, El Tossal de Manises (Lucentum), sind im Stadtteil Albufereta zu besichtigen.

Neustadt

Das Gebiet westlich der Rambla de Méndez Núñez entstand nach dem Abriss der Stadtmauer im 19. Jh. Die **Plaza de Gabriel Miró** mit den Luftwurzeln der Banyanfeigen sieht ein wenig verwunschen aus. Nördlich von hier spaziert man durch ruhige Gässchen weiter zum 1847 eingeweihten **Teatro Principal 6**.

An der Avenida Alfonso X El Sabio liegt der **Mercado Central 1**. Die Markthalle wurde Anfang des 20. Jh. im Jugendstil errichtet und nach dem Bürgerkrieg restauriert. Von dort führt die Avenida Alfonso X El Sabio auf die **Plaza de los Luceros,** Kreuzungspunkt der Hauptstraßen der Stadt mit einigen angenehmen Cafés und Restaurants, wo man schattig sitzen kann.

Essen und Trinken

An der von Palmen gesäumten **Explanada de España,** die unmittelbar hinter der Uferpromenade beginnt, gibt es zahlreiche Cafés und Restaurants.

Alicante Gourmet Walking Tour 1: Bei dieser geführten Stadttour kann man alle Spezialitäten der Region kosten – von gesalzenem Fisch und Wein bis zu Nougat *(turrón)* und Mandelmilch. www.alicantesmartdestination. com, ganzjährig Fr/Sa 11 Uhr, die Tour beginnt an der Explanada de España 1, Erw. 20 €, erm. 10 € (Englisch).

Einkaufen

Markt – **Mercado Central** 1 : Avda. Alfonso X El Sabio 10, Mo–Sa 7.30–14.30 Uhr. Schöne Markthalle mit Dutzenden Ständen.

Kaufhaus – In der Avenida Maisonnave befindet sich das große Kaufhaus **El Corte Inglés** 2 . Von hier nach Süden gelangt man wieder auf die Esplanade.

Süßes und mehr – **Espí** 4 : Calle de Tomás López Torregrosa 17, www.turronesespi.com, Mo–Fr. Traditionell hergestellter *turrón* (Nougat) und typische Produkte aus Alicante.

Infos

Am Hafen: Vom Anleger sind es etwa 15 Min. zu Fuß bis zur Uferpromenade Explanada de España. Kostenlose Shuttlebusse und Ausflugsbusse stehen bereit.

Touristeninformation: www.alicante turismo.com. Am Terminal und Rambla de Méndez Núñez 23, Tel. 0034 965 20 00 00, Mo–Fr 10–18, Sa 10–14 Uhr.

Öffentliche Verkehrsmittel: Bahn: Hauptbahnhof *(estación de trenes),* Avda. de Salamanca, Tel. 0034 965 92 38 50, www.renfe.com, für Fernzüge und S-Bahnen *(cercanías).* **Bus:** Knotenpunkte für die Stadtbusse (Alicante Urbano TAM) ist der Bahnhof, Tel. 0034 965 14 09 36, www.subus.es, eine Fahrt 1,45 €. **Tram FGV:** www.tram alicante.es. Zwei Linien fahren quer durch die Stadt und zu den Badeorten der Costa Blanca.

Mietwagen: Europcar, Avda. de la Estación 20, am Bahnhof, Tel. 0034 965 98 22 18, www.europcar.es; Avis, Tel. 0034 965 68 27 79, www.avis.es.

Taxi: Stand an der Explanada de España nahe Hafen, Radioteletaxi, Tel. 0034 965 25 25 11, www.taxienalicante.com.

Stadtrundfahrt: Der Touristenbus (Turibus) passiert in 45 Min. die wichtigsten Sehenswürdigkeiten der Stadt. März–Dez. Di–So 10–19 Uhr, alle 60 Min., Erw. 10 €, erm. 5 €.

Hogueras de San Juan (Johannisfest)

Dies ist eine der größten Fiestas in der Region. Wie beim Karneval werden Pappmascheefiguren *(ninots)* aufgestellt, bei denen die Hersteller ihrer satirischen Fantasie freien Lauf lassen. Vom 20. bis zum 24. Juni werden jeden Tag auf der Plaza de los Luceros Feuerwerksböller *(mascletás)* losgelassen. Am 21. Juni ziehen die Königinnen der Fiestas aus den Stadtvierteln *(bellezas del fuego)* und ihre traditionell gekleideten Begleiter durch die Straßen von Alicante. Am 22. Juni wird der Stadtpatronin ein Blumenopfer gebracht. Darauf folgen ein Umzug von Folkoregruppen und Tanzdarbietungen. In der Nacht des 24. Juni finden die Festlichkeiten ihren Höhepunkt in einem großen Feuerwerk. Jetzt werden die *ninots* feierlich in den *hogueras* (Johannisfeuern) verbrannt. Feuerwehrleute besprizten dann die Anwesenden mit Wasser und löschen die Feuer.

Das **Museo de Hogueras** 7 dokumentiert diesen Brauch mit Pappmachéfiguren *(ninots),* Trachten und Filmen (Calle Teniente Álvarez Soto, Ecke Rambla Méndez Núñez 29, Tel. 0034 965 14 68 28, www.hogueras.org, im Sommer Di–Sa 10–14 und 18–21 Uhr, im Winter Di–Sa 10–14 und 17–20 Uhr, So/Fei 10–14 Uhr, Mo geschl., der Eintritt ist frei).

Badeausflug zur Costa Blanca

www.costablanca.org, Anfahrt mit der Tram L1 von der Plaza del Mar entlang der Uferstraße Benidorm (4 Zonen-Ticket 4,85 €).

Östlich und westlich von Alicante liegen die kilometerlangen Sandstrände der Costa Blanca, der Hausstrand **Playa del Postiguet** gleich östlich vom Hafen. Von hier aus schließen sich Badeorte wie Villajoyosa und Benidorm an, die Tram hält in allen Orten.

Ausflug nach Elche

www.visitelche.com, Anfahrt mit dem Auto über die A70 in 25, mit S-Bahn Cercanía C1 vom Bahnhof in 30 Min.

Elche (valencianisch: Elx) liegt 20 km südwestlich von Alicante im Inland. Es ist vor allem wegen seines Palmenhains bekannt, der zum UNESCO-Weltkulturerbe zählt. Hier finden aber auch jedes Jahr ein aufwendiges Mysterienspiel und eine Palmsonntagsprozession statt.

Zu den archäologischen Funden in der Ausgrabungsstätte **Alcudia** (2 km südl. von Elche Richtung Dolores) gehört die Büste der Dame von Elche (Dama d'Elx, 4. Jh. v. Chr.).

Der Palmenwald **El Palmeral** mit 200 000 Bäumen wurde ursprünglich von den Mauren gepflanzt. Aus den Palmblättern werden dekorative Artikel hergestelllt. Außerhalb des Waldes befindet sich die Burg **Alcázar de la Señoría** mit dem Museo Arqueológico y de Historia de Elche (Calle Diagonal del Palau 7, ganzjährig Mo–Sa 10–18 Uhr, Erw. 3 €, erm. 1 €, So frei).

Schon im 19. Jh. war Elche ein Zentrum der Schuhherstellung, heute bekommt man hier Schuhe von höchster Qualität direkt vom Hersteller zu Schnäppchenpreisen. Die Kreationen der Designerin Pura Lopez werden auch vom spanischen Königshaus getragen (www.puralopez.com).

Outlets: Elche Businesspark, Bulevar Marie Curie 34, www.elcheparque empresarial.es; Salvador Artesano, Calle Almenara 26, http://salvadorarte sano.com/en; Ruta Outlet, Calle Miguel Servert 25, http://www.rutaoutlet.es.

Valencia ► D 4

Valencia ist die Hauptstadt der gleichnamigen Provinz und mit über 800 000 Einwohnern die drittgrößte Stadt Spaniens. Die Altstadt mit den wichtigsten Sehenswürdigkeiten erstreckt sich nordwestlich der Calle Colón, einer beliebten Einkaufsstraße. Ein 9 km langer Ring mit schattenspendenden Parkanlagen umgibt das Stadtzentrum, einstiges Bett des 1957 trockengelegten Flusses Turia. 1998 wurde die ›Stadt der Künste und der Wissenschaften‹ Ciudad de las Artes y las Ciencias (**direkt 2|** S. 46) eröffnet. Eine wichtige Tradition sind die Fallas, eine der größten Fiestas der Region.

Stadtrundgang

Am südlichen Ende der Calle Colón befindet sich der Bahnhof **Estación del Norte.** Die Stierkampfarena, **Plaza de Toros** **1**, aus dem Jahre 1860 direkt daneben. Interessante Gebäude, viele mit Jugendstilfassaden, entlang der Avenida del Marqués de Sotelo repräsentieren das aufstrebende Valencia zu Beginn des 20. Jh., so z. B. die **Casa del Chavo** **2**.

Das palastartige **Ayuntamiento** **3** (Rathaus) mit dem **Museo Histórico Municipal** (Mo–Fr 9–13.30 Uhr) erinnert an den Barockstil, stammt aber aus dem Jahr 1934.

Von hier in Richtung Nordwesten gelangt man zum **Mercado Central** **4**, von dessen Modernisme-Fassade farbenfrohe Kacheln leuchten.

Valencia

Sehenswert

1 Plaza de Toros
2 Casa del Chavo
3 Ayuntamiento
4 Mercado Central
5 La Lonja de la Seda
6 El Miguelete und Catedral de Santa María
7 Basílica de la Virgen de los Desamparados
8 Altstadt, Barrio del Carmen
9 Instituto Valenciano de Arte Moderno (IVAM)
10 Oceanogràfic

Essen und Trinken

1 Horchatería Santa Catalina
2 El Generalife
3 Bodegó de la Sarieta

Einkaufen

1 Nela
2 Per Amor a l'Art
3 El Caballo

Ciudad de las Artes y las Ciencias s. Karte S. 49

La Lonja de la Seda 5

Plaza del Mercado s/n, Mo–Sa 9.30–19, So/Fei 9.30–15 Uhr

Besonders beeindruckend in diesem gotischen Meisterwerk, 1482–92 erbaut, ist die große Säulenhalle. Wie Baumstämme sind die 16 Säulenfüße ziseliert und erwecken so den Eindruck eines Palmenhains. Hier wurde seit dem Mittelalter der Handel mit kostbarer Seide abgewickelt, der die Stadt zu wirtschaftlicher Blüte brachte.   ▷ S. 50

Karte: S. 49 | **Dauer:** Bus Linie 4 und 19; Rundgang in der Ciudad 2,5 Std.

Die Stadt der Künste und der Wissenschaften ist seit ihrer Eröffnung zu einem neuen Wahrzeichen Valencias geworden. Der aus Valencia stammende Stararchitekt Santiago Calatrava hat einen weitläufigen Gebäude- und Freizeitkomplex geschaffen, dessen vollständige Realisierung über zehn Jahre dauerte.

In den 1990er-Jahren wollte Valencia aus dem Schatten der beiden Großstädte Madrid und Barcelona treten. Stadt- und Regionalregierung entschieden sich daher gemeinsam für ein Großprojekt, das Valencia ein modernes und internationales Profil geben und vor allem Touristen anlocken sollte. So entstand – nach und nach – am südöstlichen Ende des Turia-Flussparks die Ciudad de las Artes y las Ciencias, kurz CAC genannt. 1998 wurde das erste von insgesamt sieben Bauwerken eingeweiht, 2009 das letzte. Heute erstreckt sich die Stadt der Künste und der Wissenschaften über eine Gesamtfläche 350 000 m² und zieht jedes Jahr Zehntausende Besucher aus dem In- und Ausland an.

Calatravas Heimspiel

Die Freude war groß, als man den Stararchitekten Santiago Calatrava für das Projekt verpflichten konnte. Der international renommierte Architekt, mittlerweile in Zürich lebend, ist in Valencia geboren und groß geworden und hat hier auch sein Studium absolviert. Calatravas Bauwerke findet man rund um den Globus, von New York bis Malmö, von Zürich bis Buenos Aires. In seiner Heimatstadt hat Santiago Calatrava mit der CAC sein umfassendstes Projekt realisieren können. Die Regierung als Auftraggeber und Bauherr hat hierfür keine Kosten gescheut und tief in die Staatskasse gegriffen. Entstanden ist so eine einmalige Werkschau, die alle Facetten seines Architekturstils widerspiegelt und wie gewohnt stark von den organischen Formen der Natur inspiriert ist. So erinnert beispielsweise der lang gezogene Museumsbau Príncipe Felipe an das Skelett eines Urtiers. Die stark in der CAC vertretene *trencadis*-Technik (Keramik-Mosaiken) ist eine Hommage Calatravas an die traditionelle Architektur seiner Heimatstadt. Das für Valencia typische Keramikscherben-Mosaik lässt die Fassaden der Gebäude und die weiten Wasserbecken besonders hell erscheinen und in der mediterranen Sonne geradezu leuchten.

Hoch in den valencianischen Himmel

Der geschwungene Brückenträger der **Puente de Azud de Oro** 1 ist weit über die Grenzen der Stadt hinaus, bis zu 40 km küstenabwärts, zu sehen. Er ragt 125,62 m in die Höhe; die 29 seitlich angebrachten Stahltrosse und die vier Stahlseile, die von der Spitze der Brücke vertikal nach unten hängen, tragen insgesamt ein Gewicht von 5500 t. Einwohner und Besucher haben die unterschiedlichsten Assoziationen: von einer Harfe über ein Segel bis zum *jamonero*, einem geschwungenen Halter, in den ganze getrocknete Schinken eingespannt werden, um feine Scheiben herausschneiden zu können. Indes hat Santiago Calatrava seine Brücke nach jenem historischen Flusswehr benannt, das hier vor über hundert Jahren das Wasser des Río Turia zu den Feldern leitete: dem Azud de Oro.

Einen ebenfalls geschichts- und symbolträchtigen Namen trägt das jüngste Bauwerk der Ciudad de las Artes y las Ciencias, die **Ágora** 2. Im alten Griechenland bezeichnete man einen öffentlichen Platz, der dem Volk als Versammlungsstätte diente, als Agora. Das

hoch in den Himmel ragende Gebäude mit einer wunderschönen mit *trencadis*-Mosaiken verzierten Fassade ist eine Mehrzweckhalle, deren oberste Elemente sich öffnen lassen, damit Sonnenlicht ins Innere hineinfällt. Genutzt wird das 55 Mio. € teure Bauwerk bisher allerdings nur für das zweiwöchige ATP-Tennisturnier von Valencia.

Spektakuläres Opernhaus

Das zweifelsohne eindrucksvollste Bauwerk der Ciudad de las Artes y las Ciencias ist der **Palau de les Arts Reina Sofía** 3. Das Opernhaus ist Königin Sofía gewidmet und erinnert viele an ein Schiff, manche sogar an die Arche Noah. Es ist von Wasserflächen umgeben; auf den Außenterrassen wachsen Palmen. Der Bau bezaubert v. a. nachts, wenn die Beleuchtung das alles überspannende, 70 m hohe Dachelement scheinbar schweben lässt. Im Innern beherbergt der Palau de les Arts, wie er kurz genannt wird, vier Bühnen mit insgesamt 3600 Zuschauerplätzen. Wie so oft in Spanien kostete der 2005 eingeweihte Bau anstatt der geplanten 84 Mio. € am Ende rund 250 Mio. €, was zur Konsequenz hatte, dass bei den Betriebskosten gespart wurde und wird: Das offizielle Programm der Saison 2014/2015 weist weniger als 60 Spieltage auf. Infos zum Spielplan unter www.lesarts.com.

Übrigens: Für die verschiedenen Sehenswürdigkeiten der CAC können sowohl Einzel- als auch Kombi-Tickets gekauft werden. Deshalb empfiehlt es sich, genau zu überlegen, welche Gebäude man besichtigen möchte. Die aktuellen Preise sowie die genauen Öffnungszeiten sind auf www.cac.es publiziert.

Nicht zuletzt die großzügige Architektur macht einen Besuch des Museo de las Ciencias Príncipe Felipe zu einem ganz besonderen Erlebnis

Publikumsmagneten

Absolute Highlights der CAC und besonders bei Familien mit Kindern beliebt sind das **Museo de las Ciencias Príncipe Felipe** 4 und das **Oceanogràfic** 5 (S. 52). Im Wissenschaftsmuseum lassen über 4000 Fensterscheiben tagsüber die Sonne ins Innere scheinen. Mit seiner Ausstellungsfläche von knapp 30 000 m² richtet es sich insbesondere an neugierige und wissenshungrige Kinder. Das Motto des Museums lautet: »Es ist verboten, nicht anzufassen, nicht zu fühlen, nicht zu denken.« Vielfältige Themenbereiche wie Physik oder Chemie werden nicht nur informativ, sondern auch spielerisch aufgearbeitet. Immer wieder interessant ist das Foucault'sche Pendel, das mit seinem Gewicht von 130 kg an einem Stahlseil unter der hohen Decke schwingt.

Bei Kindern und Erwachsenen gleichermaßen populär ist der größte Unterwasserzoo Europas, das Oceanográfico. Eine 4 km lange Pipeline führt frisches Meerwasser vom Mittelmeer in die Becken der verschiedenen Themen gewidmeten Gebäude. Insgesamt fasst der Zoo 42 Mio. l Wasser, in denen rund 45 000 Meerestiere leben. Besucher können hier die verschiedenen Weltmeere und deren Bewohner quasi hautnah kennenlernen.

Ausspannen

Über dem Parkhaus der CAC erhebt sich das **L'Umbracle** 1 . 55 Stahlbögen bilden in einer Höhe zwischen 17 und 19 m eine schattige Galerie, in der sich ein Palmengarten auf 17 000 m^2 ausbreitet. In den Sommermonaten wird abends ein Teil dieser Anlage in eine große und überaus angenehme Chill-out-Terrasse verwandelt.

Kinoerlebnis

Im halbrunden Glasbau des **Hemisférico** 1 befindet sich das IMAX-Kino mit einer 900 m^2 großen, halbrunden Leinwand.

Shopping total

Südlich der CAC liegt das **Centro Comercial El Saler** 1 (Autopista del Saler 16, 10–22 Uhr), ein weitläufiges Einkaufszentrum mit Geschäften, Kinos und Restaurants. Neueren Datums ist das Einkaufszentrum **Aqua** 2 (10–22 Uhr) im Osten der CAC auf der gegenüberliegenden Seite der Brücke.

Essen und Trinken

Entlang des **Paseo de la Alameda** 2 gibt es diverse Bars und (exotische) Restaurants. Lecker sind die italienischen Teigwaren im **Restaurant Sorsi e Morsi** in Nr. 44 der Straße.

Museo Fallero

Tausende *ninots* gehen während der Fallas-Nacht am 19. März in Flammen auf. Eine einzige der satirischen Pappmaschee-Figuren wird jedes Jahr per Volksabstimmung vor dem Feuertod bewahrt. Diese ›geretteten‹ Exemplare sind als Sammlung valencianischer Volkskunst im Museo Fallero 6 zu sehen (Plaza Monteolivete).

von Daniel Izquierdo Hänni

El Miguelete und Catedral de Santa María 6

Plaza de la Reina s/n,
www.catedraldevalencia.es

Mitten in der Altstadt steht die Kathedrale. Bereits in römischer Zeit gab es hier einen Tempel, unter den Arabern eine Moschee. Das Gebäude wurde 1262 bis 1426 immer wieder umgebaut und vereint so verschiedene Stile – von romanisch über gotisch bis barock. Der Glockenturm (El Miguelete, unter den Arabern das Minarett) gilt als Wahrzeichen Valencias. 207 Stufen führen hinauf, man wird mit einem wunderbaren Ausblick belohnt.

Basílica de la Virgen de los Desamparados 7

Plaza de la Virgen s/n, www.basilica desamparados.org, Museo Mariano: Mo/Do 11–14, Sa 10.30–14, 15–20, So/Fei 10.30–14 Uhr, Eintritt Erw. 2 €, erm. 1 €

Die Plaza de la Virgen ebenso wie die Kathedrale tragen den Namen der Jungfrau der Schutzlosen, die als Heiligenfigur und Schutzpatronin von den Katholiken Valencias bereits seit 1416 verehrt wird. Im **Museo Mariano** erfährt man alles über den Heiligenkult, seit 1667 befindet sich hier auch die verehrte Marienstatue.

An der Plaza de la Virgen wurde früher das **Wassergericht** abgehalten, das für eine gerechte Verteilung des knappen Wassers sorgte. Die Araber hatten mit hochentwickelten Bewässerungstechniken die Regionen Valencia und Murcia zu fruchtbaren Gärten gemacht. Noch heute tritt ein symbolischer Rat donnerstags um 12 Uhr zusammen und begeht das Ritual der Wasserverteilung und Konfliktschlichtung.

Altstadt: Barrio del Carmen 8

Nordwestlich der Plaza de la Virgen erstreckt sich das älteste Viertel der Stadt. Verwinkelte Gässchen führen zu reizvollen Plätzen, wie der Plaza del Ángel, der Plaza de Santa Cruz und der Plaza del Árbol. Einst umgab eine Stadtmauer das alte Zentrum. Eines der Stadttore, **Portal de la Valldigna,** befindet sich an der gleichnamigen Straße. Das größte Stadttor mit den Zwillingstürmen **Torres de Serranos (Serrans)** liegt im Osten des Viertels.

Instituto Valenciano de Arte Moderno (IVAM) 9

Calle Guillen de Castro 118, www.ivam.es, Di–So 10–19 Uhr, Eintritt 2 €, erm. 1 €

An den grünen Ring des trockengelegten Turia-Flusses grenzt das Museum für moderne Kunst. Es dokumentiert die Entwicklung moderner Kunst, wobei ein Schwerpunkt auf Design und Fotografie liegt. Außerdem beherbergt es eine große Sammlung von Werken des spanischen Künstlers Julio González.

Oceanogràfic 10

www.cac.es/oceanografic, Mitte Juli–Aug. tgl. 10–24, Juni–Mitte Juli, Sept. So–Fr 10–19, So 10–20, Winter So–Fr 10–18, So 10–19 Uhr, Erw. 27,90 €, erm. 21 €

Richtung Hafen liegt das große Aquarium Valencias. Spektakulär ist eine lange Glasröhre durch ein Aquarium, wo die Fische über den Köpfen der Besucher schwimmen. Im Delphinarium finden jeden Tag Delphin-Shows statt, die von Tierschützern aber kritisiert werden.

Essen und Trinken

Süßes – **Horchatería Santa Catalina**
1: Plaza Santa Catalina 6, Tel. 0034 963 91 23 79, www.horchateriasanta catalina.com, tgl. ab 9 Uhr. Hier gibt es

die typische Erdmandelmilch und die dickflüssige Schokolade mit Frittiergebäck *(chocolate con churros)*.

Schöne Terrasse – **El Generalife** **2**: Calle Caballeros 5, Tel. 0034 963 91 78 99, tgl. 13–16, 20.30–23.30 Uhr. Paella und andere klassische Gerichte, Hauptgericht ab 15 €.

Paellaspezialist – **Bodegó de la Sarieta** **3**: Calle Juristas 4, Tel. 96 392 35 38, www.bodegodelasarieta.com, Mo–Sa 13.45–16, 20.30–24 Uhr. Gute Paella und viele andere Spezialitäten nahe der Kathedrale.

Einkaufen

Die Haupteinkaufsstraße mit großen Kaufhäusern ist die Calle de Colón. Im Barrio del Carmen findet man ausgefallenere Boutiquen.

Spanisches Mitbringsel – **Nela** **1**: Calle San Vincente Mártir 2. Hier gibt es jede Menge Souvenirs, vom Flamenco-Fächer bis zum bedruckten T-Shirt.

Schmuckvoll – **Per Amor a l'Art** **2**: Plaza Miracle del Mocadoret 5. Töpferwaren und Schmuck eigenen Entwurfs.

Klassisch – **El Caballo** **3**: Calle Cirilo Amorós 45. Schicke, nicht ganz billige Lederwaren in andalusischem Design.

Infos

Am Hafen: Der Anleger ist ca. 5 km vom Stadtzentrum entfernt. Angelegt wird am Terminal Acciona Trasmediterránea, kostenlose Shuttlebusse bringen Gäste zum Hafenausgang. Gleich gegenüber fährt Bus Nr. 4 in ca. 35 Min. zur Plaça del Ayuntamiento im Zentrum. Shuttlebusse von Turisvalencia ins Zentrum werden eingesetzt, wenn die Schiffe selbst keinen Transfer anbieten. Die nächste Metrostation am Nordende des Hafens ist Grau-Canyamelar, Linie 5 in Richtung Torrent Avinguda.

Touristeninformation: Turisvalencia, www.turisvalencia.es. Kreuzfahrttermi-nal Acciona-Station, Muelle de Poniente, Tel. 0034 963 67 46 06, infoturistica-puerto@turisvalencia.es (während der Liegezeiten); Plaça de la Reina 19 und Plaça del Ayuntamiento, jeweils Mo–Sa 9–19, So 10–14 Uhr.

Öffentliche Verkehrsmittel: Busse: EMT (Empresa Municipal de Transportes), www.emtvalencia.es/ciudadano. Bei jedem Umsteigen muss man ein neues Ticket lösen, Einzelfahrt 1,50 €; Bonobús: 10er-Karte 8 €, am Kiosk oder im Tabakladen, Chipkarte zum Aufladen 2 €; **Metro:** www.metrovalencia.es, sechs Linien, Zonen AB 2,10 €.

Stadtrundfahrt: Bus Turistic, www.valenciabusturistic.com, 10.30–21 Uhr, 24-Std.-Ticket Erw. 17 €, Kinder 7–16 J. 10 €. Es gibt drei Routen zur Auswahl: rot=historisch, blau=maritim (vom Hafenterminal), grün=zum Naturschutzgebiet Albufera.

VCL Cruise Card: Unbedingt empfehlenswert ist dieses Angebot für Kreuzfahrttouristen (10 €). Mit der Karte kann man Busse und Metro 24 Std. benutzen, erhält freien Eintritt in viele Museen, 15% Ermäßigungen im Oceanogràfic u.v.m. Zudem ist ein Shuttlebus vom Hafen in die Stadt von Turisvalencia enthalten, der am Oceanogràfic, an der Ciudad de las Artes y de las Ciencias und in der Altstadt hält. Die Karte ist erhältlich im Terminal Acciona am Stand von Turisvalencia, http://shop.visitvalencia.com/en/valencia-cruise-card.

Fallas: Die Fallas, die wichtigste Fiesta Valencias und eines der wichtigsten Feste Spaniens, finden vom 12. bis 19. März statt. Pappmascheefiguren paradieren, es gibt Böller *(macletas)* und ein großes Abschlussfeuerwerk.

Strand: Der Hausstrand ist die **Playa de la Malvarrosa**, sie liegt im Viertel El Cabanyal. Hier gibt es eine breite Promenade, Restaurants, Beachvolleyball u.v.m. (Metrolinie 4, Eugenia Vines).

Barcelona ▶ E 3

Die katalanische Metropole ist Spaniens zweitgrößte Stadt (1,6 Mio. Einwohner, 3,2 Mio. im Großraum). Bei der Beschilderung fällt auf, dass sie nicht in Kastilisch *(castellano)*, der spanischen Landessprache, ist, sondern in *català* (Katalanisch). Die Mauren gaben hier nur ein kurzes Intermezzo, im Mittelalter war Barcelona eine blühende Hafen- und Handelsstadt, die ihren Einfluss im gesamten westlichen Mittelmeer geltend machte. Kunst, Architektur und Design stehen hier seit jeher hoch im Kurs, mit Barcelona sind Namen wie Miró, Dalí und Gaudí verbunden. Auch die Kochkunst genießt weltweites Ansehen, man experimentiert mit neuen Techniken wie der molekularen Küche. Trotz der reichen Geschichte ist Barcelona eine moderne Stadt mit Zukunftsblick. Auf den Straßen und Plätzen herrscht eine entspannte, multikulturelle Atmosphäre.

Las Ramblas und Umgebung

Barcelonas Hauptflaniermeile, die auf 1,2 km den Stadtkern durchschneidet, entstand 1766 über den Resten der Stadtmauer aus dem 13. Jh. An ihrer Ostseite liegt die Altstadt Ciutat Vella mit dem Barri Gòtic. Der **Mirador de Colom** 1, die Kolumbussäule am Hafen, entstand im Jahr der Weltausstellung 1888 und hat eine Aussichtsplattform mit Lift (März–Sept. 8.30–20.30, Okt.–Febr. 8.30–19.30 Uhr). Die Statue von Christoph Kolumbus hält eine Seekarte in der Hand und zeigt mit der rechten Hand in Richtung Amerika.

Mercat de la Boqueria 2

La Rambla 91, www.boqueria.info, Mo–Sa 8–20.30 Uhr
Nahe der Metrostation Liceu befindet sich eine der berühmtesten Markthallen

Europas. Hier findet man alles, was die katalanische Küche benötigt. An manchen Ständen kann man die Leckereien auch fertig zubereitet probieren (s. auch Tapas-Tour S. 60).

Museu d'Art Contemporani de Barcelona – MACBA 3

Plaça Àngels 1, www.macba.es, Mo–Fr 11–19.30, Sa 10–21, So/Fei 10–15 Uhr
El Raval, westlich der Rambla, war einst das Rotlichtviertel und diente Hafenarbeitern und Einwanderern als Wohngebiet. Inzwischen haben Künstler und Secondhandläden die Carrer del Carme für sich entdeckt. Das **MACBA**-Museum, ein moderner Bau von 1995, beherbergt eine Sammlung katalanischer Kunst.

Die Rambla mündet im Norden in die Plaça de Catalunya, wo der **Passeig de Gràcia** beginnt – das Einkaufsviertel mit den teuren Markennamen, aber auch mit vielen Designshops. Er durchschneidet das schöne Planviertel Eixample, das dem Modernisme verbunden ist (**direkt 3l** ▶ S. 56).

Ciutat Vella und Barri Gòtic

Im unteren Abschnitt der Rambla führt ein Durchgang zur **Plaça Reial.** Der elegante Platz entstand um 1850 im klassizistischen Stil für den damaligen König Ferdinand VII. – die Straßenlaternen hat Gaudí entworfen. In den Arkaden der umliegenden Gebäude ist z. B. das beliebte Restaurant **Les Quinze Nits** ansässig.

Nördlich davon gelangt man in das ›Gotische Viertel‹ der Altstadt, das noch aus dem 13.–15. Jh. stammt. Enge Gässchen und schöne offene Plätze mit schattigen Bäumen oder Palmen und vielen Cafés reihen sich aneinander. Hier kann man gemütlich flanieren und in Boutiquen stöbern. Die Plaça de Sant Jaume rahmen das Rathausgebäude

Ajuntament 4 und der **Palau de la Generalitat** 5, Sitz der katalanischen Regionalverwaltung, ein. An der Plaça de la Seu steht die gotische **Kathedrale La Seu** 6 mit sehenswertem Kreuzgang (www.catedralbcn.org, Besichtigung nur außerhalb der Gottesdienstzeiten, Eintritt frei, Spende von 6 € erwünscht).

Palau Reial 7

Museu d'Història de Barcelona (MUHBA), Plaça del Rei s/n, www.museuhistoria.bcn. cat, Metro: Jaume I, Mo 10–14, Di–Sa 10–19, So 10–20 Uhr, 7/5 €
Im ehemaligen Palast der katalanisch-aragonesischen Herrscher ist das Museum der Stadt Barcelona untergebracht. Zu sehen sind u. a. Ausgrabungen des einstigen römischen Stadtzentrums.

Museu Picasso 8

Calle Montcada 15–23, www.museu picasso.bcn.cat, Di–So, Fei 9–19, Do bis 21.30, Eintritt frei ab 19 Uhr, Eintritt 11 €. erm. (18–25 J.) 7 €
Das Museum zeigt vor allem frühe Werke Picassos. Das umliegende Viertel La Ribera, vor allem die Umgebung des Passeig del Born, gehört bei Barcelonesen zu den angesagtesten Vierteln. Hier gibt

es trendige Läden, Kneipen sowie Cafés und Tapas-Bars für jeden Geschmack.

Drassanes Reials 9

Av. de les Drassanes s/n, www.mmb. cat, tgl. 10–20 Uhr, 5 €, erm. 2 €, So ab 15 Uhr frei
Nahe der Kolumbussäule befinden sich die Königlichen Werften aus dem Mittelalter, die Drassanes Reials mit dem Marinemuseum. Einst wurden in den Werften die Kriegsschiffe der Aragoneser gebaut und dann im alten Hafen Port Vell zu Wasser gelassen.

Die Brücke **Rambla del Mar** führt auf den Moll d'Espanya mit dem Einkaufszentrum **Maremagnum** 1 (auch sonn- und feiertags geöffnet). Auf der Mole befindet sich außerdem das **Aquarium** 10 (www.aquariumbcn.com, Mo–Fr 9.30–21, Sa/So und tgl. im Juni, Sept bis 21.30, im Juli/Aug. tgl. bis 23 Uhr, 20, erm. 15 €).

Auf der Moll de la Fusta gelangt man zum **Palau del Mar** 11, einem umgebauten Lagerhaus, wo das katalanische Geschichtsmuseum **Museu d'Historia de Catalunya** untergebracht ist (Plaça Pau Vila, 3, www.mhcat.net, Di, Do–Sa 10–20, Mi 10–12, So 10–14.30, 4,50 €, erm. 3,50 €). ▷ S. 59

Barcelona

Barcelona

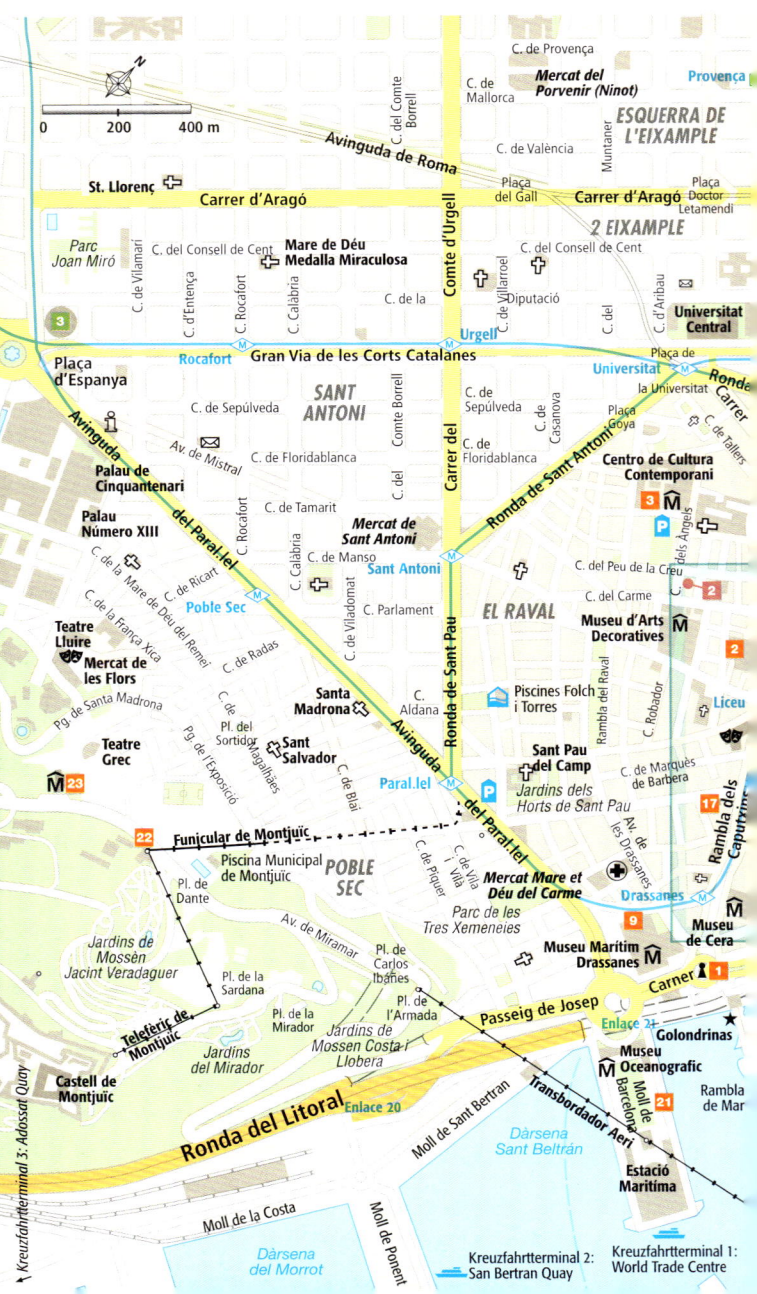

0   200   400 m

C. de Provença
Mercat del Porvenir (Ninot)
Provença
C. de Mallorca
ESQUERRA DE L'EIXAMPLE
C. del Comte Borrell
Avinguda de Roma
C. de València
Muntaner
St. Llorenç
Plaça del Gall
Plaça Doctor Letamendi
Carrer d'Aragó
Carrer d'Aragó
Comte d'Urgell
2 EIXAMPLE
Parc Joan Miró
C. del Consell de Cent
Mare de Déu Medalla Miraculosa
C. del Consell de Cent
C. de Vilamari
C. d'Entença
C. Rocafort
C. Calàbria
C. de la
C. de Villarroel
C. de Diputació
C. del
C. d'Aribau
Universitat Central
Urgell
Rocafort
Gran Via de les Corts Catalanes
Plaça de la Universitat
Universitat
Ronde
Plaça d'Espanya
SANT ANTONI
C. de Sepúlveda
Comte Borrell
C. de Sepúlveda
C. de Casanova
Plaça Goya
Carrer de Tallers
Carrer
Avinguda
Palau de Cinquantenari
Av. de Mistral
C. de Floridablanca
Carrer del
C. de Floridablanca
Ronda de Sant Antoni
Centro de Cultura Contemporani
dels Àngels
Palau Número XIII
del Paral.lel
C. Rocafort
C. de Tamarit
C. del
3
C. de la Mare de Déu del Remei
C. de Ricart
C. Calàbria
C. de Manso
Mercat de Sant Antoni
Sant Antoni
C. del Peu de la Creu
2
C. del Carme
EL RAVAL
Museu d'Arts Decoratives
Poble Sec
C. de Viladomat
C. Parlament
2
Teatre Lluire
C. de la França Xica
C. de Radas
Piscines Folch i Torres
Rambla del Raval
C. Robador
Liceu
Mercat de les Flors
Pg. de Santa Madrona
C. de
Santa Madrona
C. Aldana
Ronda de Sant Pau
Pl. del Sortidor
Avinguda
Sant Pau del Camp
C. de Marquès de Barbera
Teatre Grec
Pg. de l'Exposició
Pl. de Magalhães
Sant Salvador
C. de Blai
Jardins dels Horts de Sant Pau
Av. de les Drassanes
17
Rambla dels Caputxins
M 23
Paral.lel
P
del Paral.lel
22
Funicular de Montjuïc
Mercat Mare et Déu del Carme
Drassanes
9
Museu de Cera
Piscina Municipal de Montjuïc
POBLE SEC
C. de Vila i Vila
C. de Piquer
Parc de les Tres Xemeneies
Jardins de Mossèn Jacint Veradaguer
Av. de Miramar
Pl. de Dante
Pl. de la Sardana
Pl. de Carlos Ibañes
Museu Marítim Drassanes
1
Carner
Pl. de la Mirador
Pl. de l'Armada
Passeig de Josep
Enllaç 24
Golondrinas
Teleféric de Montjuïc
Jardins del Mirador
Jardins de Mossen Costa i Llobera
Museu Oceanográfic
Rambla de Mar
Castell de Montjuïc
Enllaç 20
Ronda del Litoral
Moll de Sant Bertran
Transbordador Aeri
Moll de Barcelona
21
Estació Marítima
Kreuzfahrtterminal 3: Adossat Quay
Dàrsena Sant Beltrán
Moll de la Costa
Moll de Ponent
Dàrsena del Morrot
Kreuzfahrtterminal 2: San Bertran Quay
Kreuzfahrtterminal 1: World Trade Centre

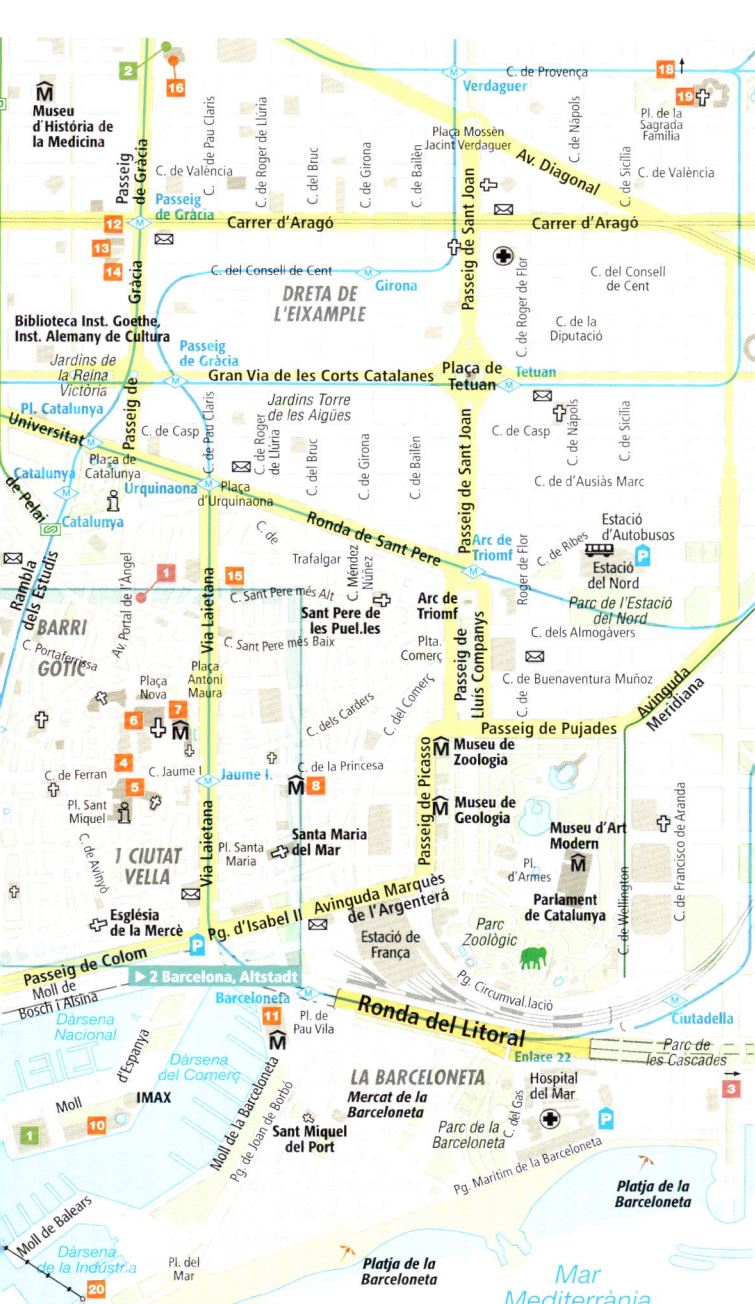

3 | Gaudís modernistisches Erbe – Barcelona

Karte: Cityplan S. 54/55 | **Dauer:** Rundfahrt mit Metro L 11 u. L 5, 4,5 Std.

Ende des 19. und Anfang des 20. Jh. veränderten und prägten die Modernisme-Architekten des katalanischen Jugendstils das Stadtgesicht. Sie suchten nach neuen Ausdrucksformen, die dem Bestreben nach Unabhängigkeit Kataloniens entsprachen.

Am Passeig de Gràcia

Entlang der Metrolinien L11 und L5 befinden sich einige der interessantesten Bauwerke Gaudis und der Modernisten. Ausgangspunkt ist der Passeig de Gràcia, unweit der Plaça de Catalunya. Hier stehen gleich drei sehenswerte Gebäude. Im Zuge der Stadtexpansion entstand das Viertel Eixample, das nach einem Rasterplan von Ildefons Cerdà i Sunyer angelegt wurde. Nicht nur in diesem Stadtviertel enstanden mit den Geldern betuchter Förderer herausragende Projekte der neuen Kunstrichtung z. B. von Antoni Gaudí i Cornet

(1852–1926), Lluis Domènech i Montaner (1850–1923) und Josep Puig i Cadafalch (1867–1957).

Die höhlenartig anmutende Fassade der **Casa Batlló** 12 wurde von Gaudí für den Industriellen Josep Battló 1904–06 gestaltet. Außer den Wohnräumen kann man die Dachterrasse und den Innenhof besichtigen. Die Balkoneinfassungen erinnern an Gecko-Augen, das Dach mit den grünen Keramikplatten an einen Schuppenpanzer. Die **Casa Amatller** 13, von Josep Puig i Cadafalch 1898–1900 für den Schokoladenfabrikanten Antoni Amatler gebaut, ist mit Goldkeramik verziert. Die **Casa Lleó Morera** 14 (1902–06), stammt von dem Architekten Domènech i Montaner.

Östlich von hier, an der Via Laetana, steht der **Palau de la Música** 15, der für den katalanischen Nationalchor Orfeó Català 1905–1908 durch den Architekten Domènech i Montaner entstand. Er ist eines der fantasievollsten Monumente des Modernismus und mit Büsten, Kacheln und Mosaiken verziert. Mit an dem Palast arbeiteten Künstler wie Antoni Rigalt (Glasfenster), Lluís Bru (Mosaiken) und Miquel Blai, der die Skulptur La Cançó schuf, die die Ecke des Gebäudes schmückt.

Antoni Gaudí i Cornet

Wieder am Passeig de Gracia, etwas weiter nördlich, steht Gaudís **Casa Milà** 16, die als Wohnblock mit mehreren Apartments entworfen wurde. Entsprechend seiner Maxime »Originalität ist die Rückkehr zu den Ursprüngen« entwarf Gaudí phantasievolle Gebilde, die teilweise die Vorgaben traditioneller Architektur sprengten. So verzichtete er in der Casa Milà auf tragende Wände, um vom üblichen Raumkonzept abweichen zu können. Seine Entwürfe orientierten sich an der Natur, die für ihn vollkommene Harmonie repräsentierte. Sie sind geprägt von organischen, oft pflanzenartigen oder zoomorphen Formen. Das Gebäude hat fast keine geraden Linien oder glatten Oberflächen. An der geschwungenen Fassade ranken sich Balkons wie Pflanzen empor. Die verkleideten Kaminschächte auf dem Dach erinnern an vermummte Wächter. Das Gebäude wird auch La Pedrera genannt, da es Gaudís Zeitgenossen an einen Steinbruch erinnerte und in seiner fantasiereichen Ausgestaltung den Zeitgeschmack wohl überflügelte.

Für seinen Förderer und später guten Freund Graf Eusebio Güell entwarf Gaudí u. a. den **Palau Güell** 17, einen sechsstöckigen Palast mit Pferdeställen in der Altstadt. Dann plante man eine Gartenvorstadt nach englischem Modell. Der **Parc Güell** 18 sollte 60 Einzelhäuser haben sowie mehrere gemeinschaftliche Einrichtungen und Plätze. Leider fand das Projekt wenig

Anklang, und in die 1890 fertiggestellte Anlage zog Gaudí selbst ein.

Beim Bau des Parc Güell verwendete Gaudí zum ersten Mal Bauteile aus Stahlbeton. Bemerkenswert ist hier der Gebrauch von Keramikmosaiken und Metallen, die zu fantasievollen Mustern verarbeitet werden. Pförtnerhaus und Verwaltungspavillon haben mit weißen Mosaiken verzierte Zinnen, sodass der Eindruck einer Zuckerkruste entsteht. Das öffentliche Forum wird gestützt von asymmetrischen, griechisch anmutenden Säulen. Der Platz ist von einem geschwungenen Balkon umgeben, in den Sitzbänke eingebaut sind. Von hier hat man einen guten Blick über die Stadt bis aufs Meer. Das Gebäude ist von der Neogotik und auch vom Jugendstil inspiriert. Jede Ecke des Gebäudes überrascht mit einem neuen Detail, die Formenvielfalt ist überwältigend.

Gaudís letztes Projekt, dessen Vollendung er nie erlebte, war die Kathedrale **La Sagrada Família** 19. Der Bau wurde ausschließlich durch Spenden finanziert, weshalb es immer wieder Bauverzögerungen gab. Bis heute ist das Gebäude nicht fertiggestellt. Begonnen wurde die Sagrada Familia vom Architekten Francisco de Villar, der sich jedoch mit den Auftraggebern überwarf. Der Urheber des Projektes José Maria Bocabella y Verdaguer gelangte über Umwege an Gaudí, der damals als Assistent des Baumeisters Juan Martorell tätig war. Fast sofort bat Gaudí um künstlerische Unabhängigkeit für das Projekt, mit dem er 1883 begann. Die Sagrada Família wurde für Gaudí zu einer Lebensaufgabe, mit der er sich 43 Jahre lang beschäftigen sollte. Das ursprüngliche neugotische Konzept Villars erfuhr viele Änderungen. Gaudí ließ große Fenster für maximalen Lichteinfall einbauen. Die tragenden Säulen im Inneren wurden wie Bäume angeordnet. Die Äste und Zweige ihrer Kronen treffen dort aufeinander, wo Bauteile gestützt werden. Auf der Ostfassade thematisierte Gaudí die Geburt Christi, die Passion auf der Westfassade, die der Stadtseite zugewandt ist. Sie ist wie eine Pyramide mit dreieckigem Fundament angelegt. Am Türpfosten befindet sich die Darstellung des gekreuzigten Jesus. Die vier runden Türme der Ostfassade sind die letzten Gebäudeteile, die unter Gaudís Leitung entstanden.

Eine Besonderheit der Modernisme-Bewegung war die Einstellung, dass Kunst und Alltag nicht getrennt sein müssen. So entstanden nicht nur originell gestaltete Privathäuser, sondern auch Designobjekte. Architekten, die die Tradition in neuerer Zeit weiterführen, sind z. B. der Urenkel Montaners, Lluis Domènech i Girbau, oder Oscar Tusquets (Alessi) und Javier Mariscal, deren Innenarchitektur und Designobjekte Eindruck machten. Auch das Modedesign hat in den letzten Jahren einen Aufschwung erlebt. Das Markenzeichen sind bunte, ausgefallene Muster, die zum Teil an Miró oder Gaudí erinnern. International erfolgreiche Ketten sind z. B. Mango oder Custo, viele individuelle Boutiquen mit Mode, Designobjekten und Kunstgegenständen findet man z. B. im Barri Gotic, im Viertel El Raval und im Viertel La Ribera.

Infos

Katalanischer Jugendstil: Die Stadtverwaltung bietet eine Führung zum Thema an, bei der man 116 Werke des Modernisme im Stadtgebiet besichtigen kann (s. Touristeninformation Barcelona, S. 59).
Casa Batlló 12: Pg. de Gràcia 43, Eixample, Tel. 932 16 03 06, www.casa batllo.es, tgl. 9–21 Uhr, 21,50 €, Metro L11 Passeig de Gracia.
Casa Amatller 13: Passeig de Gracia 41, Tel. 932 16 01 75, www.amatller. org. Zu besichtigen ist die Bibliothek des Institute of Hispanic Art, Mo–Fr 10–15 Uhr, Metro L11 Passeig de Gracia.
Palau de la Música Catalana 15: Carrer Palau de la Música 4–6, Tel. 902 47 54 85, Tel. Konzerte: 902 44 28 82, www.palaumusica.org, Aug. tgl. 10–18 Uhr, sonst 10–15.30 Uhr, geführte Tour in Englisch 10–15 Uhr stdl., im August und in der Karwoche bis 17 Uhr, Metro L1 and L4, Haltestelle Urquinaona.
Casa Milà 16: Carrer Provenca, www. lapedreraeducasio.org, tgl. März–Okt. 9–20, Nov.–Febr. 9–18.30 Uhr, Metro L11 Diagonal.
Palau Güell 17: Nou de la Rambla 3–5, www.palauguell.cat, Metro L3 Liceu, April–Okt. 10–20, sonst 10–17.30 Uhr, letzter Einlass 1 Std. vor Schließung, 12 €, erm. 8 €
Parc Güell 18: Olot s/n, Tel. 932 13 04 88, www.parkguell.cat/en, 24. März–30. April, 15. Sept.–26. Okt. 8–20, Mai–14. Sept. 8–21, 27. Okt.–23. März 8.30–18 Uhr, Erw. 8 €, erm. (7–12 J.) 5,60 €, Metro L11 Lesseps oder Vallarca.
La Sagrada Família 19: Carrer Mallorca, April–Sept. 9–20, Okt.–März 9–18 Uhr, Erw. 19,30 €, erm. 16,30 €, Metro L 11 Sagrada Família (umsteigen an Station Diagonal, bis dort L5)

Mal reinschauen
Designkaufhaus Vinçon 2: 1899 von Antonio Rovito i Rabassa errichtet; das Kaufhaus (www.vincon.com/en) befindet sich direkt bei der Casa Milà. 1941 wurde hier eine Geschenkhandlung mit praktischen und ausgefallenen Designartikeln und Accessoires für Haus und Heim eröffnet.

Barceloneta Beach

Der ehemalige Fischereihafen **Port Vell** hat ein modernes Aussehen erhalten. Im Westen ragen die Türme des World Trade Centre empor, davor steht Frank O. Gehrys massive Skulptur »Goldener Fisch«. An der Uferpromenade Passeig Marítim de la Barceloneta reiht sich im Osten auf der **Halbinsel La Barceloneta** ein Café an das andere. Hier fährt auch die Hafenseilbahn ab, die den **Torre Sant Sebastià** 20 mit dem **Torre Jaume I.** 21 verbindet und bis auf den Montjuïc hinauffährt. Weitere Strände erreicht man mit der Metro L4, der Tram T4 oder dem Bus Turístic (s. u.).

Montjuïc

Seilbahn Telefèric: www.teleferico debarcelona.com/en, vom Port Vell, online Erw.10,80 €, erm. 7,80 €; Funicular: Metro L2 bis Paral.el, dann Funicular de Montjuïc bis Endstation, Mo–Fr 7.30–20, So/Fei 9–21 Uhr, Erw. 2,15 €; Bus Nr. 150 von Av. Miramar **Castell de Montjuïc** 22: *Carretera de Montjuïc 66, Tel. 0034 932 56 44 40, www.bcn.cat/castelldemontjuic/en, April–Sept. tgl. 9–20, Okt.–März 10–18 Uhr, Eintritt 5 €, erm. 3 €* **Fundació Miró** 23: *Parc de Montjuïc, www.fundaciomiro-bcn. org, Juli– Sept. Di–Sa 10–20, Okt.–Juni 10–19, So 10–14.30, Do 10–21.30 Uhr, 11 €, erm. 7 €* Auf dem Montjuïc befinden sich außer der Festung mit toller Aussicht eine riesige Parkanlage mit dem Olympiapark von 1992 und verschiedene Museen. So ist die Fundació Miró einem herausragenden Künstler gewidmet, der mit Katalonien verbunden ist: Joan Miró.

Essen und Trinken

Seit 1897 – **Els Quatre Gats** 1: Montsió 3, www.4gats.com, tgl. 10–2 Uhr. Ein Klassiker und einst auch von Picasso besuchtes Lokal.

Angesagt – **Rosa de Raval** 2: Carrer dels Ángels 6, Tel. 0034 933 04 26 81, www.rosaraval.com, So–Do 13–0.30, Fr/Sa 13–1.30 Uhr, Mittagsmenü 9 €. Mexikanisches Restaurant im Bezirk Raval.

Am Strand – **El Xiringuito Escriba** 3: Av. Litoral 42, Platja del Bogatell, Tel. 0034 932 21 07 29, www.xiringuito escriba.com/en, Mo–Fr 13–16.30, 20–23, Sa/So 13–17, 20–23 Uhr. Paellas (ab 18 €) und Fisch, mit Außenterrasse.

Einkaufen

Die Haupteinkaufszonen reichen vom Passeig de Gràcia bis zur Plaça de Francesc Macià, und von der L'Illa Diagonal zum Pedralbes Centre. Das Einkaufszentrum **Las Arenas** 3 befindet sich in der alten Stierkampfarena aus dem 19. Jh. (Plaça d'Espanya, www.arenasdebarcelona.com, 10–22 Uhr).

Infos

Am Hafen: Kreuzfahrtschiffe legen an einem der sieben Terminals an, z. B. am World Trade Centre (15–20 Min. bis zu den Ramblas), am Moll Sant Bertrán (10 Min.) oder am Moll Adossat (2 km) Für die weiter entfernten Terminals gibt es Shuttlebusse (Cruiser T3), die Besucher am Südende der Ramblas absetzen. **Touristeninformation:** Plaça Portal de la Pau(bei der Kolumbussäule), tgl. 8.30–22.30 Uhr; Plaça Catalunya 17-S (unterirdisch), Tel. 0034 932 85 38 34, Metro Catalunya, tgl. 8.30–20.30 Uhr. **Öffentliche Verkehrsmittel:** www. tmb.cat/en. Bahn: www.renfe.es. Bahnhof Pl. dels Països Catalans, Metro L3 bis Drassanes, 5 Min. vom Kolumbus-Denkmal. Zahlreiche Buslinien decken das Stadtgebiet ab. Einzelticket 2,15 €. **Hola BCN Card:** Benutzung aller Transportmittel für 2 Tage, Erw. 14 €. Die **Barcelona Card:** (http://bcnshop. barcelonaturisme.com. 30,50 €, erm.

59

Barcelona Tapas Tour: Ein geführter Spaziergang, bei dem man Tapas probieren kann (nur in Englisch). Sie spazieren u. a. durch das Barri Gòtic und über die Rambla. Sie besuchen den Boqueria-Markt. Die Tour beginnt an der Touristeninformation Plaça de Catalunya, Fr/Sa 10.30 Uhr, Dauer 2 Std., Erw. 19.35 €, erm. 6,30 €, 6 Tapas und ein Getränk eingeschlossen.

12,06 €) gewährt zusätzlich Ermäßigungen für zahlreiche Museen usw.
Stadtrundfahrt: Barcelona Bus Turístic, www.barcelonaturisme.cat. Ab World Trade Centre, Kolumbussäule und Plaça de Catalunya drei verschiedene Routen alle 25 Min. Tickets online, im Bus und in der Touristeninformation, Tagesticket 24,30 €, erm. 14,40 €.
Fahrradtouren: Fat Tire Tours, http://barcelona.fattirebiketours.com, etwa 4-stündige Tour inkl. Sagrada Familia, Treffpunkt Plaça Sant Jaume, Altstadt, Winter 11 Uhr, Sommer 11 und 16 Uhr, Erw. 24 €, erm. 19 €.

Palma de Mallorca ▶ E 4

Palma ist die Hauptstadt Mallorcas und zugleich der autonomen Region der Balearen. Sie liegt an einer weiten natürlichen Bucht. Die größte der Baleareninseln ist wie Ibiza und Formentera ein Synonym für Massentourismus, zieht aber besonders durch die Schönheit und Einsamkeit des Nordens an. Die von den Römern gegründete Stadt übernahmen 903 die Araber, die 1229 von den Aragoniern vertrieben wurden. Die wichtigsten Sehenswürdigkeiten der Altstadt, entstanden unter der Herrschaft der Könige von Aragón, gruppieren sich im Osten der Hafenbucht.

Palau de l'Almudaina **1**
Carrer del Palau Reial s/n,
Di–So, Sommer 10–20, Winter 10–18
Uhr, Erw. 7 €, erm. 4 €
Das Fort war einst der Palast der maurischen Herrscher und dann der Sitz der Aragonier. Heute ist hier die spanische Königsfamilie hin und wieder zu Gast. Der Haupteingang führt zum großen Innenhof mit einer der Heiligen Anna gewidmeten Kapelle aus dem 14. Jh.

Cathedral La Seu **2**
Carrer Capiscolato 2, www.catedralde mallorca.org, tgl. April–Mai 10–17.15, Juni–Okt. 10–18, Sa 10–14.15 Uhr
Die gotische Kathedrale wurde 1231 nach der siegreichen Schlacht gegen die Mauren begonnen. Allerdings dauerte die Fertigstellung mehrere Jahrhunderte. Die einstige Moschee wurde überbaut. Im Kirchenschiff tragen 14 Säulen das ungewöhnlich hohe Deckengewölbe. Zwischen 1904 und 1914 gestaltete Antoni Gaudí das Innere zum Teil in seiner ganz eigenen Handschrift um. Das angegliederte Kathedralmuseum birgt eine Sammlung von Gemälden und Kunsthandwerk.

Museu de Mallorca **3**
Carrer Portella, 5, http://museudemal lorca.caib.es, Mo–Fr 11–18, Sa 11–14 Uhr, Eintritt frei
Östlich der Kathedrale, in einer Stadtvilla aus dem 15. Jh., befindet sich dieses Heimatmuseum mit archäologischen Funden, Kunsthandwerk und Werken der sog. spanischen primitiven Künstler.

Fundació Pilar i Joan Miró **4**
Carrer de Joan de Saridakis 29,
http://miro.palmademallorca.es, Di–So 10–19, Winter 10–18, So 10–15 Uhr,
Erw. 6 €, erm. 3 €
Etwas außerhalb des Stadtzentrums gelegen, wurde in den ehemaligen Werk-

Palma de Mallorca

Sehenswert
1 Palau de l'Almudaina
2 Kathedrale La Seu
3 Museu de Mallorca
4 Fundació Pilar i Joan Miró

5 Es Baluard – Museu d'Art Modern i Contemporani

Essen und Trinken
1 La Bóveda
2 Bar Bosch

Einkaufen
1 El Corte Inglés

stätten des Künstlers Joan Miró ein Museum angelegt. Miró lebte und arbeitete hier von 1956 bis zu seinem Tod 1983. Dem Museum hat er viele seiner Zeichnungen und Skulpturen gestiftet.

Es Baluard – Museu d'Art Modern i Contemporani 5

Plaça Porta de Santa Catalina 10, www.esbaluard.org, Di–So 10–15 Uhr, Erw. 6 €, erm. 4,50 €

Mittelalterliche Kirche in Palma

Das Museum widmet sich den Kunstströmungen des späten 19. und 20. Jh. (Cézanne, Gauguin, Picasso, Miró, Magritte, Polke, Barceló, Schnabel u. a.).

Essen und Trinken

Tapas – **La Bóveda** 1: Paseo Sagrera 3, Sa Llotja, Tel. 0034 971 72 00 26. Katalanische und spanische Küche.

Zentral – **Bar Bosch** 2: Plaça del Rei Joan Carles I 6, www.barbosch.es. Zwischen Einkaufsstraßen liegt dieses gemütliche Café-Restaurant, Tapas ab 3 €.

Einkaufen

An der Avinguda del Jaume III liegt eine Filiale des Kaufhauses **El Corte Inglés** 1. Boutiquen gibt es an der Plaça del Rei Joan Carles I, am Passeig des Born und an der Avinguda Jaume III.

Infos

Am Hafen: Schiffe legen beim Estacio Maritima oder in Porto Pi (6–8 km vom Zentrum) an; Bus Nr. 1 bis Plaça d'Espanya 3 €, Taxis ins Zentrum ca. 10 €.

Touristeninformation: www.palmademallorca.es. Estación Maritima 2; Casa Solleric, Plaça d'Espanya, Tel. 0034 902 10 23 65.

Öffentliche Verkehrsmittel: Bus: www.emtpalma.es. Einzelfahrt Erw.

1,50 €, eine Zehnerkarte *(tarjeta turística)* erhält man am Kiosk für 10 €. Die Linie 3 fährt vom Zentrum zum Strand von Illetas im Westen.

Stadtrundfahrt: Bus Tourístico, www.mallorcatour.com, Abfahrt z. B. Almudaina, Pl. Espanya oder Passeig Marítim. Frühjahr und Herbst tgl. 10–20 Uhr, Sommer tgl. 9.30–22, Winter 10–18 Uhr, 24-Std.-Ticket Erw. 17 €, erm. 8,50 €.

Strand: Bus Nr. 31 fahrt nach Osten zum Strand von Can Pastilla. Dort kann man in den Tren Turistic nach S'Arenal umsteigen.

Ausflug zum Museo Chopin

Plaça de la Cartoixa s/n, Valldemossa, Tel. 0034 971 612 106, www.celdade chopin.es, Sommer 9.30–19, Winter 10–17, So und Fei 10–14 Uhr, 3,50 €

Valldemossa liegt im Nordwesten der Insel, ca. 30 Min. von Palma. Das hübsche Örtchen zieht Touristen an, nach Spuren des Komponisten Frédéric Chopin und seiner Geliebten, der Schriftstellerin George Sand, suchen. Die beiden bewohnten ein Zimmer in dem Karthäuserkloster aus dem 14. Jh., das man besichtigen kann.

Ausflug Soller

Anfahrt: Tren de Soller und Tram, www.trendesoller.com, Erw. 19,50 €, Tram zum Hafen 5€, (Kinder 3–6 J. halber Preis). Abfahrt 10.10/10.50, Rückfahrt 12.15/14 Uhr.

Mit der historischen Schmalspurbahn gelangt man in das 27km nördlich gelegene Soller. Die Bahnfahrt durch das UNESO Weltkulturerbe Serra de Tramuntana (www.serradetramuntana.net) ist bereits ein Erlebnis. In Soller kann man bummeln und Orangenprodukte probieren oder umsteigen in die historische Tram bis zum Hafen.

Frankreich und Monaco

Marseille ► F 2

Zweitgrößte Metropole und größter Kreuzfahrthafen Frankreichs – das vermittelt bereits einen Eindruck von den Proportionen Marseilles, von jeher ein Zentrum für den Handel mit Afrika und dem Nahen Osten. Es gibt kleine multikulturelle Enklaven wie z. B. das Viertel Noailles, auch die Kunst-, Musik- und Designszene fühlt sich im multikulturellen Flair der Metropole heimisch.

Im ambitionierten Ausbauprojekt der Hafengegend, genannt Euroméditerranée, sind Filmstudios entstanden, viele Krimis und die beliebte Seifenoper »Plus belle la vie« werden dort gedreht. 2013 war Marseille europäische Kulturhauptstadt. Ein besonderes Erlebnis ist der Besuch des Fischmarkts am Quai des Belges (**direkt 4|** S. 67).

Musée des Civilisations de l'Europe et de la Méditerranée (MuCEM) **1**

7, promenade Robert Laffont, www. mucem.org, Sommer Di–So 11–19, Winter 11–18, Fr bis 22 Uhr, 8, erm. 5 € Am Eingang zum Vieux Port befindet sich dieses hypermoderne Museum. Die Geschichte der Mittelmeerregion wird hier mit ganz unterschiedlichen Exponaten beleuchtet, von Höhlenmalereien über Alltägliches bis zur Kunst.

Canebière

Die Hauptstraße Marseilles mit ihren vielen Geschäften und Cafés (westlich des Vieux Port) wurde schon 1666 als Prachtboulevard angelegt, aber erst 1928 erhielt sie ihre heutige Form.

Am unteren Ende in der Nähe des Hafens reihen sich barocke Gebäude wie der **Palais de la Bourse 2** (erbaut 1852–1860) aneinander. Ausruhen kann man sich z. B. im **Café Noailles 1** in Nr. 56 (tgl. 7–19.30 Uhr).

An der Kreuzung zum Boulevard Garibaldi kann man nach rechts in die Sträßchen des Viertels Noailles abzweigen. Dreh- und Angelpunkt des Viertels ist der **Marché des Capucins 1**. Hier wird alles feilgeboten, was sich verkaufen lässt, der Markt hat eine ausgesprochen orientalische Atmosphäre.

Nördlich des Hafens – Panier

Das älteste Viertel Marseilles liegt auf einem Hügel, der ordentliches Treppensteigen erfordert. Montée des Acoules heißt das Sträßchen, das ganz hinauf führt. An der **Place de Lenche** befand sich in der Antike die griechische Agora und später das römische Forum. Von den Cafés am Platz hat man einen wunderbaren Ausblick auf den alten Hafen. An der **Place des Moulins** standen früher viele Windmühlen. In der **Rue du Panier** taucht man gänzlich in das alte Viertel ein, von dessen Randbezirken vieles den Sprengungen durch deutsche Besatzer im Zweiten Weltkrieg zum Opfer fiel. In den Seitengässchen, wie der **Rue du Petit Puits,** finden sich Handwerksstätten von Keramikkünstlern bis zu Konfektherstellern.

Vieille Charité ⬛3

www.vieille-charite-marseille.org, 2, rue de la Charité, Innenhof tgl. 10–18 Uhr; Kapelle Di–So, Di–So Juni–Sept. 11–18 Uhr, Okt.–Mai 10–17 Uhr
Der Bau des Architekten Pierre Puget war im 17. Jh. ein Armenhospiz bzw. Arbeitshaus, denn die Armen mussten sich Kost und Logis durch harte Arbeit verdienen. Besonders sehenswert ist die Kapelle, deren Kuppel aus dem Innenhof herausragt. Zwischenzeitlich diente das Gebäude als Kaserne. Verschiedene Museen sind heute hier untergebracht, im interessanten **Musée d'Archéologie Mediterranéenne.**

Marseille

Sehenswert

1 Musée des Civilisations de l'Europe et de la Méditerranée (MUCEM)
2 Palais de le Bourse
3 Vieille Charité
4 Notre Dame de la Garde
5 Musée Cantini

Essen und Trinken

1 Café Noailles
2 L'Aromat

Einkaufen

1 Marché des Capucins

sind antike Funde aus dem ganzen Mittelmeerraum zusammengetragen.

Notre Dame de la Garde 4

Montée de la Bonne Mère, www. notredamedelagarde.com, Sommer 7–19.15, im Winter bis 18.15 Uhr, Bus Nr. 60 oder Bus Le Grand Tour

Vom Kopf des Alten Hafens sieht man das Wahrzeichen Marseilles am besten, das in 162 m Höhe über die Stadt wacht. Der Bau der Basilika im neobyzantinischen Stil (1853–1870) wurde von Napoleon III. begonnen. Auf dem Turm thront eine goldene Muttergottesstatue. Sie wird auch *la bonne mère*, die gute Mutter, genannt, da sie nicht nur den Hafen mit den Fischerbooten im Auge hatte, sondern auch die Fischer auf dem Meer sie von Weitem sehen konnten. Die Kirche war lange ein Wallfahrtsort für Seeleute, dies bestätigen die Votivgaben in ihrem Inneren. In der Kuppel befinden sich farbenprächtige Mosaiken mit biblischen Darstellungen.

Einen Abstecher lohnt das **Musée Cantini** 5. In dem Gebäude aus dem 17. Jh. ist eine exzellente kleine Kunstsammlung untergebracht, u. a. mit Werken von Matisse, Kandinsky, Picasso und Rothko (19, rue de Grignan, Tel. 0033 491 54 77 75, Juni–Sept. Di–So 11–18, Erw. 5 €, erm. 3 €).

Essen und Trinken

Das Carré Thiars ist das Ausgehviertel der Stadt. Restaurants und Bars reihen sich hier aneinander.

*Frisch und modern – **L'Aromat*** 2: 49, rue Sainte, Tel. 0033 491 55 09 06, www.laromat.com, Mo–Fr 12–14, Di–Sa 20–22 Uhr. Jungchef Sylvain Robert kreiert eine moderne mediterrane Küche, Hauptgericht 20 €.

Infos

Am Hafen: Kleinere Schiffe docken an der Mole Joliette im Süden an (Anschluss an Metro M2 oder Straßenbahn T2), große Schiffe an der Mole Léon Gourret (8 km vom Zentrum). Bis zum Hafenausgang (Tor 4) sind es zu Fuß 20 Min. (2 km). Dort erhält man Anschluss an den Bus Nr. 35 bis zum Terminal Joliette (Ticket 1,50 € für eine durchgängige Fahrt). Der örtliche Shuttle ist unzuverlässig. Ein Taxi vom Hafenausgang bis zum Vieux Port kostet ca. 20 €.

Touristeninformation: www.marseille-tourisme.com/al/, Office de Tourisme et des Congrès, 4, La Canebiere, Tel. 0033 491 13 89 00, Mo–Sa 9–19, So/Fei 10–17 Uhr.

Öffentliche Verkehrsmittel: Vom Bahnhof St-Charles fahren TGV-Züge nach Avignon und Aix-en-Provence (www.sncf.com). Es gibt verschiedene Metrolinien, die Straßenbahnen T1 und T2 sowie Busse (www. rtm.fr). Einfache Fahrt 1,50 €, Zehnerkarte 13,40 €.

Stadtrundfahrten: Le Grand Tour, Hop-on-Hop-off Bus, Tel. 0033 491 01 05 82, www.marseillelegrandtour.com, 16 Haltestellen, Erw. 19 €, erm. 8 €.

Bootsfahrten: Frioul If Express, 1, quai de la Fraternité, Tel. 0033 491 46 54 65, www.frioul-if-express.com, Kombiticket 15 €. Schöner Kurzausflug zu der Insel **Château d'If** (wo Dumas' Graf von Monte Christo einsaß) und den **Îles Friouls** (zum Baden).

Ausflug nach Aix-en-Provence

Anfahrt: Von Marseille mit dem TGV zur Gare TGV in Aix (ca. 25 Min., 24 €), dann mit Bus Nr. 40 (Navette Aix) ins südliche Stadtzentrum (Infos: www.sncf.fr, www.lepilote.com)

Die heimliche Hauptstadt der Provence wurde durch den Maler Paul Cézanne international bekannt. Er lebte in Aix und verewigte besonders die benachbarte Montagne Ste-Victoire in unzähligen Darstellungen. Die barocke Altstadt gruppiert sich um die Place de l'Hôtel de Ville mit dem Rathaus aus dem 17. Jh. Hierher gelangt man über die Avenue des Belges, die Prachtallee Cours Mirabeau und dann die Rue de la Masse.

Nördlich des Rathauses befindet sich die **Cathédrale St-Sauveur** (tgl. 7.30–12 und 14–18 Uhr). Auf den Ruinen eines Apollotempels entstand hier eine erste Kirche im 5. Jh. Der Kreuzgang aus dem 12. Jh. weist reiche Verzierungen mit Tier- und Pflanzendarstellungen auf. Ein Triptychon von Nicolas Froment aus dem Jahr 1476 schmückt das Kircheninnere. ▷ S. 70

Karte: ► F 2 | **Start:** Metro Vieux Port, **Dauer:** 2,5 Std.

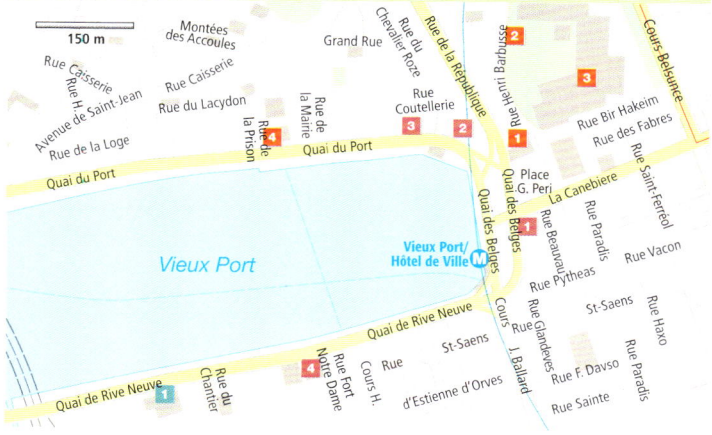

Vom Quai des Belges schweift der Blick über den Vieux Port, schaukelnde Jachten und zwei Forts. Doch die größte Aufmerksamkeit beanspruchen die Fischverkäuferinnen des Marché aux Poissons. Auf einem Bett aus Eis liegen Doraden, Rotbarben, Thunfisch, Seebarsch, Drachenkopf, Seeteufel, Sardinen. Von September bis April kommen ›oursins‹, Seeigel, hinzu – die Spezialiät der nahen Côte Bleue schlechthin.

Der Vieux Port ist die Keimzelle der Stadt, der Quai des Belges sein Laufsteg. Seit 2600 Jahren dreht sich das Leben um den alten Hafen. Unweit des Metroeingangs zur Station Vieux Port erinnert eine **Bodenplakette** an die Gründung von Marseille 600 v. Chr. durch Griechen aus Kleinasien. Der Kai bildet seit Urzeiten eine Open-Air-Bühne, auf der die menschliche Komödie als Dauerinszenierung läuft. *Tout Marseille* zeigt sich im Lauf des Tages. Küsschen links, Küsschen rechts, der Aperitif steht auf dem Cafétisch, die Stühle sind in Richtung Sonne ausgerichtet.

Häufiger Namenswechsel

Quai des Belges heißt der Kai, hinter dem der Vekehr um großzügige Rasenflächen und üppig blühende Blumenbeete tost, seit 1915: Mit dem Namen sollte an den wackeren Widerstand der Belgier gegen die im Ersten Weltkrieg einmarschierenden Deutschen erinnert werden. Quai des Augustins hieß er vor der Französischen Revolution: Die

Kirche St-Ferréol [1] auf der Nordseite des Quai des Belges war seit 1369 Klosterkirche einer heute nicht mehr existierenden Augustinerabtei. Auch das Gotteshaus selbst wurde im Baufieber der Belle Époque um einige Querschiffe verkürzt. Es musste Platz geschaffen werden für den kolossalen Neubau der Börse. Hinter der geweißelten neobarocken Kirchenfassade von 1874 verbirgt sich ein gotischer Innenraum, der jedoch 1892 im historisierenden Stil umgebaut wurde. Damals hieß der Kai übrigens Quai de la Fraternité, und dies seit 1871. 1807 hieß er noch Quai Impérial – Kaiser Napoleon war an der Macht – , zuvor Quai Rousseau.

Griechische Wurzeln

Dass Griechen aus Kleinasien die ersten waren, die das natürliche Hafenbecken des Vieux Port nutzten, beweisen die Ausgrabungen hinter der Kirche. Die von der Rue Henri Barbusse her einsehbare Gartenanlage des **Jardin des Vestiges** [2] ist die älteste griechische Ausgrabungsstätte Frankreichs. Bei Abbrucharbeiten stieß man an der Rue Barbusse auf Reste der griechischen Siedlung Massalia inklusive Bollwerken, Stadttor und den römischen Hafen, die nun in der Grünanlage zu besichtigen sind.

Das Areal gehört zum **Musée d'Histoire de Marseille** [3], dem Museum zur Stadtgeschichte im ungeschlachten Centre Bourse, und verlängert als eine Art Open Air-Saal die Dauerausstellung.

Drinnen zieht das Wrack eines Handelsschiffs aus dem 2. Jh. n. Chr. alle Blicke auf sich. Andere Fundstücke dokumentieren die Geschichte der Stadt von ihrer Gründung im 6. Jh. v. Chr. bis ins 19. Jh.

Jeder Kai eine andere Welt

Während am Quai des Belges die Fischfrauen mitunter laut krakeelend den Ton angeben, prägen den Quai du Port auf der Nordseite des Hafenbeckens Wiederaufbaublöcke, die das von der Zerstörung verschonte barocke **Hôtel de Ville** [4] in die Zange nehmen. Bis zur Sprengung des Viertels 1943 wanden sich hinter dem Quai du Port die Gassen des mittelalterlichen Marseille. Als Wohnlage sind die nüchternen Häuserzeilen heute nicht nur wegen des Hafenblicks begehrt. Großzügige Wohnungen, in denen es an luxuriöser Ausstattung wie Parkett und bodentiefer Fensterfront nicht fehlt, zeichnen die in den 1950er-Jahren erbauten Blöcke aus.

Der Kai auf der Südseite des Hafenbeckens heißt **Quai de Rive Neuve** und ist Heimat einiger privater Theater sowie des **Théâtre National de Marseille** [1] in der ehemaligen Fischauktionshalle **La Criée**. Ansonsten bestimmen wie auf der anderen Seite auch Café- und Restaurantterrassen das Bild – es gehört zu den Lieblingsritualen der Marseillais, am Hafen zu sitzen, um mit Blick auf den Mastenwald ein Glas zu trinken.

Infos und Öffnungszeiten
Église St-Ferréol: Mo–Fr 7.10–19, Sa/So 12–15 Uhr.
Musée d'Histoire de Marseille: Sq. Belsunce, Centre Bourse, Tel. 0033 491 90 42 22, www.marseille.fr, Mo–Sa 12–19 Uhr, Fei geschl., 2, erm. 1 €.

Terrassen am Kai
La Brasserie de l'OM [1] ist die erste Adresse am Quai des Belges (25, quai des Belges, Tel. 0033 491 33 80 33, tgl. 7–14 Uhr, Tagesgerichte um 15 €). Der Supporter-Treffpunkt des Marseiller Erfolgsfußballklubs OM

(Olympique Marseille) wurde kürzlich neu gestylt. Weiße Designerbänke, schwarz gepolsterte Wände drängen König Fußball in den Hintergrund – nur bei der Übertragung von Spielen geben die Plasmabildschirme an der Wand wieder den Rhythmus in der Nobelbrasserie vor. Ansonsten genießt man eine moderne Brasserieküche, mit Blick auf den Hafen.

Noch begehrter wegen des grandiosen Blicks und der breiten Terrasse ist die **Bar de la Samaritaine** 2 (2, quai du Port, tgl. 6–1 Uhr). Der verglaste halbrunde Saal des bodenständigen Cafés schiebt sich wie ein Schiffsbug an den Vieux Port und garantiert fast rund um die Uhr Sonne. Die Terrasse ist entsprechend beliebt zum Frühstück nach durchtanzter Nacht (9–12 €), spätnachmittags zum Aperitif sowie zum Sehen und Gesehenwerden, und dies seit 1910. **La Caravelle** 3 (34, quai du Port, 7–2 Uhr) heißt die Bar im ersten Stock des Hotels Bellevue; sie lockt mit dem definitiv aussichtsreichsten Balkon am Vieux Port. Abends zum Aperitif steht zudem die Sonne auf der Fassade. Interessanter in puncto Klientel wird es zu später Stunde, wenn sich die drei kleinen Säle mit der ramponierten, aber originalen 1930er-Jahre-Einrichtung im Shabby-Chic-Stil mit Paradiesvögeln füllen. Mittags funktioniert die Bar auch als Restaurant (à la carte 15– 20 €).

Die **Bar de la Marine** 4 (15, quai de Rive Neuve, 7–2 Uhr) ist ein *place to be* für den Aperitif mit Tapas, Quiche oder Minipizza und Blick auf den Hafen. Die im Stil einer Bar aus den 1930er-Jahren gehaltene In-Adresse lockt jedoch schon früh morgens zum ersten Kaffee, mittags zum Essen, und zu später Stunde als unverwüstliche Before-Anlaufstelle. Eyecatcher bleibt *le zinc*, die mit Zinkblech beschlagene Theke.

von Klaus Simon

Hier gibt's den besten und frischesten Fisch Marseilles: am Quai des Belges im Vieux Port

Gegenüber der Kathedrale zeigt im alten Palast des Erzbischofs das **Musée des Tapisseries** (Tel. 0033 442 23 09 91, April–Okt. tgl. außer Di 10–12.30, 13.15–18 Uhr, 3,50 €) Wandteppiche aus mehreren Jahrhunderten.

Atelier Paul Cézanne

9, avenue Paul Cézanne, Tel. 0033 442 210 653, www.atelier-cezanne.com, Erw. 5,50 €, erm. 2 €
Paul Cézanne wurde am 19. Januar 1839 in Aix geboren und verstarb hier 1906. Nördlich der Kathedrale gelangt man über die Avenue Philippe Solari zum letzten Atelier des Malers. Das örtliche Fremdenverkehrsamt bietet Touren auf den Spuren Cézannes an.

Infos

Touristeninformation: 2, place du Général de Gaulle, Tel. 0033 442 16 11 61, www.aixenprovencetourism.com, April–Okt. Mo–Sa 9–18, So/Fei 9.45–17, Juli tgl. 9–19 Uhr.

Ausflug nach Avignon

Vom Bahnhof St. Charles gelangt man mit dem TGV in 20 Min. nach Avignon, ca. 24 € (je nach Tageszeit)
Im Mittelalter war Avignon kurzzeitig Sitz des Papstes, heute ist es vor allem für sein Festival berühmt. Der **Papstpalast** (www.palais-des-papes.com, März–Juni 9–19, Juli und Sept. 9–20, Aug. 9–20.30, Nov.– Febr. 9.30–17.45 Uhr, Erw. 11 €, erm. 9 €) ragt weithin sichtbar über die von der Stadtmauer umgebene Altstadt hinaus. Der von verschiedenen Päpsten zwischen 1335 und 1352 erbaute gotische Palast war gleichzeitig eine wehrhafte Festung. Die Fresken im Großen Audienzsaal schuf Matteo Giovannetti 1352.

Die **Stadtmauer** wurde 1355 begonnen und ist 4,3 km lang. Teile davon sind begehbar und von dort hat man einen wunderbaren Ausblick. Die durch das Lied »Sur le pont d'Avignon« bekannte Brücke **Pont Saint-Bénézet** steht heute nur noch zur Hälfte, ist aber zum Wahrzeichen geworden. Das gesamte Ensemble einschließlich der Bürgerhäuser aus dem 17. und 18. Jh. gehört zum UNESCO-Weltkulturerbe.

Infos

Touristeninformation: www.avignon-tourisme.com, 41, cours Jean Jarès, Tel. 0033 432 74 32 74, April–Okt. Mo–Sa 9–18, So/Fei 9.45–17, Juli tgl. 9–19, Nov.–März Mo–Fr 9–18, Sa 9–17, So 10–12 Uhr.

Festival d'Avignon (Theaterfestival): Tel. 0033 490 276 650, www.festival-avignon.com.

Toulon ► F 2

Bereits seit dem 17. Jh. ist Toulon der Marinehafen Frankreichs. Am alten Fischerhafen Mourillon findet sich noch der Turm des **Fort St-Louis** von 1696. Im Zweiten Weltkrieg wurde der Hafen stark bombardiert. Der Anleger befindet sich im westlichen Industriehafen La Seyne-sur-Mer (10 km). Die **Altstadt** liegt im Osten der Bucht zwischen Boulevard de Strasbourg und Cours Lafayette. Dort gibt es Geschäfte und Restaurants sowie einen provençalischen Markt (tgl. 7.30–12.30 Uhr).

Infos

Öffentliche Verkehrsmittel: Busse: www.reseaumistral.com. Vom Anleger fährt Bus Nr. 8 entlang der Küste in die Innenstadt (Einzelfahrt 1,40 €, Tagesticket 3,90 €). Die **Fähre** Line 8M überquert die Bucht in ca. 20 Min. (2 €). Vom Bahnhof La Seyne-Six-Fours verkehren **Züge** in Richtung Marseille (www.ter-sncf.com/paca).

Touristeninformation: www.toulon-tourisme.com, 12, pl. Louis Blanc, Tel. 0033 494 18 53 00, Mo–Sa 9–18 Uhr. **Seilbahn:** Der Téléphérique Toulon (www.telepherique-faron.com, Erw. 7, erm. 5 €) fährt auf den Gipfel des Hausbergs Mont Faron (584 m). Bus Nr. 40 führt zur Bodenstation der Seilbahn.

Cannes ▶ G 2

Die Stadt wurde einst von Mönchen gegründet, die ursprünglich die vorgelagerten Îles de Lérins bewohnt hatten. Sie flohen vor den Sarazenen und besiedelten das Festland. Im 19. Jh. entdeckten die Briten die Gegend als Urlaubsort, der Ausbau der Bahnstrecke führte zur Entstehung der ersten Hotels. Am 20. September 1946 fanden die ersten Filmfestspiele statt und verhalfen dem Ort zu weltweiter Berühmtheit.

Altstadtrundgang

Le Suquet heißt das kleine Altstadtviertel. Die Rue St. Antoine, gesäumt von Geschäften und Restaurants, führt in westlicher Richtung auf den Hügel. Wenn man einen Abstecher auf die Rue Mont Chevalier nach links macht, gelangt man zum herausragenden Merkmal der Altstadt, der quadratischen **Tour du Mont-Chevalier.** Sie gehört zum **Musée de la Castre** **1**, das sich in den Ruinen der Burg befindet (Place de la Castre, Tel. 0033 493 38 55 26, Juli/Aug. tgl. 10–19, April–Juni, Juli–So 10–13, 14–18, 6 €). Die Burg entstand um 1035, der Turm wurde 1070 als Wachturm errichtet, aber erst im 14. Jh. fertiggestellt. Von oben hat man eine wunderbare Aussicht auf die Bucht von Cannes. Das Museum beherbergt u. a. Werke von Malern aus der Provence und Cannes aus dem 19. und 20. Jh. Die hübsche Kirche **Notre-**

Dame de l'Espérance **2** von 1648 gehörte einst zur Festung der Stadt.

Entlang der Croisette

Während des Filmfestivals Mitte bis Ende Mai ist die Uferpromenade **Boulevard de la Croisette** für den öffentlichen Verkehr gesperrt. Dann dreht sich alles um die Filmbranche. Die Promenade wurde Mitte des 19. Jh. in Anlehnung an die Promenade des Anglais in Nizza angelegt und erhält ihr Flair durch die Fassaden der Luxushotels auf der einen und die hohen Palmen auf der anderen Seite. Vorgelagert ist der künstlich aufgeschüttete Strand, jedoch muss man hier recht viel ausgeben, wenn man sich neben Starlets und reichen Geschäftsleuten auf den Liegestühlen ausstrecken möchte.

Palais des Festivals et des Congrès **3**

Tel. 0033 492 99 84 22, www.palais desfestivals.com, Informationen zu Führungen auf der Webseite, Mindestzahl 5 Teilnehmer, bitte im Voraus reservieren, 4 €, Kinder unter 12 Jahre frei, Dauer 1,5 Std.
Am Anfang der Promenade steht das Gebäude aus dem Jahr 1982. Hier zählt weniger dessen Optik als das, was hinter den Mauern passiert: Filmschauen, Ausstellungen, Konzerte. Auf der Esplanade Georges Pompidou sind Handabdrücke von Filmstars zu sehen.

Kunst im Hotel

Im ehemaligen Spiel- und Teesalon des Grand Hôtel Malmaison aus dem 19. Jh., dem **Centre d'art La Malmaison** **4** (47, bd. de la Croisette, Tel. 0033 497 06 44 90, Juli–Sept. 11–20 Uhr, Fr bis 21, Okt.–April, Aug. Di–So 10–13, 14–18 Uhr) finden Ausstellungen zeitgenössischer Künstler statt. Im Gartenbereich stehen Skulpturen.

Cannes

Sehenswert

1 Musée de la Castre
2 Notre-Dame de l'Espérance
3 Palais des Festivals et des Congrès

4 Centre d'art La Malmaison
5 Espace Miramar

Essen und Trinken

1 Le Grand Café
2 Aux Bons Enfants

Einkaufen

1 Markthalle Forville
2 Marché Artisanal
3 Jean-Luc Pele

Im Erdgeschoss des Hotel Miramar befindet sich die interessante Fotogalerie **Espace Miramar** **5** (La Croisette/Rue Pasteur, Tel. 0033 493 43 86 26, tgl. 14–18 Uhr, Eintritt frei). Hier finden regelmäßig Wechselausstellungen zum Thema Fotografie statt, auch werden Filme im Kino mit 400 Plätzen gezeigt.

Essen und Trinken

Unkompliziert – **Le Grand Café** **1**: Vieux Port. Riesige Auswahl an Salaten, Omeletten und Fischgerichten, Hauptgericht ab ca. 13,50 €.

Einheimisch – **Aux Bons Enfants** **2**: 80, rue Meynardier. So geschl. Provenzalische Küche, Menü 26 €.

Einkaufen

Haute Couture findet man auf dem Boulevard de la Croisette, erschwinglichere Boutiquen in der Rue d'Antibes und in Seitensträßchen wie der Rue des États-Unis und der Rue Meynardier. Im westlichen Stadtteil La Bocca wurde übrigens 1921 das berühmte Parfum Chanel No. 5 erfunden. Der Chanel Shop findet sich stilecht in Hausnummer 5 des Boulevard de la Croisette.

Markttreiben – **Markthalle Forville** **1**: tgl. außer Mo 7–13 Uhr, Lebensmittel und Blumen.

Kunsthandwerk – **Marché Artisanal** **2**: Allées de la Liberté, Sa/So 10–18 Uhr. *Schokoladig* – **Jean-Luc Pele** **3**: 36, rue Meynadier und 42, rue d'Antibes. Hausgemachte Süßigkeiten und Pralinen.

Infos

Am Hafen: Meist liegen die Kreuzfahrtschiffe auf Reede, und die Ausschiffung erfolgt mit Tenderbooten zum Quai Laubeuf. Zu Fuß gelangt man in wenigen Minuten entlang des Alten Hafens in die Innenstadt.

Touristeninformation: Office de Tourisme, Palais des Festivals, 1, boulevard de la Croisette, Tel. 0033 492 99 84 22, www.cannes.com, Juli/Aug. 9–20, Sept.–Juni 9–19 Uhr.

Öffentliche Verkehrsmittel: Bahn: Der Bahnhof liegt stadteinwärts, ca. 15 Min. zu Fuß. Anbindung an die Strecke Marseille–Ventimiglia (Regionalbahn TER), Abfahrt alle 30 Min. z. B. nach Monaco (1 Std., 9,40 €), nach Nizza (45 Min., ca. 5 €, www.voyages-sncf.com, www.sncf.com/fr/trains/ter). Zwischen Juni und Sept. gibt es die verbilligte ›Carte Isabelle‹, sie gilt einen Tag und kostet 12 € für alle Strecken.

Bootsausflüge: Vom Quai Laubeuf fahren Schiffe zu den Îles de Lérins (www.abbayedelerins.com), Erw. 13 €, erm. 8,50 €.

Mietwagen: Europcar, 3, rue du Commandant Vidal, Tel. 0033 493 06 26 30, www.europcar.com; Elite Rent-a-Car, 16, rue du 14 Juillet, Tel. 0033 493 94 61 00, www.eliterent.com.

Strand: Nach Westen erstreckt sich die Uferpromenade mit der **Plage du Midi** – dieser Strand ist bis zum Stadtteil La Bocca zur Benutzung frei. Wer sich lieber unter die Gäste der teuren Hotels mischt, muss sich an die **Croisette** begeben. Hier gehören die meisten Abschnitte zu den großen Hotels und kosten je nach Saison 15–60 € pro Tag. Für den Preis bekommt man eine Liege und einen Sonnenschirm. Die beliebtesten Strände sind schnell ausgebucht, daher ist eine Reservierung per Telefon empfohlen: Plage de Majestic (Hotel Le Majestic, Tel. 0033 492 98 77 32; ZPlage (Martinez), Tel. 0033 492 98 73 00; Noga Hilton, Tel. 0033 492 99 70 27.

Ausflug nach St-Tropez

Mit dem Mietwagen von Cannes etwa 1 Std. (man sollte außerhalb parken, da die Gebühren hoch sind). Per Boot: Trans Côte d'Azur, Tel. 0033 492 98 71 30, www.trans-cote-azur.com, Abfahrt 10.15, Aufenthalt 11.30–16.30, Ankunft Cannes 17.45 Uhr, Erw. 46 €, erm. 36 €)

Zu Beginn des 20. Jh. wurde aus dem kleinen, unbekannten Fischerdorf eine Künstlerkolonie. Noch heute sitzen Maler rund um den Alten Hafen und bieten schreiendbunte Gemälde an, die mit ernsthafter Kunst wenig zu tun haben. Spannend ist es, aus einem Café oder einer Bar das Treiben auf den schicken Jachten und am Kai zu beobachten.

In den 1960er-Jahren entstand der St-Tropez-Kult vor dem Hintergrund der Filme mit Brigitte Bardot. Bis heute hat der hübsche Ort das gewisse Etwas behalten. Im neueren Teil der Stadt, südlich vom Hafen, ist der Dreh- und Angelpunkt die Place de Lices. Hier wird den ganzen Tag Boule gespielt.

Musee de l'Annonciade
Place Grammont, Dez.–Okt. Mi–Mo 10–13, 14–18 Uhr, Erw. 6 €, erm. 4 €
Das interessanteste Museum der Stadt in einer Kapelle aus dem 16. Jh. erinnert an die Künstlertradition. Hier gibt es Gemälde von Signac, Matisse und Vlaminck zu sehen.

Vom Quai Jean Jaurès am Hafen kann man bis zum Leuchtturm **Tour du Portalet** wandern. Entlang der Felsen gelangt man zum alten Fischerhafen **La Ponche** unterhalb der Place du Revelin. Hier wurden übrigens Szenen für den Film »Et Dieu Créa la Femme« (1956) aufgenommen, der die Bardot und St-Tropez berühmt machte.

La Citadelle
tgl. 10–18 Uhr; Musée Naval: April–Sept. 10–18.30, Okt.–März 10–12.30, 13.30–17.30 Uhr, 3 €
Durch die engen Gassen des Altstadtviertels gelangt man zu der Zitadelle (16. Jh.) mit dem Musée Naval, dem Seefahrtsmuseum, das die Geschichte des Alten Hafens dokumentiert.

Auf der anderen Seite der Bucht, ca. 11 km entfernt, erstreckt sich die traumhafte **Plage de Pampelonne** mit angesagten Lounge-Clubs von Tahiti bis Club 55. Wer eine Jacht hat, liegt hier vor Anker. Ansonsten muss man den Weg über die Landstraße nehmen.

Essen und Trinken
Ganztags – **La Table du Marché:** 11, rue des Commerçants, Tel. 0033 494 97 01 25. Christophe Leroy verwöhnt mit provençalischer Bistroküche, Menü 29 €. *Am Platanenplatz* – **Le Café:** Place des Lices, Tel. 0033 494 97 44 69. Traditionelle Brasserie, Boule-Kugeln können nen ausgeliehen werden, Menü 30 €.

Einkaufen
Markttreiben – **Marché Provençal:** Place des Lices, Di und Sa.
Schick beschuht – **Atelier Rondini:** 16, rue Georges Clémenceau. Schicke Sandalen für die Hafenpromenade.

Jachten vor der Croisette von Cannes

Infos

Am Hafen: Kreuzfahrtschiffe liegen auf Reede, Tenderboote setzen Passagiere am Port Vieux oder Port Nouveau ab.

Touristeninformation: Quai Jean Jaurès, Tel. 0033 892 68 48 28, www.sainttropeztourisme.com, www.saint-tropez.fr, tgl. April–Juni/Sept.–Okt., 9.30–12.30, 14–18, Juli/Aug. 9.30–13.30, 15–19 Uhr.

Villefranche-sur-Mer

▶ G 2

In der Altstadt aus dem 14. Jh. schlängeln sich kopfsteingepflasterte Gässchen. Das kleine Örtchen mit der alten Zitadelle und verschiedenen Museen eignet sich hervorragend zum Bummeln und Entspannen.

Stadtrundgang

Direkt am Hafen steht die **Chapelle St-Pierre** (Tel. 0033 493 769 070, April–Sep. 10–12, 15–19, Okt.–März 10–12, 14–18 Uhr, 3 €, Kinder bis 15 Jahre frei). Die romanische Kirche aus dem 14. Jh. wurde 1957 von dem Maler und Filmemacher Jean Cocteau mit verschiedenen Szenen um das Leben des hl. Petrus neu ausgeschmückt.

St-Jean-Cap-Ferrat

Am Kopf der Halbinsel befindet sich das Cap Ferrat. Auf der Westseite gibt es einen schönen Strand, **Plage de Passable,** sowie einen Leuchtturm. Am Hafen reihen sich Cafés aneinander.

Die sehenswerte **Villa Ephrussi** wurde 1912 für Baronesse Ephrussi de Rothschild im Stil einer toskanischen Villa gebaut (www.villa-ephrussi.com, tgl. Nov.–Febr. Mo–Fr 14–18, Sa/So/Fei 10–18, Juli/Aug. 10–19, sonst 10–18 Uhr, Erw. 13 €, erm. 10 €). Zu dieser Zeit wurde das Örtchen ein beliebter

Ferienort für betuchte Europäer und Künstler von Chagall bis Cocteau.

Essen und Trinken

Französisch – **Le Cosmo:** gegenüber der Chapelle Cocteau, 11, place Amelie Pollonais. Tel. 0033 493 01 84 05, www.lecosmo.fr, Hauptgericht ab 16 €. Typische Brasserie, vernünftige Preise.

Feiner Fisch – **La Mere Germaine:** 9, quai Courbet, Tel. 0033 493 01 71 39, zwei Gänge ab 42 €. Gute Fischküche mit Blick auf den Hafen.

Einkaufen

Kunsthandwerksmarkt – **Place Amélie Pollonais,** tgl.

Trödelmarkt – **Place Amélie Pollonais und Jardins Binon,** sonntags *Marché Provençal –* **Jardins Binon,** sonntags.

Infos

Am Hafen: Die meisten Schiffe liegen auf Reede. Die Ausschiffung erfolgt mit Tenderbooten zum Terminal am Port de la Santé nur wenige Gehminuten vom Stadtzentrum.

Touristeninformation: Office de Tourisme et de la Culture, Jardins Binon, www.villefranche-sur-mer.fr, Tel. 0033 493 01 73 68.

Öffentliche Verkehrsmittel: Bahn: Der Bahnhof liegt 15 Gehminuten östlich der Altstadt. Regionalbahn nach Nizza (7 Min., 1,70 €), Cannes (47 Min., 7,70 €), Monte Carlo (15 Min., 2,90 €), www.voyages-sncf.com, www.sncf.com/fr/trains/ter. **Bus:** Die Lignes d'Azur, Tel. 0033 810 06 10 06, www.lignesdazur.com, verkehren zwischen Nizza und Monaco, Linien 80, 81, 84 und 100. Tickets 1 €, in der Touristeninformation erhältlich.

Strand: Die **Plage de Villefranche-sur-Mer** liegt im Nordwesten der Altstadt, ungefähr 10 Minuten zu Fuß.

Ausflug nach Eze

www.eze-tourisme.com/en, Place du Gén. de Gaulle, Tel. 0033 493 41 26 00. Mit dem Zug nach Eze-sur-Mer (6 Min., 1,50 €) und dann mit Bus, Taxi oder zu Fuß hinauf nach Eze Village (437 m).

Einen der schönsten Ausblicke auf die Côte d'Azur genießt man vom Bergdorf Eze, das wie ein Adlerhorst über der Moyenne Corniche, der Küstenstraße zwischen Nizza und Monaco thront. Lange krönte ein **Schloss** den Hügel, das jedoch 1706 von König Ludwig XIV. abgerissen wurde. Auf dem Gelände entstand ein **Botanischer Garten** mit einem prächtigen Ausblick auf die Landschaft (tgl. Sommer 9–19.30, Winter bis 16 Uhr, Erw. 6 €, erm. 2,50 €). Wer lieber durch die Gässchen bummelt, findet neben hübschen Boutiquen auch Shops der Parfümerien Fragonard und Gallimard.

Nizza (Nice) ▶ G 2

Mit ca. 400 000 Einwohnern ist Nizza die Hauptstadt des Département Alpes-Maritimes und hat vielfältige Architektur, Kunst und Kultur zu bieten. Mittelalterlich mutet die Altstadt mit dem berühmten Markt **Cours Saleya** an. Die palmengesäumte Flaniermeile **Promenade des Anglais,** die sich um die Baie des Anges zieht, stammt aus der Jahrhundertwende, als die Côte d'Azur von britischen Touristen entdeckt wurde. Wenn man vom Bahnhof kommt, kann man mit der Straßenbahn zur Place Masséna fahren und gleich die Altstadt und die Promenade besichtigen. Wer auf Museumsbesuche aus ist, besucht am besten das Viertel Cimiez.

Cimiez

Am Fuß des Hügels wurde das **Musée National Marc Chagall 1** speziell für das 17-teilige Werk »Le Message Biblique« des Malers erbaut (Ecke Boulevard Cimiez/Av. Dr. Menard, www.musee-chagall.fr, Mi–Mo 10–17, Sommer bis 18 Uhr, Erw. 8 €, erm. 6 €). Auf dem Hügel befinden sich die Überreste der römischen Siedlung *Cemenelum,* die man zusammen mit dem archäologischen Museum, **Musée Archéologique et Sites 2**, besichtigen kann (160, av. des Arènes, www.musee-archeologique-nice.org, Mi–Mo 10–18 Uhr, Buslinie 17, 20, 15, Eintritt frei).

Unweit von hier ist das **Musée Matisse 3** dem Maler Henri Matisse gewidmet, der viele Jahre in Nizza verbrachte (164, av. des Arènes, www.musee-matisse-nice.org, Mi–Mo 10–18, Eintritt frei, Buslinie 17, 20, 15).

Entlang der Baie des Anges

An der Engelsbucht reihen sich zahlreiche prunkvolle Hotels, wie z. B. das **Hôtel Négresco 4** (1912) in Nr. 37, einst gebaut für den Rumänen Henri Négresco. Es lohnt sich, einmal in das reich verzierte Innere zu spähen. Entlang der Promenade befindet sich der Badestrand mit verschiedenen bewirtschafteten Strandbädern.

Fast parallel zur Promenade verläuft die **Rue Masséna,** die auf die Place Masséna mündet, eine Fußgängerzone mit Boutiquen, Kaufhäusern (z. B. **Galeries Lafayette 1** an der Avenue Jean-Médecin), Cafés und Restaurants.

Altstadt

Am östlichen Ende der Bucht erhebt sich die Colline du Château, der Hügel mit der **Tour Bellanda 5**. Ein Aufzug führt zur Aussichtsplattform (1,20 €). Mit einer kurzen Wanderung rund um den Hügelvorsprung kommt man zum **Alten Hafen,** wo man bummeln und in schicken Cafés ausruhen kann. Die Hauptschlagader der Altstadt ist der

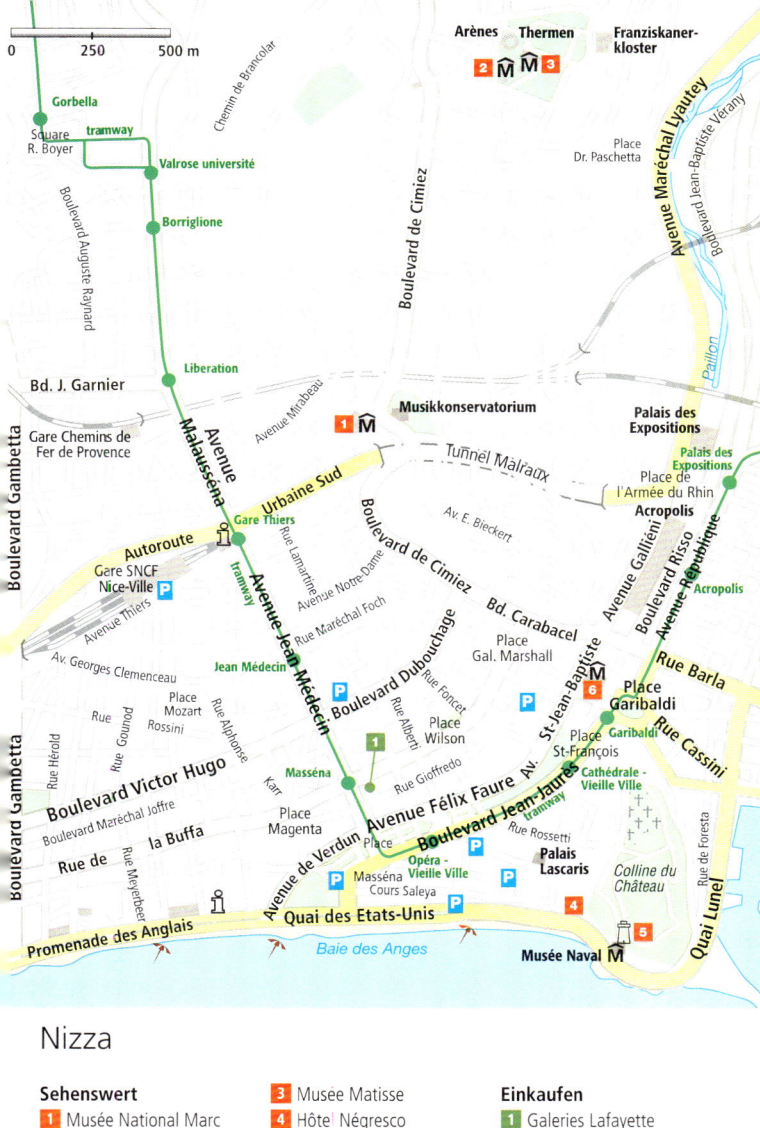

Nizza

Sehenswert

1 Musée National Marc Chagall
2 Musée Archéologique et Sites
3 Musee Matisse
4 Hôtel Négresco
5 Tour Bellanda
6 Musee d'Art Moderne et d'Art Contemporaine

Einkaufen

1 Galeries Lafayette

Cours Saleya mit seinem bunten Markttreiben; immer montags findet dort auch ein großer Antik- und Trödelmarkt statt. Hier kann man an verschiedenen Imbissständen eine der Spezialitäten Nizzas probieren, zum Beispiel die Socca (eine Art Fladenbrot aus Kichererbsenmehl).

Musee d'Art Moderne et d'Art Contemporaine (MAMAC) 6

Promenade des Arts, www.mamac-nice.org, tgl. 10–18 Uhr, Eintritt frei, Bus Nr. 3/Tram, Station Garibaldi
Der hochmoderne Tetrapod der Architekten Yves Bayard und Henri Vidal beherbergt eine umfassende Sammlung moderner Kunst ab den 1960er-Jahren. Neue Realisten (etwa Yves Klein), Pop Art, Konzeptionskunst u. a. von Niki de Saint-Phalle, Warhol und Frank Stella sind vertreten.

Infos

Am Hafen: Kleinere Schiffe legen auf der Ostseite des Jachthafens Lympia an. Von hier aus fahren die T32 zum Cours Saleya und die Buslinien 9 und 10 in die Stadt. Größere Schiffe liegen auf Reede in Villefranche-sur-Mer (s. S. 75).
Touristeninformation: 5, promenade des Anglais, Tel. 0033 892 70 74 07, http://de.nicetourisme.com.
Öffentliche Verkehrsmittel: Bahn: Nahverkehrszüge ab Gare de Riquier (z. B. nach Monaco, 15 Min., 3 €). Fernzüge vom Hauptbahnhof Nice-Ville. **Busse:** Lignes d'Azur, www.lignesdazur.com, Linie 7 fährt vom Port Lympia zum Bahnhof Riquier. **Tram:** http://tramway.nice.fr, Linie 1 durchquert die nördlichen Teile der Stadt. Tickets: einfach 1,50 €, 24-Std.-Ticket 5 €, erhältlich auch am Automaten.
Stadtrundfahrten: Trains touristiques de Nice, Tel. 0033 299 88 47 07, www.trainstouristiquesdenice.com. Abfahrt

an der Promenade des Anglais, beim Jardin Albert I, 50 Min, kommentiert, Erw. 8 €, erm. 4 €.
Leihfahrräder: Vélo Bleu, www.velobleu.org, 120 Stationen gibt es über die Stadt verteilt, ab 1 €/Tag, zu mieten mit Bankkarte an den Stationen.
Taxi: Taxis Riviera, www.taxis-nice.fr.

Monaco ▶ G 2

Das von der Familie Grimalidi regierte Fürstentum ist seit 1861 souverän – mit Frankreich besteht lediglich eine Zollunion. Glitzernde Hochhaustürme schmiegen sich an die Bucht mit dem gebirgigen Hinterland. Da der Staat keine Einkommens- und Erbschaftssteuer erhebt, sind die meisten Einwohner des Staates Prominente und Superreiche, die das Steuerparadies zur Wahlheimat auserkoren haben.

Zu den Hauptattraktionen (und Haupteinnahmequellen) zählen neben dem Fürstenpalast (Palais Princier) das Casino von Monte Carlo (**direkt 5|** s. S. 81) und das Formel-1-Rennen Großer Preis von Monaco (s. S. 80).

Monaco-Ville

Die Altstadt, Monaco-Ville, mit dem Schloss liegt auf der westlichen Erhebung Monacos. Vom Hafen führen Treppenstufen und ein serpentinenartiger Weg hinauf. Monaco ist wie aus dem Ei gepellt.

Die Avenue des Pins führt vorbei am **Ministère d'État** 1 (Staatsministerium) und dem **Museé de la Chapelle de la Visitation** 2 in einer barocken Kapelle aus dem 17. Jh. Hier sind Werke der Kirchenkunst ausgestellt, u. a. von Rubens und Vermeer (Place de la Visitation, Mai–Dez. tgl. 10–16 Uhr, 3, erm. 1,50 €). Die Rue Émile-de-Loth führt in Richtung Westen zum **Palais**

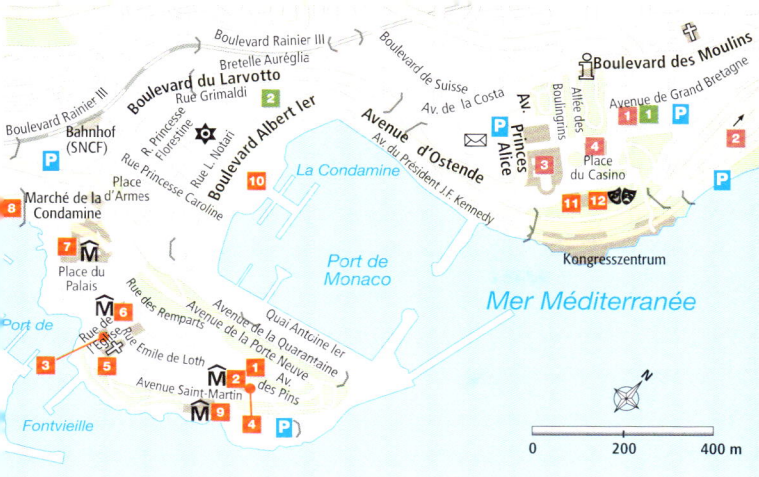

Monaco

Sehenswert
1 Ministère d'État
2 Musée de la Chapelle de la Visitation
3 Palais de Justice
4 Conseil Nationale
5 Cathédrale
6 Musée du Vieux Monaco
7 Palais Princier
8 Collection de Voitures Anciennes
9 Musée Océanographique
10 Formel-1-Strecke
11 Casino de Monte-Carlo
12 Opernhaus

Essen und Trinken
1 Yoshi

2 Avenue 31
3 Hôtel de Paris (mit Le Bar Américain und Le Louis XV – Alain Ducasse
4 Café de Paris

Einkaufen
1 Le Métropole
2 L@ Boutique Officielle

---

de Justice **3** (Justizpalast), dem **Conseil Nationale** **4** (Nationalrat) und der Kathedrale.

Cathédrale Notre-Dame-Immaculée **5**
Rue Colonel-Bellando-de-Castro, www.cathedrale.mc, tgl. 8.30–18, Sommer bis 19 Uhr
Die heutige Form der Kirche stammt aus dem Jahr 1875. Sie birgt die Grabstätten der früheren Prinzen von Monaco, u. a. auch das Grab von Grace Kelly und Fürst Rainier III. In den Gässchen der Altstadt, die von hier aus zum Prinzenpalast verlaufen, herrrscht touristisches Gedränge. Hier befinden sich viele Souvenirläden, Cafés und Snack-Bars.

Musée du Vieux Monaco **6**
2, rue Émile de Loth, Tel. 00377 93 50 57 28, www.traditions-monaco.com/musee.php, Juni–Sept. Mi/Fr 11–16 Uhr
Hier werden Ausstellungsstücke aus der Geschichte des Fürstentums gezeigt, wie Keramiken, Kleidung, Uniformen und Möbel.

Palais Princier **7**
Place du Palais, Tel. 00377 93 25 18 31, www.palais.mc, April–Okt. 10–18 Uhr, Audioguides in Deutsch, 8 €, erm. 4 €
Im relativ kleinen Grimaldi-Palast kann man die großen Prunksäle besichtigen. Der Palast stammt großenteils noch aus dem 16. Jh., Teilbereiche gehen auf das 13. Jh. zurück. Wenn die Flagge auf

dem Gebäude weht, ist die fürstliche Familie zuhause. Jeden Tag um 11.55 Uhr findet der Gardewechsel vor dem Palast statt.

Westlich von hier erstreckt sich auf der anderen Seite der Bucht das Stadtviertel Fontvieille mit großem Kongresszentrum und Stadion.

Collection de Voitures Anciennes de S.A.S. Le Prince de Monaco **8**

Les Terrasses de Fontvielle, tgl. 10–18 Uhr, 6 €, erm. 3 €
Im Stadtviertel Fontvieille auf der anderen Seite der Bucht befindet sich im Kongresszentrum das Automuseum von Prinz Rainier III. In über 30 Jahren wurden hier Oldtimer zusammengetragen. Zu den ältesten Modellen gehört ein Dion Bouton aus dem Jahr 1903.

Musée Océanographique **9**

Avenue Saint-Martin, Tel. 00377 93 15 36 00, www.oceano.mc, Jan.–März, Okt.–Dez 10–18, April–Juni, Sept. 10–19, Juli/Aug. 10–20.30 Uhr, Erw. 14 €, Kombiticket mit Palais Princier Erw. 19 €, erm. je nach Alter
Mehr als 6000 Meereslebewesen sind hier in thematischen Aquarien zu bestaunen. Auch über die Mittelmeerfauna erfährt man einiges.

Hafenrundgang und Formel-1-Strecke **10**

Bei einem Spaziergang um den Hafen kann man u. a. die Luxusjachten bewundern, die hier liegen. Ein langer Pier erstreckt sich am westlichen Ende ins Meer. Von hier kann man weit über die östliche Bucht sehen. Der Hafen ist eingefasst vom Quai Antoine I. im Westen, dem Quai Albert I. im Norden und dem Quai des États-Unis im Osten. Am Nordende befindet sich das Freibad Stade Nautique Rainier III.

Essen und Trinken

Monaco hat viele teure Restaurants, wie z. B. das des Dreisternekochs Alain Ducasse im Hôtel de Paris (S. 83). Wie in Frankreich üblich, wird mittags oft ein Menü angeboten, das wesentlich preiswerter ist als die Menüs abends.
Japanisch für Gourmets – **Yoshi 1**: im Hôtel Métropole, 4, avenue de la Madone, Tel. 00377 93 15 13 13, www.metropole.com. Unter der Leitung von Joël Robuchon kreiert Chefkoch Takeo Yamazaki hier feinste japanische Küche, ausgezeichnet mit einem Michelin-Stern, Mittagsmenü ab 31 €.
Französisch – **Avenue 31 2**: 31, av. Princesse Grace, Tel. 00377 97 70 31 31. Typische Brasserie mit Aussichtsterrasse, Hauptgerichte 14–39 €. ▷ S. 84

Der Große Preis von Monaco

Der Große Preis von Monaco findet jedes Jahr Ende Mai statt. Die Startbox ist am Boulevard Albert I. Während der Veranstaltung ist alles großflächig abgeriegelt. Die Fahrt beginnt in östlicher Richtung und schlängelt sich den Berg nach Monte Carlo hinauf. Es geht vorbei an der Place du Casino, entlang der serpentinenreichen Avenue des Spélugues und dann im Tunnel wieder zurück in westlicher Richtung über den Boulevard Louis II. Über den Quai des États-Unis und die Promenade du Port geht es in einer Kurve wieder auf den Boulevard Albert I. Mit der Buslinie 1 kann man die Strecke ungefähr nachempfinden, auch wenn er in umgekehrter Richtung fährt. 1929 fand das Rennen zum ersten Mal statt und dann ab 1955 jedes Jahr.

5 | Spielplatz der Reichen und Schönen – Monte Carlo

Karte: Cityplan S. 79 | **Dauer:** Rundgang mit Spieltischbesuch ca. 3 Std.

Viele denken bei Monte Carlo automatisch an die Spielbank. Sie ist ein Synonym für den absoluten Luxus, den man mit der Stadt assoziiert. Besucher werden nicht enttäuscht. Die dem Gebäude vorgelagerte Place de Casino erlaubt die Vorfahrt in der stilechten Limousine oder dem Sportwagen. Das Hôtel de Paris enstand für die Bequemlichkeit der Gäste gleich neben der Spielbank.

Bereits unter Napoleon III. wurde das Glücksspiel legalisiert, und die Fürsten Grimaldi sahen eine Chance, mithilfe der Gewerbesteuern die geschrumpfte Staatskasse aufzubessern. Zunächst wurde dies jedoch nicht mit dem erwarteten Erfolg gekrönt. Erst unter Charles Honoré Grimaldi III., der den Bau des neuen Stadtviertels Monte Carlo in Monaco in Auftrag gab, und dank des Franzosen François Blanc begann der Betrieb zu florieren. Die Familie Blanc hatte bereits im hessischen Bad Homburg Erfahrung mit dem Casinobetrieb gesammelt. Ein neues palastartiges Gebäude entstand und wurde 1863 eröffnet. Ab 1869 mussten die Grimaldis keine Steuergelder mehr von den Einwohnern verlangen, da das Casino genug Reichtum erwirtschaftete. Waschechten Monegassen (heute ca. 6800 an der Zahl) blieb das Glücksspiel in den Spielbanken jedoch untersagt, und diese Regelung gilt bis heute.

Das Casino de Monte Carlo und vier andere Etablissements (Le Casino Café de Paris, Monte Carlo Bay Casino, Monte Carlo Sporting Club & Casino (Summer Casino) und Sun Casino) werden von der Société des Bains de Mer de Monaco geführt, von der die Regierung Monacos einen Großteil der Anteile hält. Das **Casino de Monte-Carlo** 11 hat den exklusivsten Rahmen mit seinen eleganten mit Stuck, Marmor und Lüstern dekorierten Belle-Époque-Sälen und dem Grand Théâtre de Monte Carlo. Für den Filmspion James Bond diente der grandiose Bau übrigens dreimal als Kulisse: in »Casino Royale« (1967), »Sag niemals nie« (1983) und »Golden Eye« (1995). Das dem Casino angeschlossene **Opernhaus** 🔢12 wurde 1878 von Charles Garnier als privates Theater für die fürstliche Familie gebaut. Die Fassade des Garnier-Saals hat eine 35 m hohe Kuppel, die auf einem Stahlgerüst von Gustave Eiffel erbaut wurde. An der Westseite befindet sich ein privater Eingang für den Prinzen.

Wie sprengt man die Bank?

Nicht wenige haben versucht, die Spielbank auszutricksen, um an das ganz große Geld zu kommen. Schon im 19. Jh. studierte der Brite Joseph Hobson Jagger (1830–92) mit akribischer Genauigkeit die Roulette-Tische des Casinos und entdeckte Unregelmäßigkeiten, die er zu seinen Gunsten ausnutzte. Innerhalb von drei Jahren verlor die Bank in heutiger Währung ungefähr 3,6 Mio Euro. Das Casino kam ihm jedoch auf die Schliche und erneuerte die Tische, sodass er schließlich aufgab. Er wurde 1892 in dem Lied »The Man Who Broke the Bank at Monte Carlo« verewigt. In jüngerer Zeit hat der Autor Ben Mezrich in mehreren Büchern beschrieben, wie er zusammen mit einer Gruppe von Studenten durch Kartenzählen beim Black Jack Spielbanken in Las Vegas und Monte Carlo für eine Weile hinters Licht führte. Man muss jedoch schon ein sehr ausgeklügeltes System entwickeln, wenn man hier zum Zuge kommen will und als einzelner Spieler ist dies praktisch unmöglich.

Von jeher hält sich der Mythos, dass Casinos die Spieler kontrollieren und heimlich beeinflussen, wie die Würfel fallen. Dies stimmt jedoch nicht. Casinos müssen sich an strenge Richtlinien halten und dürfen Spiele nicht zu Ungunsten eines Spielers manipulieren. Jedoch werden bei bestimmten Spielen Höchsteinsätze festgelegt, sodass ein Gewinner nicht durch ständiges Erhöhen der Summe zu viel gewinnen kann.

Spielregeln

Wer ins Casino de Monte Carlo möchte, muss **über 18 Jahre** alt sein und sich an die **Kleiderordnung** halten. Der Pass muss vorgelegt werden. Obwohl man nicht unbedingt im Smoking oder Abendkleid erscheinen muss, ist für Herren ein Schlips Vorschrift, kurze Hosen sowie Turnschuhe sind verboten. In die exklusiven **Salons Privés,** die von ernsthaften Spielern und Prominenten frequentiert werden, kommt man nur mit der entsprechenden gepflegten Garderobe. Uniformen jeglicher Art sind nicht erlaubt. Die Spieltische für Black Jack, Roulette usw. öffnen erst am späten Nachmittag oder frühen Abend. Die Spielautomaten sind schon früher zugänglich.

Machen Sie Ihr Spiel

Wenn man das Casino de Monte Carlo betritt, gelangt man zunächst in das **Atrium** des Gebäudes, einen hellen Raum mit Spielautomaten. Der **Salon Europe** war einer der ersten Räume, die 1878 eröffnet wurden. Von der ursprünglichen Ausstattung sieht man noch Landschaftsmalereien von französischen Künstlern an den Wänden sowie die Lüster aus böhmischem Kristall, von denen jeder über 150 kg wiegt. Hier werden bereits seit 1863 zwei der bekanntesten Spiele angeboten. Das Europäische Roulette und Trente et Quarante (auch Rouge et Noir).

Die **Salle Blanche** stammt von 1903. Unter den Dekorationen finden sich u. a. Gemälde von Paul Gervais. Sie stellen die »Grâces Florentines« als unbekleidete Nymphen dar. Die Frauen, die für die Grazien als Vorbild dienten, waren berühmte Kurtisanen des frühen 20. Jh., Stammgäste im Casino. Vor den aufwendigen Wanddekorationen und dem Stuck wirken die heutigen Spielautomaten allerdings etwas unpassend.

Die beiden **Salles Touzet** (auch Salle des Amériques) schuf 1890 der Architekt Jules Touzet. Sie waren die ersten, in denen elektrisches Licht installiert wurde. Die **Salle Médecin** (auch La Galerie Empire) wurde von dem Architekten François Médecin um 1910 gestaltet. Er ist im Empire Stil eingerichtet und mit Mahagoni und Goldverzierungen verkleidet.

Am Ende des Raums befindet sich das Restaurant **Les Privés.** Die angrenzende Bar wurde in die ganz exklusiven **Super Privés** umgewandelt. Hier können Spieler, die nicht mit der Öffentlichkeit in Kontakt kommen möchten, exklusiv unter sich sein. Die Öffnungszeiten für diese Räume werden nur auf Anfrage bekannt gegeben, als Normalsterblicher wird man hier keinen Einlass finden.

Infos

Casino de Monte Carlo 11 : Place du Casino, Tel. 00377 98 06 21 21, www.montecarlocasinos.com, tgl. ab 14 Uhr. Pass oder Personalausweis muss vorgezeigt werden. Infos über die anderen Casinos auf der Webseite.
Monte-Carlo Invitations: Tel. 00377 98 06 36 36, www.montecarlocasinos.com. Dieses Schnupperprogramm für das Casino beeinhaltet eine Mappe mit Coupons, die überall im Casino eingelöst werden können. Die Mappe (nach Vorbestellung im Casino oder im Café de Paris abzuholen) kann man für sich oder einen Beschenkten individuell zusammenstellen mit Coupons von 5 bis 100 €, einem Glas Champagner für 16 € und verbilligtem Eintritt ins Casino für 7 €. Der Maximalwert darf insgesamt 1000 € betragen.
Eintritt: Hauptsäle, 10 € pro Person; Gruppe 7 € pro Person. Salons Privés zusätzl. 10 € pro Person.
Führungen: Direction du Tourisme et des Congrès (DTC), Tel. 00377 92 16 61 66. Hier erhält man eine Liste von unabhängigen Agenturen und Führern. Führungen durch Casino-Personal: Service du Patrimoine Historique, Tel. 00377 98 06 14 90, 45 €.

Gepflegt speisen

Hôtel de Paris 3 : Place du Casino, Tel. 00377 98 06 30 00, http://fr.hotel deparismontecarlo.com. Das Hotel hat verschiedene Restaurants, die einen unterschiedlichen Luxusgrad und ein individuelles Ambiente bieten:
Le Bar Américain: Place du Casino, Tel. 00377 98 06 38 38, gediegene Bar mit Jazzmusik (ab 20 Uhr). Hier sollte man sich einen Cocktail oder ein Glas Champagner genehmigen. Snacks gibt es 12–18.30 Uhr und 22–1 Uhr.
Le Louis XV – Alain Ducasse: Dreisternekoch, im Hôtel de Paris, Tel. 00377 98 06 88 64, lelouisxv@alain-ducasse.com, 12.15–13.45 Uhr und 20–21.45 Uhr. Lunchmenü 145 €/ Gourmet 310 €, 2 Gänge, Käse und Dessert, Wein und Café.
Von der Terrasse des **Café de Paris** 4 (Place du Casino, Tel. 00377 98 06 30 00, tgl. 11.30–1 Uhr) kann man am besten das Treiben vor der Spielbank beobachten. Das Café führt ebenfalls ein Casino, das sogar 24 Std. geöffnet ist.

Einkaufen

In der Stadtmitte befindet sich der ›Cercle d'Or‹, der goldene Kreis von Nobelläden zwischen der Avenue Monte-Carlo und der Avenue des Beaux Arts.
Kaufhaus – **Le Métropole 1**: Av. des Spélugues, www.ccmetropole.com. Edelkaufhaus hinter den Casinogärten.
Formel-1-Souvenirs – **L@Boutique Officielle 2**: 46, rue Grimaldi, Tel. 00377 93 15 26 00, https://twitter.com/BoutiqueACM, Shop des Automobile Club de Monaco.

Infos

Am Hafen: Große Schiffe liegen meist auf Reede, und die Ausschiffung erfolgt mit Tenderbooten. Zum Teil werden auch die Häfen Villefranche oder Cannes angefahren. Alle Küstenorte der Riviera sind gut mit der Bahn angebunden, sodass man in kurzer Zeit nach Monaco gelangt.
Touristeninformation: Office de Tourisme, 2A, bd. des Moulins, Tel. 00377 92 16 61 16, www.visitmonaco.com, Mo–Sa 9–19 Uhr, So 10–12 Uhr.
Öffentliche Verkehrsmittel: Bahn: Der Bahnhof liegt zentral im Stadtteil La Condamine, Anbindung an die Bahnstrecke Marseille–Ventimiglia. **Bus:** Fünf Linien bedienen das Stadtgebiet, alle Busse fahren vom Boulevard Albert I vor dem Hafen ab. Mit den Linien 1 und 2 gelangt man nach Monaco-Ville, in der Gegenrichtung nach Monte Carlo und zum Casino. Eine Strecke 2 €, Tagesticket 5 €, Kinder unter 7 Jahre frei.
Bateau Bus: Im Sommer überquert das Wassertaxi den Hafen von Monaco-Ville nach Monte Carlo, 1,50 €.
Strand: In Larvotto, im Osten Monacos, wurde mit grobkörnigem Sand ein Strand aufgeschüttet. Rund um den Strand gibt es zahlreiche Cafés, Restaurants und Imbissbuden. Zu erreichen mit Buslinie Nr. 6.

Ajaccio (Korsika) ▶ G 3

In Ajaccios Gässchen und auf seinen Boulevards erwarten den Besucher Kultur und städtisches Flair. Im 12. Jh. siedelten sich die Genueser im Süden Korsikas an und errichteten 1492 die Zitadelle, die die Bucht im Westen eingrenzt. Ausschließlich Genueser und Liguren (u. a. auch die Vorfahren von Napoleon Bonaparte **direkt 6!** ▶ S. 86) durften hier siedeln. Erst Sampiero Corso erkämpfte 1553 mit Hilfe der Franzosen den Einzug der Korsen. Heute wird die Zitadelle, die wie ein Hexagon gebaut ist, vom korsischen Militär genutzt, sodass man nur von außen einen Blick riskieren kann.

Essen und Trinken

Modern korsisch – **Le Spago:** 1 bis, rue Emmanuel Arène, Tel. 0033 495 21 15 71. Angesagtes Café, Restaurant mit korsisch inspirierter Bistroküche, Hauptgericht ab ca. 20 €.
Frischer Fisch – **Les Halles:** 4, rue des Halles, Tel. 0033 495 21 42 68. Alteingesessenes Restaurant am Hafen, beliebt auch bei Einheimischen, viele korsische Gerichte, Menü 15–29 €.

Einkaufen

Die meisten Geschäfte sind Mo–Sa 8–12 und 14–18 Uhr geöffnet. Zum Einkaufen finden sich viele Gelegenheiten im Dreieck Cours Napoléon, Rue Fesch, Avenue du 1er Consul/Avenue de Paris. Entlang der Rue Fesch gibt es zahlreiche Boutiquen, die die Hits der jeweiligen mediterranen Sommermode anbieten. Dazwischen findet sich eine Auswahl an Bistros, Imbissen und Cafés.
Korsisches Markttreiben – **Wochenmarkt:** Square Césare Campinchi, Di–So 8–13 Uhr. Käse, Schinken, Honig, Kräuter, Obst und Gemüse, Sa und So auch Kleidung.

Im Hafen von Ajaccio, Heimatort des großen Korsen Napoleon, schaukeln Fischerboote

Infos

Am Hafen: Der Hafen (Gare Maritime) ist der Altstadt direkt vorgelagert. Alle Sehenswürdigkeiten sind gut zu Fuß zu erreichen. Vom Schiff blickt man auf den kleineren Jachthafen Tino Rossi, von dem Fähren und Ausflugsboote abfahren.

Touristeninformation: 3, bd. du Roi Jérôme, beim Marktplatz, Tel. 0033 495 51 53 03, www.ajaccio-tourisme.com.

Öffentliche Verkehrsmittel: Die Regionalbusse sind vor allem für kürzere Strecken geeignet, www.bus-tca.fr, Einzelfahrt 1 €.

Taxis: Mit den Taxifahrern am Hafen sollte man Preise für Exkursionen im Voraus aushandeln (30 Min./4 Pers. ca. 30 €).

Stadtrundfahrt: Ajaccio Vision, Tel. 0033 620 17 50 33, www.ajacciovision. fr, Abfahrt an der Place Foch oder am Port Tino Rossi, Altstadttour 7 €.

Strände: Der winzige Hausstrand Plage Saint-François befindet sich direkt unterhalb der Zitadelle. Mit dem Bus oder mit der Fähre (Navette Maritime, www.promenades-en-mer.org) gelangt man auf die Südostseite der Bucht, in den Badeort **Porticcio** mit einem großen Jachthafen. In westlicher Richtung, auf dem Weg zu den Îles Sanguinaires, (s. S. 88) gibt es verschiedene Strände, wie z. B. die feinsandigen Plage du Trottel, Plage de l'Ariadne oder Plage Marinella (ca. 11 km mit Buslinie 2 oder 5 über die Küstenstraße Route des Sanguinaires). ▷ S. 88

6 | Napoleon Bonaparte und seine Geburtsstadt – Ajaccio

Karte: ▶ G 3 | **Dauer:** Rundgang mit Museumsbesuch 3,5 Std.

Auf den Spuren des berühmtesten Sohnes der Stadt, Napoleon Bonaparte, wandert man durch die von Palmen gesäumten Straßen der kompakten Altstadt. Die Erinnerung an den französischen Kaiser ist in Ajaccio überall präsent. Das Verhältnis der Stadt zu Napoleon war nicht immer ungetrübt, und auch der spätere Kaiser fand lange nur wenig gute Worte für seine Heimatstadt.

1769 erblickte Napoleone Buonaparte in der **Maison Bonaparte** 1, einem Bürgerhaus in der Rue St-Charles, das Licht der Welt. Es ist in ein Museum umgewandelt worden, in dem man einen Einblick in ›bonapartistisches‹ Wohnen und Leben gewinnt.

Korsische Unabhängigkeit oder französische Revoltion

Interessant ist die lange und bewegte Geschichte der Familie, die aus politischen Gründen das Haus mehrfach verlor und wieder zurückerwarb. Napoleons Mutter Letizia, die nach dem Tod des Vaters vier Kinder allein durchbrachte, musste stets um ihre Existenz kämpfen. Napoleon verließ bereits in jungen Jahren Korsika, um in Brienne die französische Militärschule zu absolvieren. Während sein Vater sich immer für die korsische Sache eingesetzt hatte, fühlte Napoleon sich den Idealen der französischen Revolution verpflichtet.

Er kam wiederholt in militärischen Funktionen auf die Insel zurück, um die französische Vorherrschaft gegen die korsischen Nationalisten unter Pascal Paoli zu verteidigen. 1793 musste die ganze Familie vor den Unabhängigkeitskämpfern auf das französische Festland fliehen. Erbittert ließ Napoleon die Schreibweise seines Namens auf die französische Version umändern.

Ein betörender Geruch

Bereits 1796 kehrte Napoleon jedoch siegreich zurück, Paoli floh dauerhaft nach England. Korsika wurde einer Militärregierung unterstellt. Nachdem Napoleon Kaiser geworden war, machte er Ajaccio zur Hauptstadt des neuen Departements Korsika, kehrte jedoch nie mehr auf die Insel zurück. Erst im Exil auf Elba verspürte er versöhnliche Gefühle für seine Heimat. Er schwärmte davon, er könne die Insel schon mit verbundenen Augen von Weitem an ihrem wunderbaren Geruch ausmachen. Dies bezog sich auf den aromatischen Duft der Macchiapflanzen (z. B. Zistrose, Ginster, Lavendel, Myrte, Baumheide, Wacholder, Erdbeerbaum, Mastix und Rosmarin), deren ätherische Öle einen starken Duft produzieren.

Vermächtnis der Buonapartes

An der Ostseite der Place Foch befindet sich das Rathaus von Ajaccio, das

Hôtel de Ville **2**. Im 1. Stock wurde hier das Museum Salon Napoléonien eingerichtet – mit Ölgemälden, Skulpturen, Münzen und Medaillen, die an den Kaiser und seine Epoche erinnern.

Die **Chapelle Impériale 3** in der Rue du Cardinal Fesch, beherbergt die Gräber von Napoleons Eltern, Charles und Letizia Bonaparte sowie von weiteren Familienmitgliedern.

Das **Musée Fesch 4** in der Rue Fesch gegenüber der Kaiserlichen Kapelle ist das größte Museum Ajaccios und sieht sich als Konkurrent zum französischen Louvre. Es wurde von Cardinal Fesch, Napoleons Stiefonkel, gestiftet und enthält eine Sammlung von italienischen Gemälden des 14.–19. Jh. in Frankreich, mit Werken von Botticelli und Tizian, sowie eine kleinere Sammlung von Napoleon-Memorabilia.

Der Boulevard Avenue de Paris/Cour General Leclerc, der die Stadt von Westen nach Osten durchschneidet, ist von Napoleon-Statuen gesäumt. An der Place de Gaulle steht eine **Bronzestatue von Napoleon und seinen Brüdern 5**. Im Westen steht auf der Place d'Austerlitz ein immenses Replikat der Grabstatue Napoleons.

Infos

Maison Bonaparte 1 : rue Saint-Charles, www.musee-maisonbonaparte.fr, Di–So 10.30–12.30, 13.15–18 (Okt.–März bis 16.30) Uhr, Erw. 7 €, bis 26 Jahre frei.
Salon Napoléonien 2 : im Rathaus, pl. Foch, www.ajaccio.fr/Salons-Napoleoniens. 15. Juni–15. Sept. Mo–Fr 9–11.45, 14–17.45, sonst bis 16.45 Uhr, 2,30 €.
Chapelle Impériale 3 : 50–52, rue du Cardinal Fesch, April–Juni, Sept. Di–So, Okt.–März Di–Sa 9.15–12.15, 14.15–17.15, Juli/Aug Di–Fr 9–18.30,

Sa/So 10.30–18 Uhr, Erw. 1,50 €, erm. 0,75 €.
Musée Fesch 4 : 50–52, rue du Cardinal Fesch, www.musee-fesch.com, Mai–Ende Sept. Mo, Mi, Sa 10.30–18, Do/Fr, So 12–18, sonst bis 17 Uhr, 8 €, erm. 5 €.

Gut für eine Pause

Rund um die Place Foch und entlang der Boulevards gibt es viele Straßencafés: z. B. im **Le Grand Café Napoléon 1**, 10, cours Napoléon; im **Le Menestrel 2**, 5, rue Cardinal Fesch; oder im **La Rade 3**, 1 place Foch.

Ausflug zu den Îles Sanguinaires

Mit dem Petit train d'Ajaccio (www. petit-train-ajaccio.com, 1.20 Std. mit 20 Min. Aufenthalt auf den Inseln, 10 €, erm. 4 €) oder auch per Ausflugsboot (Navette Maritime, www.promenades-en-mer.org, Erw. 25 €, erm. 12,50 €), 3 Std. mit 1 Std. Aufenthalt
Die Îles Sanguinaires (›Blutinseln‹) bilden, wie die Glieder einer Perlenkette aneinandergereiht, den Abschluss des Golfs von Ajaccio und sind beliebteste Ausflugsziele. Unter Naturschutz stehend, beherbergen sie viele Seevögel und bieten ein interessantes Panorama: Während des Sonnenuntergangs werden sie in blutrotes Licht getaucht. Eine gute Aussicht auf die Inseln hat man von der **Tour de la Parata,** einem der alten Genueser Wachtürme (1608).

Ausflug nach Bastelicaccia und Tolla

Mit Mietwagen (Hertz Filippi Auto, 8, cours Grandval, Tel. 0033 495 23 57 04, www.hertzcorse.com) oder mit einer organisierten Tour (z.B. über Ajaccio Voyages, www.ajacciovoyage.com)
Um Korsika richtig kennenzulernen, sollte man das gebirgige Hinterland mit der charakteristischen immergrünen Macchia (frz. *maquis*) erkunden, die bis in etwa 800 m Höhe wächst. Von Ajaccio gelangt man in östlicher Richtung am Flughafen vorbei auf die schmale N 196, die sich ins Gebirge hineinwindet. Folgt man ihr über den Mercujo Pass, erreicht man **Bastelicaccia.** Von hier ist es nicht weit zu den **Gorges des Prunelli,** einem Bergmasiv aus roten Granitfelsen. Über den Pass geht es weiter nach Ocana und zum Stausee und Damm von Tolla. Am anderen Ende des Stausees geht es über die D 27 nach Cauro und von dort wieder auf der N 196 nach Ajaccio zurück.

Die Vegetation aus Büschen und Sträuchern aromatischer Pflanzen, wie Lavendel und Myrte, ist bisweilen undurchdringlich. Während der bewegten Geschichte Korsikas diente sie Freiheitskämpfern und auch Banditen als Unterschlupf. Im Zweiten Weltkrieg versteckten sich die Mitglieder der Partisanenbewegung in dem unwegsamen Dornengestrüpp vor den Truppen Mussolinis. In den höheren Lagen findet man neben Pinien und Olivenbäumen auch Esskastanien, die in vielen korsischen Spezialitäten verarbeitet werden.

Bastia (Korsika) ▶ G 3

Der Hafen von Bastia ist der größte auf der Insel und ist das Ziel der meisten Fähren vom Festland sowie der Containerschiffe für den Warenhandel. Obwohl etwas kleiner als Ajaccio, ist Bastia das wirtschaftliche Zentrum der Insel und Hauptstadt des Départements Haute-Corse. Das Hinterland ist das Nebbio, eine Weinanbaugegend. Hier werden auch Kastanien und Oliven angebaut sowie Honig produziert.

Stadtrundgang

Der Vieux Port, das historische Zentrum der Stadt, lässt den Einfluss der Italiener aus Genua spüren, die den Grundstein für Bastias Warenhandel legten, indem sie die korsische Weinproduktion und den Anbau von Oliven und Kastanien anregten. Der alte Hafen – Terra Nova – wird von dem Hügel mit der Alten Stadtmauer und der Zitadelle **Bastiglia** aus Genueser Zeit überragt.

Palais des Gouverneurs

Musée de Bastia, www.musee-bastia. com, Mai–Sept. Di–So, Juli/Aug. tgl. 10–18.30, Okt.–April Di–Sa 9–12, 14–17 Uhr, 5 €, Kinder unter 10 J. frei.

Kreuzfahrtschiff am Hafen von Bastia

In dem ehemaligen Gouverneurspalast, ist heute in einem Anbau das Stadtmuseum untergebracht. Unter anderem wird die Geschichte des Palastes dokumentiert, in dessen Kerker der korsische Nationalheld Sampiero Corso im frühen 16. Jh. gefangen gehalten wurde. Das Museum beherbergt eine Dauerausstellung aus der Sammlung Carlini mit Kunst und Gebrauchsgegenständen aus der napoleonischen Zeit sowie Wechselausstellungen.

Terra Vecchia

An der Nordseite des Hafens grenzt der Stadteil Terra Vecchia an, ein schickes Wohnviertel, mit von Platanen und Palmen eingefassten Plätzen zum Bummeln und Verweilen. Auf der Rue Napoléon passiert man zunächst die Barockkapelle **Oratoire St-Roch** von 1604 mit einer üppigen Innenausstattung aus

Gold, rotem Damast und Holz. Etwas westlich steht die Kapelle **Oratoire de l'Immaculée Conception** von 1611. Hier befindet sich eine Statue der Jungfrau Maria, die jedes Jahr im Dezember in einer Prozession durch die Stadt getragen wird. Besonders sehenswert sind auch die **Place du Marché** mit der Barockkirche **Saint-Jean-Baptiste.** Sie wurde 1666 eingeweiht. Die kuppelgekrönten Türme dominieren den Hafen und sind so etwas wie das Wahrzeichen von Bastia. Die Gemälde, die die Innenwände der Kirche zieren, stammen zum Teil aus der Sammlung Fesch.

Essen und Trinken

Am **Quai des Martyrs de la Libération** zwischen den beiden Häfen finden sich Bars, Restaurants und Cafés.
Fisch und Meeresfrüchte – **La Table du Marché Saint-Jean:** Place du Mar-

ché, Tel. 0033 495 31 64 25. Schickes Restaurant am alten Hafen, das sehr frischen Fisch serviert. Menü ab 30 €.
*International – ***Alba:** Quai des Martyrs de la Libération, Tel. 0033 495 47 03 38. Moderne Lounge-Bar mit Salaten, Fusion-Küche von mediterran bis asiatisch. Menü 12–15 €.

Einkaufen

Die Einkaufsstraßen Boulevard Paoli und Rue César-Campinchi liegen hinter dem Quai des Martyrs de la Libération. Die meisten Geschäfte sind Mo–Sa 8–12 Uhr und 14–18 Uhr geöffnet.
*Markttreiben – *Sa/So **Marché Traditionnel** mit Spezialitäten der Region. auf der Place du Marché, So morgens **Flohmarkt** auf der Place St-Nicholas.
*Souvenirs und Mitbringsel – ***Cap Corse Mattei:** 15, bd. du Gén. de Gaulle, www.capcorsemattei.com. Weine und korsische Spezialitäten. Der Cap Corse ist ein chininhaltiger Kräuter-Likör, der als Aperitif getrunken wird.

Infos

Ankunft im Hafen: Die meisten Fähren und Kreuzfahrtschiffe legen im Nouveau Port, dem neuen Hafen, an. Von hier gelangt man zu Fuß oder mit dem Shuttlebus in die Neustadt.
Touristeninformation: am Nordende der Place St-Nicolas, Tel. 0033 495 54 20 40, www.bastia-tourisme.com.
Öffentliche Verkehrsmittel: Bahn: www.train-corse.com. **Bus:** www.bastiabus.com, 13 Linien bedienen die Stadt und das Umland, einfache Fahrt 1,30 €.
Stadtrundfahrten: Petit Train de Bastia, Tel. 0033 495 31 61 16, http://le-petit-train-bastiais.com. Kurze Rundfahrt über die Zitadelle und den Alten Hafen (ca. 50 Min.) 7 €, erm. 3 €. Abfahrt Place St-Nicolas gegenüber der Touristeninformation.

Mietwagen: Hertz, Tel. 0033 495 31 14 24, www.hertzcorse.com; Europcar, 1, rue du Nouveau Port, Tel. 0033 495 31 59 29.
Strand: Südlich des **Étang de Biguglia** befindet sich eine Süß- und Salzwasserlagune mit vorgelagerten Sandstränden. Von **Arinella** bis **Marana** gibt es zahlreiche Bademöglichkeiten sowie Restaurants und Cafés. Im Norden reihen sich entlang der D80 verschiedene kleinere Strände, z. B. **Plage de Grigione, Plage de Miomo** und **Erbalunga.** Die Busse 10a/b fahren zum Strand von Arinella im Süden. Nach Erbalunga im Norden geht es von der Place St-Nicolas.

Ausflug nach St-Florent

Mit dem Mietwagen ca. 25 km über die D 81, per Bus mit Autocars Santini, www.transports-touristiques-saint-florent.fr, Tel. 0033 495 37 02 98, ca. 45 Min., 5 €
Auf dem Weg nach Saint-Florent gelangt man über die »Weinstraße« D81 in etwa 30 Minuten nach **Patrimonio.** Hier gibt es zahlreiche Kellereien, in denen man die Weine aus dem Nebbio mit dem Siegel Appellation d'Origine Controlée (AOC) kaufen kann.

Im Hafen von **St-Florent,** am Fuß des Cap Corse, tummeln sich beeindruckende Jachten. An der Place des Portes und in der Rue du Centre findet man viele Cafés und Restaurants für eine Erfrischung. Es empfiehlt sich ein Spaziergang zur Zitadelle, die im Jahr 1440 von den Genuesern erbaut wurde. Von hier hat man einen guten Ausblick auf die Stadt und die Küste.

Westlich von Saint-Florent grenzt die wilde Landschaft der **Désert des Agriates** mit einigen der schönsten und einsamsten Strände Korsikas an, die von den Reichen und Schönen bevorzugt werden.

Italien

Savona ▶ G 2

Mit etwa 62 000 Einwohnern ist Savona die drittgrößte Stadt Liguriens. Hier befindet sich der Heimathafen des Veranstalters Costa Crociere, mit 14 Schiffen einer der wichtigsten Anbieter von Kreuzfahrten im Mittelmeerraum. Sehenswert ist die Festung **Fortezza del Priamar** von 1542 mit dem **Civico Museo Archeologico e della Città** (www.museoarcheosavona.it; Funde aus der griechischen, etruskischen und byzantinischen Zeit). Im mittelalterlichen Stadtkern steht die barocke **Cattedrale Santa Maria Assunta.** Die benachbarte, aufwendig gestaltete **Sixtinische Kapelle** ließ Papst Sixtus IV. als Grabstätte für seine Eltern errichten (10–12, 16–18 Uhr).

Infos

Am Hafen: Vom Terminal Palacrociere spaziert man zur Marina mit Cafés und Restaurants und gelangt über eine Brücke direkt in die Altstadt.

Touristeninformation: Am Hafen und Via Paleocapa 76, Tel. 0039 019 840 23 21, www.turismo.provincia.savona.it, Mo–Sa 9–12.30, 15.30–19.30 Uhr.

Öffentliche Verkehrsmittel: Busse: www.tpllinea.it, innerhalb der Stadt, 1,30 €. **Bahn:** www.trenitalia.com, gute Anbindung an alle Küstenstädte Liguriens (etwa Genua 1 Std., 4,70 €). Von der Via Paleocapa fahren die Buslinien 2, 3, 5 und 9 zum Bahnhof.

Genua (Genova) ▶ G 2

Als historische Seerepublik und Hauptstadt der Region Ligurien besitzt Genua bis heute den größten Hafen Italiens. Die Geburtsstadt von Christoph Kolumbus war ab 1339 ein unabhängiger Staat und wurde wie Venedig von einem Dogen regiert. Im alten Stadtkern (UNESCO-Welterbe) gerät man in ein Gewirr mittelalterlicher Gässchen und Paläste (Palazzi dei Rolli) der ehemaligen Handelsdynastien, wie die der Dorias und Grimaldis. Charakteristisch sind die Geschlechtertürme *(torri)* – man baute in die Höhe, um seine Macht zu demonstrieren, aber auch, um den Platz optimal zu nutzen und sich zu schützen. Die Stadt ist umgeben von steil ansteigenden und dicht bebauten Hängen, die man teils durch Lifte und den *funiculare*, die Zahnradbahn, bewältigen kann. Der Porto Antico wurde in den 1990er-Jahren vom Genueser Architekten Renzo Piano zu einer Erlebniswelt umgestaltet (s. u.). Von hier hat man direkten Zugang zur Altstadt.

In der Umgebung von Genua sollte man einen Ausflug nach Portofino und in die Hafenstädtchen der Cinque Terre nicht versäumen (**direkt 7|** S. 96).

Cattedrale di San Lorenzo 1

Piazza San Lorenzo, Mo–Fr 8–12, 15–19 Uhr. Museo del Tesoro: Mo–Sa 9–12, 15–18 Uhr, Erw. 6 €, erm. 4,50 €
Die Kathedrale wurde bereits im 11. Jh. über einer alten Basilika erbaut und

wurde 1133 erzbischöflich. Die Fassade aus polychromem Marmor ist typisch für die Architektur Liguriens und der Toskana. Der Vorplatz der Kathedrale, die Piazza San Lorenzo, war einer der wenigen Plätze in der Stadt, wo sich öffentliches Leben abspielte. Sie war das einzige der Allgemeinheit zugängliche Gotteshaus der Stadt, denn die regierenden Handelsfamilien hatten ihre privaten Kapellen. Auch das **Domschatzmuseum** (Museo del Tesoro) ist sehenswert.

Schräg gegenüber befindet sich der einstige **Palazzo Ducale 2**, wo ab 1339 der Doge residierte. Heute ist in dem Bau ein Kulturzentrum untergebracht (www.palazzoducale.genova.it).

Casa di Colombo und Porta Soprana 3

Piazza Dante

Im Südosten geht die Via Lorenzo in die Via di Porta Soprana über. Bei der Porta Soprana, dem einstigen östlichen Stadttor, soll das Geburtshaus von Christoforo Colombo gestanden haben. Leider wurde es 1684 durch die Franzosen zerstört. Trotz des reichen Bankhauses San Giorgio fand der berühmteste Sohn der Stadt in Genua keinen Geldgeber für seine Entdeckungsreisen. Stattdessen wurde er vom spanischen Königshaus gesponsert.

Nordöstlich von hier erstreckt sich das moderne Genua mit der Einkaufsstraße **Via XX Settembre.**

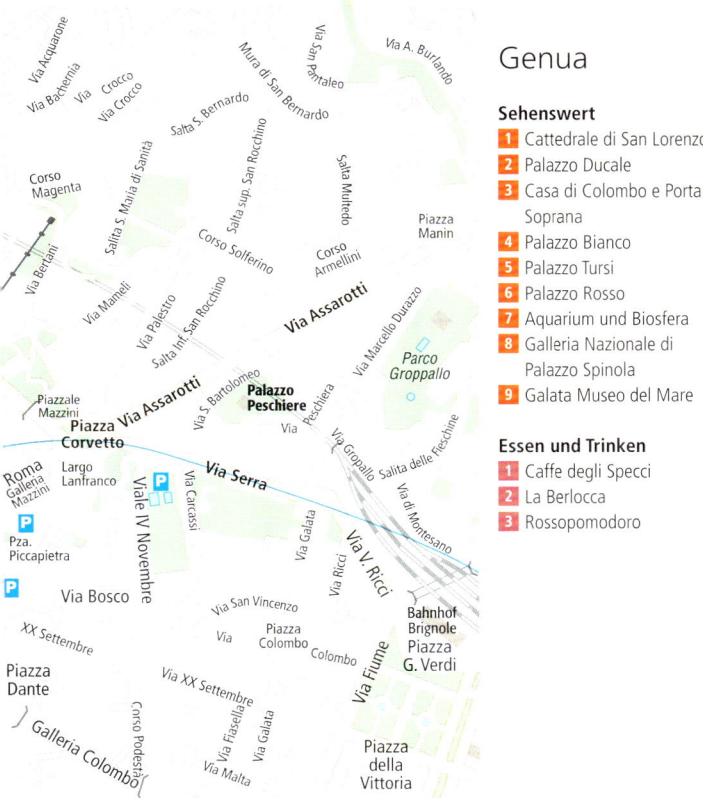

Genua

Sehenswert

1 Cattedrale di San Lorenzo
2 Palazzo Ducale
3 Casa di Colombo e Porta Soprana
4 Palazzo Bianco
5 Palazzo Tursi
6 Palazzo Rosso
7 Aquarium und Biosfera
8 Galleria Nazionale di Palazzo Spinola
9 Galata Museo del Mare

Essen und Trinken

1 Caffe degli Specci
2 La Berlocca
3 Rossopomodoro

Piazza Matteo

Über die Piazza de Ferrari nach Norden, gelangt man zur Piazza San Matteo. Die Dynastie der Doria baute hier im 13. Jh. ihren Palast und beherrschte das Viertel. In der Familienkirche **San Matteo** befindet sich das Grab des einflussreichsten Bürgers der Stadt, Andrea Doria, Admiral unter Kaiser Karl V.

Via Garibaldi und die Museen der Strada Nuova

Via Garibaldi 9, 11 und 18, Di–Fr 9–19, Sa u. So 10–19 Uhr, Kombiticket 9 € im Palazzo Tursi.
Die Via Garibaldi (Strada Nuova) entstand Mitte des 16. Jh. auf einer der höheren Stadtebenen. Die reichen Familien Genuas entflohen damals der klaustrophobischen Altstadt und es entstanden mehrere Renaissancepaläste, in denen heute Museen untergebracht sind. Im **Palazzo Bianco** 4 (1530–40) ist eine umfassende Pinakothek italienischer Künstler untergebracht (Filipino Lippi, Veronese, Caravaggio u .a.). Der **Palazzo Tursi** 5 dient als Rathaus. Für die Öffentlichkeit zugänglich sind Ausstellungssäle, die dem Violinisten Nicola Paganini gewidmet sind, der 1782 in Genua geboren wurde. Unter anderem ist die berühmte Violine Guarnieri del Gesù zu besichtigen.

Im ersten und zweiten Stock des gegenüberliegenden **Palazzo Rosso** 6 (1671) ist die Kunstsammlung der Familie Brignole ausgestellt. Auf dem Dach befindet sich eine Terrasse, die einen guten Ausblick auf die Stadt ermöglicht. Hierhin gelangt man mit einem Panorama-Aufzug.

Porto Antico

www.portoantico.org
www.portoantico.it
Der in den 1990er-Jahren unter Renzo Piano umgestaltete Hafen bietet stundenlange Unterhaltung für Kinder, wie etwa durch das interaktive Wissenschaftsmuseum **Città dei Bambini** (www.cittadeibambini.net), das **Aquarium** (www.acquariodigenova.it), die **Biosfera** , eine Gewächshauskugel, sowie einen Aussichtslift, den **Ascensore Panoramico.** Die Biosfera stammt ebenso wie die igelförmige **Konzerthalle Bigo** von Piano. Auf dem **Molo Vecchio** (›alte Mole‹) befinden sich in den ehemaligen Lagerhäusern heute Geschäfte, Cafés und Kinos.

Galleria Nazionale di Palazzo Spinola 8

Piazza Pelliceria 1, Tel. 0039 010 270 53 00, www.facebook.com/palazzo spinola, Di–Sa 8.30–19.30, So 13.30–19.30 Uhr, Erw. 4 €, erm. 2 €
Vom Porto Antico stadteinwärts, gelangt man zur Via San Lucca, von der die Piazza Pelliceria abzweigt. Das Viertel rund um den Palazzo Spinola wurde einst von der Familie Spinola beherrscht. Der Palast ist heute ein Museum, das sich dem Leben der genuesischen Adelsfamilien des 17. und 18. Jh. widmet. Es sind wertvolle Gemälde aus Sammlungen der Familien zu sehen, etwa von Strozzi, Cambiaso, Rubens und van Dyck.

Galata Museo del Mare 9

Calata de Mari 1, www.galatamuseo delmare.it, März–Okt. tgl. 10–19, Nov.–Febr. Di–Fr 10–18 Uhr, Erw. 12 € (mit U-Boot 17 €), erm. 7 € (12 €)
Das Meeresmuseum vermittelt einen Einblick in die Geschichte der Seerepublik Genua, die Reisen von Kolumbus und des Admirals Andrea Doria. Interaktive Ausstellungselemente verkürzen auch Kindern die Zeit. Spannend ist der Besuch eines Unterseebootes. Das Gebäude diente einst als Waffen- und Rüstungskammer für die Schiffe im Hafen.

Essen und Trinken

Zu den ligurischen Spezialitäten gehört die Pastasauce *pesto* aus Pinienkernen und Basilikum, Brote wie die *focaccia,* die mit Dips serviert wird, Fisch- und

Der Porto Antico von Genua wurde von Stararchitekt Renzo Piano neu gestaltet

Pilzgerichte. Feine Restaurants findet man um die Via XX Settembre.

Altstadtcafé – **Caffè degli Specci** : Salita Pollaiuolo, 43/R, So geschl. Seit 1917 gibt es im ehrwürdigen Spiegel-café Kaffee, warme und kalte Speisen.

Ligurisch – **La Berlocca 2**: Via Ma-celli di Soz glia 45/R, Tel. 0039 010 247 41 62, www.laberlocca.com, Mo geschl. Altstadt-Weinbar, mit Tapas und liguri-schen Snacks, ab 8 €, Mo geschl.

Am Hafen – **Rossopomodoro 3**: Calata Molo Vecchio 16, Tel. 0039 010 246 63 76, www.portoantico.rosso pomodoro.it. Neapoletanische Pizzen von 6–28 €.

Einkaufen

Von der Piazza dei Ferrari zweigen vie-le Einkaufsstraßen ab, wie z.B. die Via XX Settembre mit großen Kaufhäu-sern. Weitere Einkaufsmöglichkeiten gibt es in der Via Luccoli und der Via Orifici herunter bis zur Piazza Banchi und von dort aus entlang der Via San Lucca in nördlicher Richtung.

Infos

Am Hafen: Genua ist der Heimathafen von MSC Crociere. Die meisten Schiffe legen entweder beim Ponte dei Mille oder dem Ponte Andrea Doria an, ca. 20 Min. zu Fuß in die Innenstadt. Mit der Metro oder den Bussen Nr. 32, 9 und 11 gelangt man von der Station Princi-pe zum Porto Antico und zur Piazza dei Ferrari in der Innenstadt.

Touristeninformation: www.visitge noa.it, www.turismo.provincia.genova. it, Ponte dei Mille am Hafen, ▷ S. 99

Karte: ▶ G 2 | **Dauer:** Ausflug mit Bahn und Boot, ein ganzer Tag (7–8 Std.)

Portofino – Cinque Terre

15 km

Nur etwa 36 km von Genua entfernt liegt Portofino, das man auch als das St. Tropez von Ligurien bezeichnen könnte. Rund 80 km von Genua befindet sich das Naturschutzgebiet der Cinque Terre (›Fünf Orte‹) am Tigullio Golf. Es wird charakterisiert durch fünf pittoreske Örtchen und den ursprünglichen Charakter dieses Teils der ligurischen Küste.

Portofino

Das Städtchen **Portofino** 1 hat nicht zu Unrecht in Jet-Set Kreisen Berühmtheit erlangt. Es liegt in einer wunderschönen Bucht inmitten eines Naturparks, Parco Naturale di Portofino, in dem die aromatischen Pflanzen der Macchia wachsen.

Der höchste Punkt des Ortes ist der **Monte di Portofino** mit ca. 600 m. An Luxusjachten gibt es in dem kleinen Hafen keinen Mangel. Am besten setzt man sich in eines der Hafencafés und verbringt etwas Zeit damit, das Treiben zu beobachten. Leider sind die Preise dem Glanz des Ortes angemessen: Ein paar Getränke im richtigen Restaurant schlagen mit 20 € zu Buche. Studieren Sie vorher am besten die Menükarte.

Von der Piazza gelangt man bergan zur **Kirche San Giorgio.** Von hier aus blickt man auf die Halbinsel mit dem Leuchtturm (Faro) und auf die Bucht mit den bunten Häuserfassaden. Bereits der römische Chronist Plinius erwähnte Portofino (Portus Delphini) in seinen Schriften. Im alten Ortskern findet sich außerdem die **Kirche San Martino** aus dem 12. Jh. Im 17. Jh. bauten die

Genueser auf der Halbinsel eine Burg, heute unter dem Namen **Castello Brown** bekannt. Baron Alfons Mumm, von der deutschen Sektkellerei, erwarb das Schloss und ließ es zu einer Gartenvilla umbauen. Der Baron brachte von seinen Auslandsreisen seltene Pflanzen mit und kultivierte diese im Schlossgarten. Bereits im Jahr 1867 wurde das Schloss jedoch von dem britischen Konsul Montague Brown erworben. Von hier verläuft ein Spazierweg bis zum **Leuchtturm**.

Wer gut zu Fuß ist, kann sich das Gebiet erwandern und die spektakulären Aussichten genießen. Sehenswert ist auch das westlich gelegene Kloster **San Fruttuoso** 2. Hierhin gelangt man nur zu Fuß oder mit einem Boot. Nordwestlich vom Nationalpark befindet sich **Camogli** 3 (ca. 4 Std. zu Fuß von Portofino), ein Fischerstädtchen mit der mittelalterlichen Festung Castello Dragone. Camogli hat einen eigenen Bahnhof, von hier aus geht es bergab zum Hafen und zu einem kleinen Kiesstrand.

Cinque Terre

Die fünf idyllischen Orte Monterosso al Mare, Vernazza, Corniglia, Manarola und Riomaggiore bestehen schon seit dem 9. Jh. Am besten fährt man mit dem Zug oder Boot hin und wandert die Küstenpfade entlang. An die steil abfallenden Felsen klammern sich Weinberge, die von Eselspfaden durchzogen sind. Im 15. Jh. waren die Weine der Gegend sehr beliebt und wurden nach Frankreich und England exportiert.

Monterosso 4 ist etwas moderner als die anderen Örtchen. Im 16. Jh. lebte man hier noch noch vom Thunfischfang, heute eher vom Tourismus. Der Strand unterhalb des neuen Ortsteils Fegina ist sehr beliebt. Sehenswert sind im alten Ortsteil vor allem die **Kirche San Giovanni Battista** aus dem 14. Jh. sowie das **Schloss** der genuesischen Handelsfamilie Fieschi.

Vernazza 5 hat einen besonders schönen Hafen mit vielen Cafés und Restaurants. Sehenswert sind die Burg und Befestigungsmauern aus dem 11. Jh. und die **Kirche S. Margherita d'Antiochia** aus dem 13. Jh. Ein Wanderweg mit spektakulärer Aussicht führt von Monterosso nach Vernazza.

Auch in **Corniglia** 6 übte die Familie Fieschi ihre Macht aus. Der Ort liegt nicht direkt am Meer sondern auf einem Felshang. Sehenswert sind die **Kirche von San Pietro** aus dem Jahr 1350 sowie der **Largo Taragio,** der Marktplatz, von dem man eine gute Aussicht auf die Bucht hat.

Manarola 7 war erst im Besitz des Barons von Carpena und dann der Familie Fieschi, die dort ein Schloss erbaute. Die **Kirche San Lorenzo** stammt aus dem Jahr 1338. Von Manarola nach Riomaggiore führt ein Spazierweg von 20 Min., genannt **Via dell'Amore** 1, da er aufgrund seiner einstigen Einsamkeit und romantischen Aussichten gern von Liebespaaren benutzt wurde. Hier ist die Cinque Terre Card (s. u.) nicht erforderlich von 8–19 Uhr.

Das Örtchen **Riomaggiore** 8 wurde nach dem Fluss benannt, der durch die Stadt floss. Er ist heute überbaut. Die **Kirche San Giovanni Battista** stammt aus dem Jahr 1340.

Infos zu Portofino
www.turismoinliguria.it/turismo/de,
www.parcoportofino.com, www.porto
finocoast.it, www.terrediportofino.eu

Touristeninformation:
Via Roma 35, Tel. 0039 01 85 26 90
24, im Sommer tgl. 10–13,
15–19 Uhr.

Touristeninformation Camogli:
Via XX Settembre 33, Tel, 0039 01 85
77 10 66, www.prolococamogli.it,
Mo–Sa 9–12.30, 15–18.30 Uhr.
Anreise: Mit dem **Mietwagen** über
die A 12 von Genua; wahlweise E 80
bis Recco und dann A 12. Mit der
Bahn gelangt man von Genua dann
nach Santa Margherita Ligure. Von dort
geht es auf einer kurvenreichen Straße
nach Portofino mit dem Bus Nr. 82 ca.
5 km. Wahlweise kann man von Santa
Margherita oder Rapallo und auch mit
der Fähre fahren.
Anreise per Boot: Ausflugsboote bedienen den ganzen Sommer lang die
Häfen. Cooperativa Battelieri, www.
liguriaviamare.it, vom Porto Antico in
Genua bis Portofino, Erw. 20 €, erm.
12 €; Servizio Maritimo del Tigullio,
http://traghettiportofino.it, bedient die
Strecke zwischen San Fruttuoso und
Sestri Levante.

Infos zu Cinque Terre
www.turismoinliguria.it,
www.parconazionale5terre.it
Touristeninformation:
Riomaggiore: Piazza Rio Finale 26, Tel.
0039 0187 92 06 33-76 21 87;
Monterosso: im Bahnhof, Via Fegina
40, Tel. 0039 01 87 81 70 59, tgl.
9–19 Uhr.
Anreise: Mit dem **Mietwagen** auf
der E 80 bis Sestri Levante und dann
die Küstenstraße, ca. 90 km. Von Genua gelangt man mit dem **Zug** (www.
trenitalia.com) über Chiavari und Moneglia z. B. nach Monterosso, 1.37 Std.,
6,80 €.
Anreise per Boot: Navigazione golfo
dei Poeti, Tel. 0039 0187 73 29 87,
www.navigazionegolfodeipoeti.it,
April–Nov. Die Boote verbinden alle
Küstenstädte von Portofino bis Porto-
venere, Zustieg z. B. in Moneglia möglich.

Cinque Terre Card
Mit dieser Karte kann man die kostenpflichtigen **Wanderwege** innerhalb
des Naturparks begehen. Sie schließt
die Benutzung aller Busse innerhalb
des Parks ebenso mit ein wie Eintritts-
preise für Aussichtspunkte und einige
Museen (auch in La Spezia), Erw. 6 €,
erm. 3 €. Die Version **Cinque Terre
Card Treno** schließt überdies die Benutzung sämtlicher Züge von La Spezia bis Levanto mit ein, 1 Tag Erw. 12
€, erm. 7,30 €. Den Pass gibt es z. B.
in Kombination mit Zugtickets, an
Bahnhöfen und bei Touristeninforma-
tionen.

Essen und Trinken in Portofino
Ristorante Lo Stella: am Hafen,
Molo Umberto 1, Tel. 0039 0185 26 90
07, geschl. Mi. Schick, gut zum ›Leute-
gucken‹.
Il Pitosforo: Molo Umberto I 9, Tel.
0039 0185 26 90 20, www.pitosforo-
portofino.it. Fischspezialitäten direkt
am Hafen, Hauptgericht ab 30 €.
Caffe Excelsior: Piazza Martiri
dell'Olivetta, 56, Tel. 0039 0185 26 90
05, www.caffexcelsior.it. Italienische
Spezialitäten, Hauptgericht ab 18 €.

Essen und Trinken in Cinque Terre
La Cantina del Pescatore: Via Vittorio Emanuele 19, Tel. 0030 0187 81 75
89. Kleines Café/Enoteca mit Snacks
von 8 bis 20 Uhr, ab 4 €.
Marina Piccola: Manarola, Via Lo
Scalo 16, Tel. 0039 0187 92 09 23,
www.hotelmarinapiccola.com. Fisch
und andere italienische Spezialitäten
auf einer Terrasse am Hafen, 20–50 €
pro Person.
La Laterna: Riomaggiore, Via San
Giacomo 46, Tel. 0039 0187 92 05 89,
www.lalaterna.org. Trattoria am Hafen
mit Blick auf die Schiffe, Hauptgericht
ab 20 €.

8.30–11.30 Uhr, oder Via Garibaldi 12r, Tel. 0039 010 557 29 03, tgl. 9–18.20 Uhr.

Öffentliche Verkehrsmittel: www. amt.genova.it, Einzelticket 1,50 €. Der Bahnhof liegt nördlich der Ponte dei Mille nahe der U-Bahn-Station Principe (www.trenitalia.com), **Züge** z.B. nach Pisa (1 Std. 40 Min., 9 €). Die sechs Stationen der **Metro** bedienen die Küstenstraße. Die **Funicolari (Trams)** fahren nach Granarolo und nach Righi. Außerdem gibt es einige historische **Lifte** (Ascensori) in der Altstadt.

Stadtrundfahrt: www.genova.citysightseeing.it/eng. Hop-on-hop-off-Bus quer durch die Altstadt und am Hafen, 1 Std., Erw. 15 €, erm. 8 €.

Livorno ▶ H 2

Die drittgrößte Hafenstadt Italiens hat eine lange Tradition als Handelshafen und ist das ¯or zur Toskana, da die drei größten Touristenmagneten Florenz (**direkt 8** ▶ S. 104), Lucca (S. 101) und Pisa (**direkt 9** ▶ S. 108) von hier aus sehr schnell zu erreichen sind. Livorno ist mit dem Aufstieg der Medici-Dynastie eng verbunden, der internationale Handel, der von hier aus betrieben wurde, war für einen Großteil des Reichtums der Familie verantwortlich.

Stadtrundgang

Die Altstadt ist durchzogen von Kanälen (fossi). Die Herrenhäuser entlang der Kanäle wurden im 17. Jh. von den Medici errichtet. Der **Dom San Francesco di Assisi 1** an der Südseite des Piazza Grance wurde nach dem Krieg wieder restauriert. Entlang der Via del Porticciolo gelangt man vorbei am **Palazzo della Dogana 2** (Handelskammer) auf die **Via Borra.** In dieser Straße standen Warenhäuser, die über

den Kanal vom Hafen aus gut zu erreichen waren. Der **Ponte di Marmo 3** von 1629 führt über den Kanal zum **Palazzo Huigens 4**, ein typisches Beispiel der Livorneser Barockarchitektur. Von der breiten **Piazza dei Domenicani** genießt man den Blick auf das Kastell **Fortezza Nuova 5** (17. Jh.).

Wenn man weiter dem Kanal entlang der Scali del Pontino und Scali delle Cantine folgt, gelangt man zur **Piazza della Repubblica,** dem größte Platz in Livorno und Hauptverkehrsknotenpunkt. Um den Platz herum gibt es viele Geschäfte sowie Cafés und Bars. Die Via Grande führt von hier bis hinunter zum Porto Mediceo.

Die Uferpromenade entlang der **Viale Italia 6** ist mit Palmen bewachsen. Hier gibt es Cafés und Restaurants, und man sieht man zu jeder Tageszeit Spaziergänger, Jogger und Radfahrer. Weiter südlich liegt die **Terrazza Mascagni,** von der aus man an klaren Tagen bis zu den Inseln Gorgona und Elba sehen kann.

Essen und Trinken

Livornesisch – **Cantina Nardi 1** : Via Leonardo Cambini 6–8, Tel. 0039 0568 80 80 06, www.cantinanardi.com, Mo–Sa. Hier gibt es z. B. die Livorneser Spezialität *cacciucco,* eine Fischsuppe. Menü 25 €.

Am Alten Hafen – **Caffé Cellini 2** : Via del Molo Mediceo, 22, Tel. 0039 0586 89 60 02, Mo geschl. Frischen Fisch und Meeresfrüchte kann man hier direkt am Hafen genießen. Hauptgerichte ab 16 €.

Einkaufen

Die Hauptstraße **Via Grande** bietet vielfältige Einkaufsmöglichkeiten.

Markttreiben – **Mercato Centrale 1** : am Fosso Reale. Markthalle, Mo–Sa jeden Morgen.

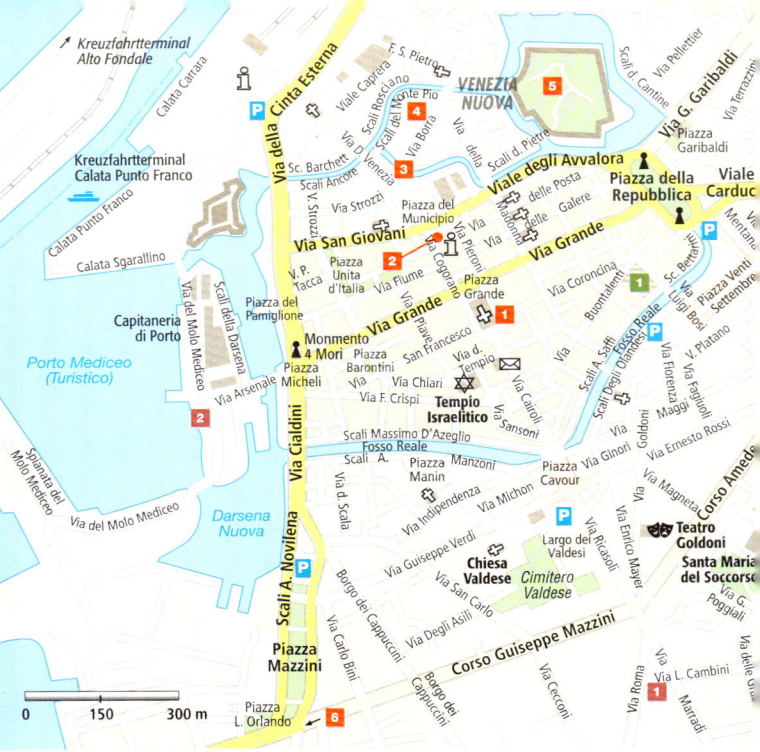

Livorno

Sehenswert

1 Duomo San Francesco di Assisi
2 Palazzo della Dogana
3 Ponte di Marmo
4 Palazzo Huigens

5 Fortezza Nuova
6 Viale Italia

Essen und Trinken

1 Cantina Nardi
2 Caffé Cellini

Einkaufen

1 Mercato Centrale

Infos

Am Hafen: Das Terminal an der Calata Punto Franco ist etwa 500 m vom Stadtzentrum entfernt. Kleinere Schiffe laufen den alten Hafen Porto Mediceo in Fußnähe zum Zentrum an. Wenn das Schiff im Industriehafen festmacht, z. B. Alto Fondale (4,5 km vom Zentrum), fährt ein Shuttlebus (5 €), der Touristen beim Rathaus gleich hinter der Piazza Grande absetzt.

Touristeninformation: www.costa deglietruschi.it, www.livornonow.com. Piazza Grande, gegenüber vom Rathaus, Piazza Cavour, 6, Tel. 0039 0586 20 46 11.

Öffentliche Verkehrsmittel: Die **Livorno Card** (www.livornocard.com). kostet 3 € für den ganzen Tag und erlaubt Fahrten in alle Richtungen, für Kinder unter 12 Jahren ist sie kostenlos. Sie berechtigt auch zu Ermäßigungen bei Bootsfahrten auf dem Kanal und in Restaurants mit dem Livorno Card-Logo. **Bus:** www.atl.livorno.it. Für Besucher sind vor allem die Linien 1 und 2 interessant. **Bahn:** Zum Bahnhof an der Piazza Dante gelangt man vom Piazza Grande mit der Buslinie 1. Von hier aus kommt man leicht nach Pisa (21 Min., 2,50 €), Lucca (50 Min., 5,30 €) und Florenz (1.20 Std., 9,20 €).

Stadtrundfahrt: Mit der Buslinie 1, die auch zum Strand in Antignano fährt (s. u.), kann man eine preiswerte Sightseeing-Tour machen: Vom Bahnhof geht über die Piazza della Repubblica, die Via Grande und Piazza Grande zum alten Hafen Porto Mediceo; von dort aus weiter entlang am Ufer, vorbei an der Promenade Terrazza Mascagni, der Kirche San Jacopo und der Marineakademie, durch den Ort Ardenza Mare bis nach Antignano.

Strand: Entlang des **Viale Italia** befinden sich sogenannte *bagni,* Freibäder mit Zugang zum Meer von einem Betonpier, der ins Meer hineinragt, wie Bagni Tirreno, Viale Italia 36, Tel. 0039 0586 80 50 76; Bagni Nettuno, Viale Italia 16, Tel. 0039 0586 80 71 21. Südlich entlang der Küste gibt es kleinere Buchten mit Kiesstränden, die mit Bus Nr. 1 in Richtung **Antigniano** zu erreichen sind. Bei Scoglio della Ballerina, Viale di Antignano, führen Treppenstufen hinunter zum Strand.

Ausflug nach Lucca

Der historische Stadtkern von Lucca ist von einer dicken **Stadtmauer** 1 umgeben, die 1544–1650 entstand. Auf ihr verläuft ein Spazierweg, auf dem man die Stadt umrunden kann.

An der Porta Sant' Anna an der Piazzale Verdi befindet sich die **Pinacoteca Nazionale di Palazzo Mansi** 2 (Via Galli Tassi 43, www.luccamuseinazio nali.it, Mo–So 8.30–19.30, 4 €, erm.

2 €). In der Herrenvilla aus dem 17. Jh. ist noch die ehemalige Einrichtung zu besichtigen. Das Gebäude dient auch als Pinakothek. Dutzende von Gemälden aus dem 16.–18. Jh. sind hier ausgestellt, unter anderem von Veronese, Tintoretto und Vasari.

Über die Via Vittorio Emanuele gelangt man zur **Piazza Napoleone.** Sie wurde von der Bourbonin Elisa Bonaparte im Jahr 1806 in Auftrag gegeben. Der **Palazzo Ducale** 3, der den Platz überschaut, entstand bereits 1578 (heute sind hier die Stadtverwaltung und die Polizei untergebracht). Rund um die Piazza Napoleone gibt es keinen Mangel an Eisdielen, und alle sind einen Besuch wert. Am besten probiert man in jeder eine andere Sorte!

Westlich liegt die Piazza San Michele, das Herz der Stadt. Die **Cattedrale San Michele in Foro** 4 (tgl. 9–12, 15–18 Uhr) gehört zu den meistfotografierten Gebäuden in Lucca. Ihre heutige Form geht auf das 11. bis 14. Jh. zurück. Aufgrund von Geldmangel wurde sie nie ganz fertiggestellt, einige Fenster und Bogengänge der unvollendeten Fassade weisen noch heute ins Leere.

Unweit von hier wurde in **Corte di San Lorenzo Nr. 9** 5 am 22. Dezember 1858 der Komponist Giacomo Puccini geboren. Sein Vater und Großvater waren Organisten in der Kirche San Michele und spielten in der Musikszene Luccas eine große Rolle. Die Stadt ist stolz auf ihren berühmten Sohn, im Sommer finden Festivals für klassische Musik statt, die seine Musik zelebrieren.

In nordöstlicher Richtung erreicht man die Einkaufsstraße **Via Fillungo.** Hier kann man gut eine Weile an den Schaufenstern entlang bummeln und zwischendurch einen Café trinken. Die Straße führt in nördlicher Richtung zur stimmungsvollen **Piazza dell'Anfiteatro** 6. Sie wurde auf den Ruinen

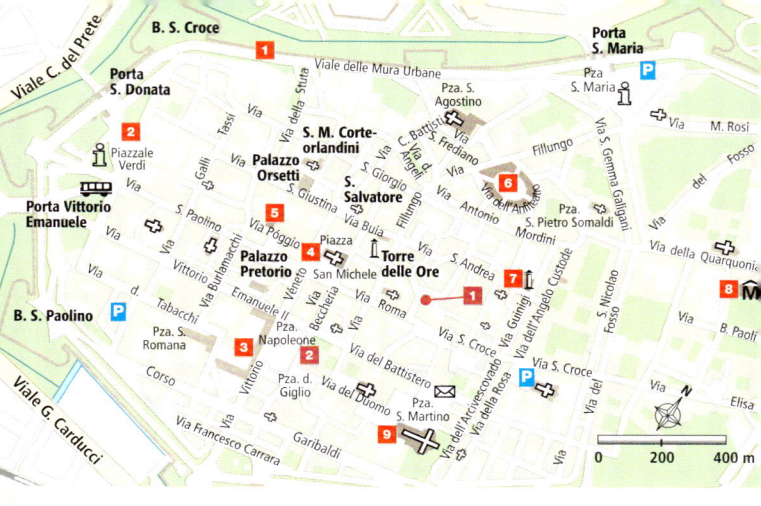

Lucca

Sehenswert

eines römischen Amphitheaters aus dem 2. Jh. n. Chr. gebaut und hat eine ovale Form. An Eingangstoren auf der Südseite sind noch römische Überreste zu sehen. Hier finden Konzerte und andere Kulturveranstaltungen statt.

Wieder in südwestlicher Richtung gelangt man zur **Torre Guinigi** **7** (Via S. Andrea, März/Okt. 9.30–17.30, April–Mai. 9.30–18.30, Juni–Sept. 9.30–19.30 Uhr, 3,50 €, erm. 2,50 €), einem Geschlechterturm der Handelsfamilie Guinigi. Von dem 44 m hohen Turm hat man einen guten Blick über die Stadt. Ganz oben steht eine Eiche, die über die Jahrhunderte mit dem Gebäude verwachsen ist und wie ein Hut herausragt. Der zum Turm gehörige Palast Guinigi liegt etwas weiter westlich und birgt das **Museo Nazionale di Villa Guinigi** **8** (Via della Quarquonia, www.luccamuseinazionali.it, Di–Fr 9–19, So 9–14 Uhr, 4 €, erm. 2 €, Kombiticket mit Palazzo Mansi 6,50 €) Hier ist die bedeutendste Kunstsammlung der Stadt untergebracht. Sie bietet einen Querschnitt durch die Kunst und Kultur Luccas: Es finden sich byzantinische gemalte Kreuze, Skulpturen, Keramik und Schmuck aus dem Mittelalter, Gemälde aus dem 16. Jh. und frühe Meister aus Lucca und Siena sowie Werke aus der Renaissance.

Die Fassade der **Cattedrale San Martino** **9** (9.30–10.45, 12–18 Uhr) schuf Guidetto da Como 1204. Sie ist ein brillantes Beispiel pisanischer und lucchesischer Romanik mit polychromem Marmor, vielen Reliefs und Intarsien, von denen einige von Nicola Pisano stammen. Im Kirchenschiff befindet sich das hölzerne Kruzifix »Volto Santo« von Nicodemus, das seit dem Mittelalter die Kirche zur Pilgerstätte machte. Einmal im Jahr wird die Effigie in einer Prozession durch Lucca getragen.

Essen und Trinken

Luccas Spezialitäten – **All'Olivo** **1**: Piazza San Quirico, Tel. 0039 0583 49 31 29, www.ristoranteolivo.it, Mi geschl. Lucchesische Küche und Fisch. Pasta ab 12 €, Hauptgerichte ab 17 €.

Jung und leicht – **Ristorante del Teatro** **2**: Piazza Napoleone 25, Tel. 0039 0583 46 44 76, www.ristorante delteatro.it. Feine italienische Küche.

Einkaufen

Via Fillungo (S. 101); **Antikmarkt** am 3. Wochenende im Monat auf der Piazza Grande, Piazza San Martino, Piazza San Giusto und Piazza Bernardini.

Infos

Touristeninformation: Piazza Guidiccioni 2, Tel. 0039 0583 49 12 05; Piazzale Verdi, Tel. 0039 0583 919 91, www.luccaterre.it, www.luccaturismo.it

Anreise: Lucca liegt an der Bahnlinie Livorno–Pisa (siehe Infos zu Livorno, S. 101).

La Spezia ► G 2

In einer breiten Bucht am Golfo dei Poeti liegt La Spezia, Stützpunkt der italienischen Marine. Den Naturpark der Cinque Terre und das Kap bei Porto Venere erreicht man mit Zug oder Boot in wenigen Minuten. Südlich reihen sich von Forte dei Marmi bis Viareggio beliebte Seebäder aneinander. Am Hafen befindet sich das **Museo Tecnico Naval** (Marinemuseum; Viale Amendola 1, www.marina.difesa.it). Ebenfalls se-

henswert ist das **Archäologische Museum** im Castello San Giorgio (Via XXVII Marzo, http://museodelcastello. spezianet.it). Bummeln und Einkaufen lässt sich in der Via del Prione, auf dem Corso Cavour und rund um die Piazza Sant' Agostino.

Infos

Am Hafen: Schiffe legen am Molo Garibaldi an. Von hier sind es ca. 15 Min. zu Fuß bis ins Zentrum. Wenn das Schiff auf Reede liegen, ist man in 5 Min. mit dem Tenderboot am Pier nahe dem Stadtpark.

Touristeninformation: Viale Italia 5 und Viale Mazzini 45, Tel. 0039 0187 77 09 00, www.turismoprovincia. laspezia.it/en.

Öffentliche Verkehrsmittel: Busse: ATC LA Spezia, Tel. 0039 0187 52 25 11, www.atcesercizio.it (Einzelfahrt 1,50 €/60 Min.). Bahn: Der Bahnhof La Spezia Centrale liegt ca. 4 km nordwestlich vom Terminal.

Civitavecchia ► H 3

Seit der Antike ist Civitavecchia neben Ostia als ein Hafen Roms (**direkt 10** S. 112) bekannt. Heute ist er der Anlaufhafen für Kreuzfahrtschiffe mit Destination Rom sowie Fähren nach Sardinien, Sizilien, Malta und Tunis. Während des Zweiten Weltkriegs wurde ein Großteil der Stadt dem Erdboden gleichgemacht. Es blieben nur wenige Gebäude, wie das Forte Michelangelo. Der Hafenbereich rund um das Fort wird momentan umgestaltet. An der Promenade vor dem Hafen befinden sich Shops, Cafés und Restaurants. Direkt dahinter, auf der Viale Garibaldi findet ein recht großer Flohmarkt statt. Außerdem gibt es einige nette Restaurants und Bars, wo man schön schattig sitzen kann.   ▷ S. 111

8 | Freilichtmuseum – das Florenz der Medici

Karte: ▶ H 2 | **Dauer:** Rundgang ca. 3 Std., Anreise/Rückreise je 1,5 Std.

Nicht umsonst wird Florenz die Geburtsstätte der Renaissance genannt, denn hier entstand aufgrund der finanziellen Unterstützung der Kunst durch reiche Mäzene eine Oase des kreativen Schaffens. Die wohl bekannteste der damaligen Handelsdynastien waren die Medici, die für mehrere Jahrhunderte die Geschicke der Stadt lenkten.

Bereits 1293 wurde Florenz von der Signoria regiert, einer Verwaltungsmacht, die sich aus den Vertretern der größten Zünfte zusammensetzte. Cosimo de Medici, »der Ältere« (1389–1464), schloss mit anderen Handelsfamilien Allianzen und begann, die Banken und das Finanzsystem zu kontrollieren. Er förderte einen der größten Architekten der Renaissance, Filippo Brunelleschi (1377–1446), sowie den Bildhauer Donatello (1386–1466). Sein Neffe Lorenzo de Medici, genannt »Il Magnifico« (1449–92), unterstützte ebenfalls Projekte, die unter Mitarbeit namhafter Künstler wie Michelangelo, Leonardo da Vinci und Botticelli entstanden. Die Medici wurden die Bankiers des Papstes und später zum fürstlichen Erbadel der Toskana. 1737 starb die Medici-Linie aus. Der letzten Medici, Anna Maria Luisa, ist es zu verdanken, dass die Kunstsammlungen der Familie in Florenz blieben, sie überließ diese im Jahr 1737 der Familie Lorena mit der Auflage, sie dem florentinischen Volk zugänglich zu halten.

Das Viertel Santa Maria Novella

Gleich gegenüber vom Bahnhofsgebäude steht die **Kirche Santa Maria Novella** **1** aus dem 15. Jh. mit gotischem Inneren. Von hier gelangt man in südöstlicher Richtung zur **Via Tornabuoni** **2**, wo teure Designerläden wie

Gucci (Nr. 73r), Pucci (Nr. 20–22r) und Ferragamo (Nr. 2) angesiedelt sind. Mode hat in Florenz aufgrund des Wollhandels und der Textilverarbeitung eine lange Tradition.

In Richtung Süden gelangt man zur Brücke **Ponte S. Trinità** 3. Von ihr hat man den besten Blick auf eine der berühmtesten Brücken der Welt, den **Ponte Vecchio** 4. Sie ist die einzige in Florenz, die 1944 bei dem Luftangriff der Deutschen nicht zerstört wurde, ihr Fundament stammt von 1354. 1442 wurde die Schlachterzunft der Stadt hierher verlagert, die Häuschen hinter den Ladengeschäften wurden als Arbeits- und Lagerräume angebracht, Abfälle endeten direkt im Fluss. 1565 hatte Cosimo I. de Medici einen überdachten Weg über die Brücke errichten lassen, den Vasari-Gang, der direkt vom Verwaltungssitz Palazzo Vecchio bis zum Palazzo Pitti, der damaligen Medici-Residenz, führte. Schließlich wurde den Medicis bei diesem Gang über die Brücke der Gestank zu viel, weshalb man 1593 die Juweliere der Stadt hier ansiedelte. Dementsprechend steht hier auch die Büste des Künstlers und Goldschmiedes Benvenuto Cellini zu recht.

Oltrarno – Santo Spirito

Wer weitere Abkühlung sucht, kann es den Medici-Fürsten gleichtun und über den Ponte Vecchio in das Viertel auf der anderen Seite des Arno, Oltrarno, gelangen. Hinter dem **Palazzo Pitti** 5, ab 1549 Residenz der Medicis, erstrecken sich die **Boboli-Gärten** 6, eine der schönsten Gartenanlagen der italienischen Renaissance.

Der Palast diente später den Fürsten der Lorena sowie der savoyischen Königsfamilie als Sitz. Fünf Museen und Sammlungen sind hier untergebracht. Besonders sehenswert ist die **Galeria**

Palatina 7 mit Werken italienischer Meister wie Raffael, Tizian, Tintoretto. Die **Kirche Santo Spirito** 8 (www.basilicasantospirito.it) nordwestlich von hier war das letzte große architektonische Meisterwerk von Brunelleschi.

Die Uffizien

Wieder zurück auf der anderen Seite des Arno, steht ein Besuch in der berühmten Kunstgalerie der **Uffizien** 9 an. Die manieristische Architektur des Gebäudes in Hufeisenform, das Cosimo I. 1560 in Auftrag gab, beherbergte die Büros der städtischen Verwaltung. Mit einem einzigen Besuch in dieser Galerie ist es kaum getan, hier befinden sich so viele Meisterwerke, dass man gut und gern Tage mit der Besichtigung verbringen kann. Die Sammlungen sind nach Künstlern sortiert, und man sollte sich bereits vorher auf der Webseite informieren, um Schwerpunkte bei der Besichtigung setzen zu können. Im dritten Stock sind in 45 Räumen Werke europäischer Kunst aus dem 12.–18. Jh. untergebracht, u. a. die Werke der florentinischen Renaissance. Einige Werke, vor allem Statuen, wurden ins **Bargello-Museum** 10 verbracht (S. 107).

Das Regierungsviertel

An der Piazza della Signoria steht der **Palazzo Vecchio** 11, er war ein Zeichen der Macht der Zünfte, die die Stadt regierten. Noch heute hat in einem Teil des Gebäudes die Stadtverwaltung ihren Sitz. Die Medicis residierten hier von 1540 bis 1549. Vor dem Eingang steht eine Kopie des »David« von Michelangelo (das Original ist in der **Galleria dell'Accademia** 12 zu besichtigen, Via Ricasoli 58–60, Tel. 0039 055 29 48 83, www.accademia.org, Di–So 8.15–18.50, 6,50 €, erm. 3,25 €, Vorbestellung 4 €).

In der **Loggia dei Lanzi** 🔢, rechts vom Palazzo, befinden sich unter anderem die Skulpturen »Raub der Sabinerinnen« von Giambologna und »Perseus« von Cellini. Nicht alles, was unter der Herrschaft der Medici entstand, galt bei Zeitgenossen als hervorragend. So titulierte Michelangelo die Statue des Neptun auf dem **Neptunbrunnen** 🔢 links vor dem Palazzo Vecchio von Bartolomeo Ammanati (1575) als »ein Stück ruiniertem Marmors«. Ganz in der Nähe des Brunnens findet sich eine Gedenkplatte für den christlichen Mahner Girolamo Savonarola im Pflaster, der gegen die Selbstverliebtheit der reichen Florentiner (insbesondere die Verschwendungssucht von Lorenzo »Il Magnifico«) mahnte.

Dom, Baptisterium und Campanile

Mit dem Bau des **Doms Santa Maria del Fiore** 🔢 begann Arnolfo di Cambio 1294, er wurde jedoch erst 1418 beendet. Den Campanile entwarf Giotto im Jahr 1334. Erst nach seinem Tod wurde er von Nicola Pisano und Talenti fertiggestellt. Brunelleschi schuf die geniale Domkuppel zwischen 1418 und 1436. Die innere und äußere Kuppel sind ringweise im Fischgrätmuster angelegt, sodass die Ziegel sich gegensei-

tig stützen können. Von der Domgalerie aus kann man das Kuppelfresko von Giorgio Vasari und Federico Zuccari näher betrachten.

Das romanische **Baptisterium** 🔢 ist eines der ältesten Bauwerke der Stadt. Es stammt aus den Jahren 1059–1150, die weiß-grüne Marmorfassade ist typisch für diese Periode in der Toskana und erinnert auch an die Kathedrale in Lucca. Das Ostportal wird als »Tür zum Paradies« bezeichnet. Die Originale der Bronzereliefs von Lorenzo Ghiberti (1426–1452), die dort angebracht waren, kann man im Dommuseum anschauen.

Das Viertel San Giovanni

Weiter nördlich gelangt man in ein weiteres Residenzviertel der Medici. Die ursprüngliche **Kirche San Lorenzo** 🔢 aus dem Jahr 1059 wurde von den Medici zur Hauskirche der Familie umgebaut. Für die alte Sakristei und ihre Kuppel zeichnet Brunelleschi (1377–1446) verantwortlich. Im Inneren findet sich die Grabstätte des Künstlers Donatello ebenso wie die von Cosimo dem Älteren.

Unweit von hier befindet sich der **Palazzo Medici Riccardi** 🔢. Hier wohnte die Familie bis 1540, die Wohnräume können besichtigt werden.

Infos

Touristeninformation: APT, Via Cavour 1r, Tel. 0039 055 29 08 32, www.firenze turismo.it, Mo–Sa 8.30–18.30, So 8.30–13.30 Uhr; Piazza Stazione (am Busbahnhof), Tel. 0039 055 21 22 45, www.commune.fi.it, Mo–Sa 8.30–19, So 8.30–14 Uhr.
Ticketverkauf online für alle Museen: www.florence-tickets.com.
Anreise per Bahn: Livorno–Florenz, 1 Std. 20 Min (alle 30 Min.), ca. 9,20 €.

Bahnhof im Viertel Santa Maria Novella.
Öffentliche Verkehrsmittel: Tickets für die Stadtbusse kosten 1,20 € im Vorverkauf und 2 € im Bus. 24-Std.-Karte 5 €. Infos: www.ataf.net.
Galleria Palatina 🔢: Di–So 8.30–18.50 Uhr, Erw. 12 €, erm. 6 €.
Giardino di Boboli 🔢: tgl. bis 18.30 Uhr, Juni–Aug tgl. bis 19.30 Uhr.
Kirche Santo Spirito 🔢: Mo, Di, Do–Sa 9.30–12.30, 16–17.30, So 16–17.30 Uhr.

Uffizi 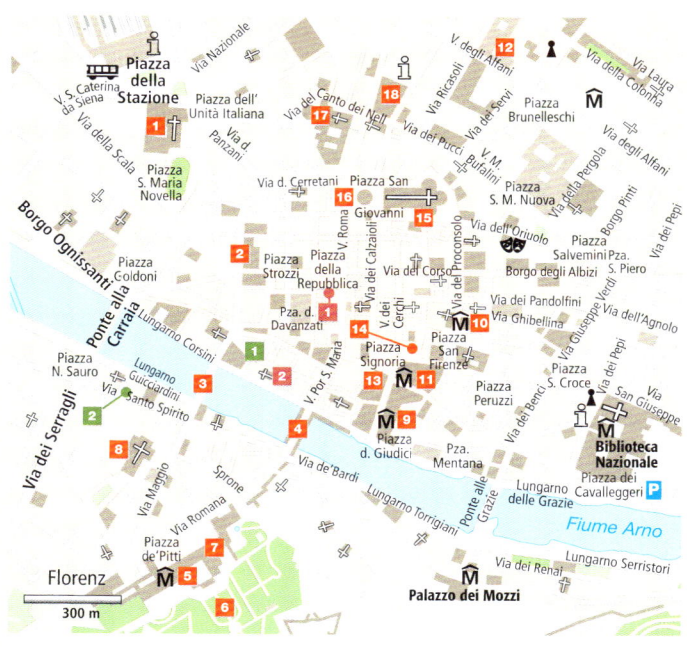**9**: Piazzale degli Uffizi 6, Tel. 0039 055 29 48 83, www.uffizi.firenze.it, Di–So 8.15–18.50 Uhr. Reservierung (online, telefonisch) empfohlen, Preise je nach Tageszeit und Saison, es wird eine Besuchszeit zugeteilt.

Museo Nazionale del Bargello 10: Via del Proconsolo 4, tgl. 8.15–13.50 Uhr, am 1., 3., 5. So und am 2. und 4. Mo im Monat geschl., 4 €, erm. 2 €.

Santa Maria del Fiore 15: Piazza del Duomo, Mo–Mi, Fr 10–17, Do 10–16, Sa 10–16.45, So/Fei 13.30–16.45 Uhr; **Kuppel:** So–Fr 8.30–19, Sa 8.30–17.40 Uhr, 8 €. **Campanile:** tgl. 8.30–19.30 Uhr, 6 €; **Baptisterium 16**: Piazza S. Giovanni, Mo–Sa 11–19, So 8.30–14 Uhr, Kombiticket mit Kuppel und Campanile 10 €.

Kirche San Lorenzo 17: tgl. 10–17.30 Uhr, 4,50 €.

Palazzo Medici Riccardi 18: Via Ca-vour 1, Do–Di 8.30–19 Uhr, 7 €, erm. 4 €.

Essen und Trinken

Le Giubbe Rosse 1: Südseite der Piazza della Repubblica, www.giubberosse.com, tgl. 8–20 Uhr, Buffet 12.30–14 Uhr, 4 €, Traditionsreiches Bierlokal seit 1897.

Caffè Giacosa 2: Via della Spada 10r, www.caffegiacosa.it, tgl. 12–15, 19.30–23 Uhr. Vom Designer Roberto Cavalli in Tierfelloptik gestaltetes Café.

Einkaufen

Brujas 1: Borgo SS Apostoli, Mo–Sa 10–13, 15–19 Uhr. Modeschmuck, der antikem Schmuck nachempfunden ist.

Castorina 2: Via Santo Spirito 13–15r, Mo–Fr 9–13, 15.30–19.30, Sa 9–13 Uhr. Barocke Einrichtungsgegenstände von Spiegel bis Engelchen.

9 | Türme und romantische Gassen – Pisa

Karte: ▶ H 2 | **Dauer:** Rundgang 2,5 Std., Anreise/Rückreise je 30 Min.

Zur Zeit der Stadtstaaten war Pisa als Seemacht genauso bedeutend wie Genua und Venedig. Der Arno fungierte damals als Transportweg zum Hafen. Im 12. Jh. wurde Pisa zur freien Republik. 1284 wurde die pisanische Flotte in der Schlacht bei Meloria geschlagen. Die Genueser zerstörten den Hafen, und der Handel erholte sich hiervon nie mehr. Livorno übernahm die Rolle als Haupthafen der Toskana, und ab 1406 musste man sich den Florentiner Herrschern ergeben und wurde Teil des Herzogtums Toskana.

Hauptattraktion und Touristenmagnet der Stadt ist der **Campo dei Miracoli** mit dem Schiefen Turm *(torre pendente).* Er ist jedoch nicht der einzige Turm, der hier in die Höhe ragt. Geschlechtertürme wurden von den Handelsfamilien der Stadtstaaten als Zeichen der Macht errichtet und bestimmen das Bild der toskanischen Städte. Man sollte sich Zeit nehmen, das Gewirr der engen Gässchen der Altstadt zu erkunden, in denen zum Teil die Zeit stehengeblieben zu sein scheint. Hier kann man entspannt bummeln, denn das Hauptfortbewegungsmittel ist das Fahrrad.

Der schönste Weg von der Piazza Garibaldi zum ›Campo der Wunder‹ führt über den **Borgo Stretto,** die elegante Einkaufsstraße. Von hier biegt man nach Westen auf die Via Ulisse Dini und dann zur Piazza dei Cavalieri ab. Im Dreieck der Straßen vom Ufer bis zur Piazza Cavalieri kann man den Charakter der Stadt erfassen. Hier befanden sich im Mittelalter das Herz der Stadt und der Sitz der Regierung im **Palazzo dell'Orologico** 1 .

Am nördlichen Flussufer des Arno befinden sich zwei interessante Museen. Das **Museo Nazionale di San**

Matteo 2 am Lungarno Mediceo hat eine Sammlung von Werken aus den verschiedenen Kirchen der Stadt und Umgebung. Darunter sind Skulpturen aus dem 14. und 15. Jh. (z. B. die Madonna del Latte von den Brüdern Andrea and Nino Pisano) und fast 200 Gemälde aus der Toskanischen Schule (12.–14. Jh.). Entlang dem Flussufer nach Westen steht das **Museo Nazionale di Palazzo Reale** 3. Dieses Nationalmuseum, untergebracht in einem Palast aus dem 16. Jh., wurde von Buontalenti entworfen. Es war ursprünglich die Sommerresidenz der Großherzöge und Regenten der Stadt Medici, Lorena and Savoia. Neben Einrichtungsgegenständen enthält das Museum Kunstschätze aus den Sammlungen der Familien.

Campo dei Miracoli – Platz der Wunder

Den Namen ›Platz der Wunder‹ prägte Gabriele D'Annunzio (1863–1938). Er spielt auf die Verwunderung an, die Besucher der Stadt empfunden haben müssen, wenn Sie die schneeweiß strahlenden Marmorfassaden der Bauwerke sahen, die sich vor einer grünen Wiese abzeichneten. Heute schwärmen Hunderte von Menschen über die Grasflächen und zwischen den Gebäuden des Campo umher.

In Pisas Blütezeit, 1604, begann die Errichtung des Doms **Santa Maria Assunta** 4; das Bauwerk wurde aber erst ein Jahrhundert später fertiggestellt. Die Kanzel stammt von Giovanni Pisano, sie wurde 1302 geschaffen.

Es ist bis heute nicht bekannt, wer ursprünglich für den Bau des schiefen **Campanile** 5 (Glockenturm) der Kathedrale verantwortlich war (sehr wahrscheinlich ein Mitglied der Pisano-Familie). Bereits kurz nach Baubeginn, im Jahr 1173, begann er sich wegen des Untergrunds aus lehmigem Morast und Sand, der sich unter dem Gewicht verformte, zu neigen. Über 180 Jahre versuchte man schon während der Errichtung, baulich eine Korrektur vorzunehmen. Nachdem seine Neigung 1990 zu gefährlich geworden war, wurde der Turm für die Öffentlichkeit gesperrt und erst nach Sanierungsmaßnahmen im Jahr 2001 wieder für die Öffentlichkeit zugänglich gemacht.

Im Campanile steigt man auf einer Wendeltreppe 293 Stufen hinauf. Galileo Galilei, der 1564 in Pisa geboren wurde und an der hiesigen Universität Physik studierte und lehrte, nutzte die Neigung des Turms für seine Beschleunigungsexperimente: Von hier warf er verschieden schwere Gewichte herunter, um zu beweisen, dass beide mit derselben Geschwindigkeit zu Boden fallen.

Einer der ersten Architekten des **Baptisteriums** 6 (Taufkirche) vor der Kathedrale im Jahr 1152 war Diotisalvi. Die gesamte Stadtbevölkerung wurde in die Errichtung des Gebäudes mit einbezogen, mit ihrer Hilfe wurden die schweren Säulen aufgerichtet. Die Kanzel stammt von Nicola Pisano (1260). Die besondere Akustik des Rundbaus wird alle 30 Min. von Mitarbeitern demonstriert.

Nahebei entstand 1277 der Friedhof **Camposanto Monumentale** 7. Die Erde für den Friedhof stammte aus dem Heiligen Land und wurde von Pilgern des 4. Kreuzzugs nach Pisa gebracht. Man schrieb ihr daher wundersame Eigenschaften zu.

Das **Museo dell'Opera del Duomo** 8 dokumentiert die Geschichte pisanischer Kunst des Mittelalters. Hier sind Kunstwerke versammelt, die früher die Piazza dei Miracoli schmückten, sowie die Schätze aus der Kathedrale, etwa antike Funde sowie Silber- und Goldwaren.

Infos

Touristeninformation: www.pisa unicaterra.it. Bahnhof, Piazza Vittorio Emanuele II, 16, Tel. 0039 05 04 22 91, tgl. 10–13, 14–16 Uhr.
Anreise per Bahn Lucca/Pisa: Livorno–Pisa alle 30 Min., ca. 20 Min, 2,50 €. **Mit dem Mietwagen:** Von Livorno auf der SS 1 Via Aurelia oder der A 12 Abfahrt Pisa Centro. Parken nur außerhalb auf Park & Ride-Plätzen.

Museen

Museo Nazionale die San Matteo : Piazza San Matteo, Tel. 0039 050 54 18 65, Di–Sa 8.30–19, So 9–13.30, 5 €, erm. 2,50 €.
Museo Nazionale di Palazzo Reale : Lungarno Pacinotti 46, Tel. 0039 050 92 65 11, Mo–Fr 9–14.30, Sa 9–13.30 Uhr, 5 €, Kombiticket mit San Matteo 8 €, erm. 2,50 €.
Campo dei Miracoli: Opera Primaziale Pisana, Piazza Duomo, Tel. 0039 05 03 87 22 10, www.opapisa.it. Eintritt je nach Anzahl der besichtigten Monumente (außer Campanile) 5–9 €.

Eintritt in die Kathedrale frei.
Dom Santa Maria Assunta : 10–20 Uhr (zu Messen geschl.), 2 €.
Campanile : 10–17 Uhr, im Sommer länger, 18 €; Vorbestellung ratsam.
Baptisterium : 8–20 Uhr.
Camposanto : 8.30–20 Uhr.
Museo dell'Opera/Sinopie Museum : 8–19.30 Uhr. 6–10 €.

Essen und Trinken

Il Montino : Via del Monte 1 (Piazza dei Cavalieri), Tel. 0039 050 59 86 95www.pizzeriailmontino.com. Traditionspizzeria. Spezialität *cecina,* ein Pfannkuchen aus Kichererbsenmehl. Hauptgerichte 13–18 €.
Al Salza : Borgo Stretto 44, Tel. 0039 050 58 02 44. Eine der ältesten Konditoreien von Pisa. Spezialität: Panforte, ein Gewürzkuchen mit Honig, Nüssen, Schokolade.

Einkaufen

Borgo Stretto und Corso Italia.
Wochenmarkt  Mo–Fr ganztags auf der Piazza Vettovaglie.

Fort Michelangelo und Hafen

Das **Fort** wurde 1537 unter der Aufsicht von Michelangelo fertiggestellt, es trägt das Wappen des Papstes Paul III. In Auftrag gegeben wurde der Bau bereits 1508 von Papst Julius I., der Entwurf stammt von Donato Bramante. Michelangelo entwarf auch den oberen Teil des *maschio* genannten Turms. Die vier Türme des Baus haben einen Durchmesser von 21 m. Heute finden hier Ausstellungen und Veranstaltungen statt.

Die Überreste der **Hafenmauer**, genannt Rocca, stammen zum großen Teil aus dem Jahr 1630. Sie wurde unter Papst Urban VII. errichtet, als die Hafensteuer eingeführt wurde und die Stadt vom Hafen räumlich getrennt werden musste. An der Mauer befindet sich ein sehenswerter **Brunnen** von Luigi Vanvitelli von 1743. Auf der Westseite hat sich noch eines der alten Stadttore erhalten, die **Porta Livorno** von 1761.

Archäologisches Museum

Largo Cavour, 1, Tel. 0039 076 62 36 04, Di–So 8.30–19.30 Uhr

Vom Hafeneingang nach links am Largo Plebiscito befindet sich das Museo Nazionale Archeologico. Hier werden Funde aus dem antiken Centumcellae ausgestellt ebenso wie Artefakte, die in der näheren Umgebung der Stadt gefunden wurden. Zu den interessantesten Stücker gehört eine Apollo-Statue aus dem 1. Jh. v. Chr., die eine Reproduktion des Koloss von Rhodos darstellen soll. Ebenso gibt es eine Büste von Kaiser Marcus Aurelius sowie Bronzen, Keramik und andere Gebrauchsgegenstände.

Cattedrale di San Francesco

Wenn man links in die Via Cavour einbiegt, gelangt man zur Kathedrale San Francesco. Eingezwängt zwischen Wohnhäusern führen Stufen auf die barocke Fassade zu. Die Kirche wurde von Franziskanermönchen 1769–1782 auf den Überresten einer kleineren Kirche von 1610 gebaut. Die barocke Fassade wurde nach dem Krieg originalgetreu restauriert. Unter den Statuen der Justiz und der Hoffnung findet sich ein Fresko von Antonio Nessi in einem mit goldenem Stuck verzierten Rahmen.

Essen und Trinken

Pub – **Anchor Inn:** Viale della Repubblica, 10. Von der Außenterrasse kann man das Straßenleben beobachten. Es gibt einfache italienische Klassiker, Pizza ab 6 €.

Zentral – **Da Baffone:** Viale Garibaldi, 16, Tel. 0039 076 623 258. Restaurant und Pizzeria, immer belebt, Hauptgericht ab 10 €.

Einkaufen

Souvenirs & Bücher – **Il Polo Etrusco:** Viale Garibaldi, 46, Tel./Fax 0039 076 63 10 58, www.paginegialle.it/ilpolo etrusco, Mi. geschl.

Infos

Am Hafen: Civitavecchia ist ein weitläufiger Hafen mit drei Kreuzfahrtterminals (Pier 11, 12 und 25). Der Hafeneingang befindet sich normalerweise beim historischen Forte Michelangelo. Da das gesamte Gelände momentan umgebaut wird, sollte man unbedingt den Shuttlebus zum temporären Hafenausgang nehmen. Von dort sind es ca. 20 Min. zu Fuß zum Bahnhof.

Touristeninformation: www.civita vecchia.net. IAT, Viale Garibaldi, 42, Tel. 0039 076 62 53 48, schräg gegenüber dem Hafeneingang. Auf der Webseite werden organisierte Touren und Ausflüge, z. B. nach Rom, zu vernünftigen Preisen angeboten. ▷ S. 116

10 | Forum Romanum, Palatin, Kolosseum – Rom

Karte: ► H 3 und Karte 3 (Stadtplan Rom)
Dauer: Rundgang 4 Std., Anreise/Rückreise je 1 Std.

Die Stadt auf den sieben Hügeln liegt am Fluss Tiber. Der Legende nach wurde Rom von den Zwillingsbrüdern Romulus und Remus gegründet. Sie stammten aus der inoffiziellen Liaison des Kriegsgottes Mars und einer Vestalin und wurden daher ausgesetzt. Eine Wölfin nahm sich der beiden an und säugte sie. Die berühmte Bronzestatue der Wölfin, das Wahrzeichen Roms, steht seit 1471 auf dem Kapitolshügel und geht auf die Etrusker zurück.

Forum Romanum

Vom Eingang an der Via Cavour spaziert man genau in die Hügelsenke unterhalb des Kapitols, dem ehemaligen kulturellen und sozialen Stadtzentrum. Um das **Forum Romanum** wuchs mit zunehmender Bedeutung Roms auch der Stadtkern. Am Forum standen die wichtigsten Tempel, wurde Markt ge-

halten und gehandelt, sprach man Gericht, hielt Reden und feierte Feste. Das riesige römische Weltreich wurde von hier aus regiert.

Die **Via Sacra,** die das Gelände durchschneidet, führt an den wichtigsten Bauten vorbei. Auf der Via Sacra fanden Siegesfeiern und Prozessionen statt, die bis hinauf zum Kapitolshügel und dem Jupitertempel marschierten. Mit etwas Fantasie kann man sich noch vorstellen, wie das tägliche Leben hier etwa verlaufen sein mag.

Die massive **Basilika des Maxentius** aus dem Jahr 312 v. Chr war einer der größten Hallenbauten der Antike. Der daneben gelegene **Rundtempel des Romulus** wurde von Maxentius für seinen Sohn gebaut. Das Atrium des ehemaligen **Hauses der Vestalinnen** aus dem 7. Jh. v. Chr. mit dem Rundtempel befindet sich direkt gegenüber. Die jungfräulichen Priesterinnen hüteten hier das heilige Herdfeuer.

Von der vorgelagerten **Regia** aus dem 8. Jh. v. Chr., dem ehemaligen Königspalast, wurden die kultischen Handlungen vom Hohepriester überwacht. Die **Curia** am Kopfende des Platzes war Sitz des Senats und Volkstribunats. In dem restaurierten Gebäude sind einige der Originalstatuen ausgestellt, die früher das Forum schmückten. Der **Triumphbogen des Kaisers Septimius Severus** aus dem Jahr 203 n. Chr. thront über der Stätte vor dem Kapitolhügel. Daneben befindet sich die **Rostra**, eine Rednertribüne, auf der zumeist die Herrscher das Volk adressierten.

Der **Umbilicus Urbis** steht symbolisch für den Nabel der römischen Welt. Rostra und Umbilicus waren Teile des ursprünglichen Comitiums, eines Versammlungsplatzes, der schließlich vom Senatsgebäude abgelöst wurde. Der **Saturntempel** von 497 v. Chr. steht am Westende und am fernen Südende der **Vespasiantempel.**

Palatin 2
Der **Titusbogen** steht am anderen Ende des Forums. Von hier aus gelangt man über alte römische Steinpflaster auf den **Palatino,** wo die Villen der einflussreichen Römer und Mitglieder der aristokratischen Schicht standen. Das gesamte Gelände ist übersät mit teilweise massiven Mauerresten und -abbrüchen, und es erstaunt vor allem die Vielfalt der unterschiedlichen Bauten mit den angegliederten Gartenanlagen. Eindrucksvolle Fresken sieht man in der **Casa di Livia** (Haus der Livia) und in der **Casa di Augusto** (Haus des Augustus) auf der rechten Seite. Der **Domus Flavia** (Palast des Flavian) liegt in der Mitte des Platzes, der **Domus Augustana** gleich dahinter. Geht man von hier weiter in südlicher Richtung, blickt man auf die weitläufi-

ge Anlage des **Circus Maximus** 3 in der Senke, wo die durch das Hollywood-Kino der 1950er-Jahre berühmt gewordenen Wagenrennen stattfanden. Auf dem Rückweg lohnt sich ein Blick in das **Museo Palatino** 4 . Hier gibt es zahlreiche Modelle der Anlage, die den gewonnenen Eindruck vervollständigen.

Kapitol
Vom Eingang geht es nach rechts zum Kolosseum, nach links auf den **Kapitolshügel.** Der Hügel war bereits in der Bronzezeit und dann von Griechen besiedelt, lange bevor Rom im Jahr 753 v. Chr. gegründet wurde.

In der Antike waren die Gebäude um die **Piazza del Campidoglio** so angeordnet, dass sie auf das darunterliegende Forum blickten. Die Via Sacra führte vom Forum auf den Hügel hinauf zum Tempel des Jupiter. Außerdem befanden sich hier das römische Staatsarchiv (Tabularium) sowie die Münze (an der Stelle der heutigen **Kirche S. Maria in Aracoeli** 5). Das heutige Bild des Platzes entstand erst

Übrigens: Vor dem Forum Romanum und dem Kolosseum kann man sich mit kostümierten Gladiatoren fotografieren lassen. Das kostet Sie normalerweise 10 €. Nachdem sich ganze Banden von illegal arbeitenden Gladiatoren eingeschlichen hatten, die das lukrative Geschäft an sich reißen wollten und Touristen sogar drohten, wenn sie nicht ihre teuren Preise von bis 40 € zahlten, griff die Stadt ein. Die Polizei führt nun regelmäßig Razzien durch, um illegale Aktivitäten zu unterbinden. Wenn Sie sich aber nicht sicher sind, verzichten Sie lieber auf ein solches Souvenirfoto.

Mitte des 15. Jh. durch Michelangelo. Bewacht von den Dioskuren Castor und Pollux wendete sich auf dem neuen Platz der Ausblick in Richtung der modernen Stadt, nicht mehr auf das bedeutungslos gewordene Forum. Auf den Ruinen des Tabularium entstand der spätere **Palazzo dei Senatori** mit einer grandiosen Treppe. Noch heute sitzt hier der römische Stadtrat.

In den Palästen an beiden Seiten sind die bedeutenden **Musei Capitolini** untergebracht. Im Palazzo Nuovo findet man Statuen aus ganz Rom, die in den Schutz des Museums gebracht wurden. Im **Palazzo dei Conservatori** befinden sich das Original der kapitolinischen Wölfin, antike Funde aus der Zeit der Etrusker sowie im ersten Stock eine Gemäldegalerie mit berühmten Namen wie Rubens, Caravaggio und Tizian.

Kolosseum

72 n. Chr. begann Kaiser Vespasian mit dem Bau des Amphitheaters, das später als **Kolosseum** bekannt wurde. Zum einen wollte er mit dem Bau Stärke demonstrieren, zum anderen buhlte er unter dem Motto *panem et circenses* (›Brot und Spiele‹) um die Gunst des Volkes. Letztendlich wurde das Gebäude aber erst von Vespasians Söhnen Titus und Domitian fertiggestellt.

Das Stadion war 48 m hoch und innen 187 m lang. Es hatte Sitzplätze für 50 000 Zuschauer, aber man nimmt an, dass sich bis zu 87 000 Gäste auf die Sitzreihen zwängten. Wenn man von einer damaligen Einwohnerzahl von 1 Mio. ausgeht, konnten also fast 10 Prozent der Bevölkerung einer Veranstaltung beiwohnen. Die Saulengänge der dreistöckigen Arkaden kombinieren im ersten Geschoss dorische, dann ionische und im obersten Stockwerk korinthische Kapitelle. Oben waren Sonnensegel angebracht, die vor Sonne oder Regen schützten.

Es gab ca. 80 Eingänge, und die Eintrittskarten bestanden aus nummerierten Tonscherben. Der Sitzplan war hierarchisch und reflektierte den Stand und Reichtum der Bürger. Der Haupteingang im Norden war dem Kaiser und seinem Gefolge vorbehalten. Außer für Gladiatorenkämpfe wurde die Arena auch für Tierhatzen mit exotischen Tieren benutzt, die immer sehr blutig endeten. Daher streute man in den Pausen kaltblütig neuen Sand auf den Untergrund. Nach dem Fall des Reiches wurde die Arena noch bis ins 6. Jh. weiter benutzt.

Infos

Touristeninformation: www.turismo roma.it. PIT Termini, Stazione Termini (Bahnhof), Via Giovanni Giolitti 34, 8–19.45 Uhr.
Anreise: Siehe Infos zu Civitavecchia, S. 116. Vom Vorplatz des Bahnhofs gelangt man über die Via Cavour direkt zum Forum Romanum, Kolosseum, Kapitol und weiter ins historische Zentrum. Wenn Sie Tickets für den Vatikan reserviert haben, sollten Sie jedoch bereits bei der Station Ottaviano-S. Pietro (Musei Vaticani) aussteigen. Hier hält der Zug ca. 20 Minuten früher.
Öffentliche Verkehrsmittel: Der Hauptbahnhof ist Anlaufpunkt für Busse, Straßenbahn und Metro. In der Altstadt verkehren außerdem Elektrobusse (Metrebus, z. B. Linie 116 Porta Pinciana–Piazza Navona–Vatikan, 117 Lateran-Kolosseum-Spanische Treppe, 119 Piazza del Popolo-Via del Corso–Piazza Venezia–Spanische Treppe). Tickets bekommt man an Fahrkartenautomaten, am Kiosk, in Tabakläden oder

an Ticketschaltern in der Metro. Eine Einzelfahrt kostet 1,50 €, das Ticket ist 100 Min. gültig, Tageskarte 6 € (www.atac.roma.it), (siehe Infos zu Civitavecchia, S. 116).

Roma Pass: Tel. 0039 06 06 08, www.romapass.it, 36 €. Der Roma Pass gewährt freien Eintritt zu den ersten zwei Museen, die Sie besichtigen, und eine Ermäßigung für alle anderen. Außerdem können Sie umsonst mit den öffentlichen Verkehrsmitteln der ATAC (kommunale Nahverkehrsgesellschaft Roms) fahren.

Forum Romanum 1 und Palatin 2: Kreuzung Via dei Fori Imperiali/Via Cavour, Tel. 0039 06 39 96 77 00, www.coopculture.it, tgl. 8.30 Uhr bis 1 Std. vor Sonnenuntergang, April/Sept. bis 19 Uhr.

Kolosseum 8: Piazza del Colosseo, Tgl. Nov.–Febr. 8.30–16.30, im März bis 17, im Sommer bis 19 Uhr. Sammelticket Forum Romanum, Palatin, Kolosseum 12 €, erm. 7,50 € (für weitere Ermäßigungen s. o. ›Roma Pass‹).

Musei Capitolini: Palazzo Nuovo und Palazzo dei Conservatori: Piazza del Campidoglio, Tickets im Erdgeschoss des Palazzo dei Conservatori, www.museicapitolini.org, Di–So 9–20 Uhr, Mo geschl., Kombiticket 15 €, erm. 13 €.

Essen und Trinken
Antico Caffe Greco 1: Via Condotti 86, Tel. 0039 06 679 17 00, www.anticocaffegreco.eu, tgl. 9–19 Uhr. Stammcafé der Literaten des 18. u. 19. Jh. mit elegantem Interieur der Epoche.

Babette 2: Via Margutta 1, Tel. 0039 06 321 15 59, www.babetteristorante.it, Metro: Spagna/Flaminio (A), tgl. 9–23 Uhr. Traditionsitaliener mit schönen Innenhöfen. Hauptgericht 40 €.

Einkaufen
Wer teure Designermarken (Alta Moda) bevorzugt, wird in dem Viertel rund um die Spanische Treppe fündig (z. B. Via Condotti, Via Borgogna). Die Haupteinkaufsstraße ist die **Via del Corso.**

Zug nach Rom: Der Bahnhof liegt 20 Min. vom Hafenausgang entlang der Uferpromenade entfernt. Züge von hier enden in Roms Hauptbahnhof Roma Termini. Bevor der Zug dort einläuft, hält er in der Nähe des Petersplatzes (Roma S. Pietro). Wer den Vatikan besuchen möchte, sollte daher bereits dort aussteigen. Fahrzeit: Schnellzüge ca. 50 Min. (10 €), sonst ca. 1.20 Std. (5 €). Mit dem **24-Std.-Ticket BIRG** kann man den Regionalzug und alle öffentlichen Verkehrsmittel in Rom benutzen (3,30 € eine Zone, 6 € zwei Zonen usw.). Von Roma Termini gelangt man entlang der Via Cavour in 20 Min. zu Fuß zum Forum Romanum und Kolosseum (Colosseo). Die Züge halten auf den Bahnsteigen 27–30, die von der Haupthalle ca. 10 Gehminuten entfernt sind.

Aquafelix: Für Kinder ist dieser Aquapark ein Spaß, der nur ca. 4 km entfernt liegt; Via Terme di Traiano Località Casale Altavilla, Tel. 0039 07 663 22 21, www.aquafelix.it. Autobus Navetta: Abfahrt um 10.10 Uhr ab Bahnhof Civitavecchia zur Haltestelle Aquafelix. Juni–Sept. 10–18.30 Uhr, 20 €, erm. 17,50 €.

Strand: Unweit vom Bahnhof gelangt man in Richtung Süden zur Uferpromenade und der **Mole Pirgo**. Hier gibt es zwei kleine Badestrände, die bei gutem Wetter schnell voll werden.

Ausflug zu den Terme Taurine

Bei Ficoncella befinden sich die Thermen des Trajan, eine Anlage von römischen Bädern aus dem 5. Jh. (Infos: www.portofrome.it/the-terme-taurine-civitavecchia)

Neapel (Napoli) ▶ J 4

Neapel war und ist eine Stadt prall gefüllt mit Kultur und einem lebendigen Straßenleben. In der Altstadt, die seit 1995 zum UNESCO-Weltkulturerbe zählt, lassen sich die verschiedenen Schichten der neapolitanischen Baugeschichte ablesen. Nach großzügigen Paradestraßen wird man allerdings vergeblich suchen: enge Gässchen, von hohen Altbauten überschattet, charakterisieren das Zentrum. Das Alltagsleben findet inmitten der Historie statt, mit allem, was dazugehört, vom Gemüsestand bis zur Wäscheleine.

Die Stadt war die Heimat des Tenors Enrico Caruso – im Teatro San Carlo sind über die Jahrhundert hinweg die wichtigsten Opernstars aufgetreten. Die Folkoremusik der Neapolitaner hingegen, die Musica Napoletana, wird traditionellerweise von Gitarren und Mandolinen begleitet. Den Golf von Neapel überragt der gewaltige Vulkan Vesuv (Vesusio), der die Geschicke der Region bis heute entscheidend prägte (**direkt 11▶** S. 122).

Die weit geschwungene Bucht des Golfs von Sorrent und des Golfs von Neapel liegt zwischen zwei vulkanischen Gegenden – sie reicht von den Campi Flegrei im Westen bis nach Sorrent im Osten. Die Region Campania erstreckt sich im Süden noch weiter entlang des Golfes von Salerno, er umfasst eine der landschaftlich schönsten Gegenden Italiens mit der berühmten Amalfiküste.

Castel Nuovo **1**

Mo–Sa 9–19 Uhr, 6 €
Wenn man vom Terminal kommt, sieht man links das Castel Nuovo (Maschio Angioino). Karl I. von Anjou verlegte 1266 die Hauptstadt des Königreichs Sizilien von Palermo nach Neapel und residierte in dem Castel. Bei den Ausgrabungen für die Metro stieß man auf eine antikes Hafenbecken mit Schiffen aus dem 2. und 3. Jh.

Neapel (siehe auch Faltplan, Karte 4)

Sehenswert
1 Castel Nuovo
2 Palazzo Reale – Museo Nazionale/Teatro di San Carlo
3 Kirche San Francesco di Paola
4 Galleria Umberto I
5 Castel dell'Ovo
6 Basilica di Santa Chiara
7 Museo Archeologico Nazionale di Napoli (MANN)
8 Napoli Sotterranea
9 Duomo di San Gennaro
10 Pio Monte della Misericordia
11 Castel Sant'Elmo
12 Certosa di San Martino
13 Palazzo Reale di Capodimonte

Essen und Trinken
1 Gran Caffè Gambrinus
2 Bellini
3 La Scialuppa

Einkaufen
1 Fonoteca
2 Napolimania Special Store
3 Giuseppe Ferrigno

Palazzo Reale

Palazzo Reale: Piazza del Plebiscito 1,
www.sbapsae.na.it/cms, Do–Di 9–20,
Fr bis 22 Uhr, 4 €, erm. 3 €.
Teatro di San Carlo: www.teatrosan
carlo.it, geführte Touren (ca. 45 Min.)
Mo–Sa 10.30, 11.30, 12.30, 14.30,
15.30, 16.30, So 10.30, 11.30, 12.30
Uhr, Erw. 6 €, erm. 5 €

Der lang gestreckte **Palazzo Reale** 2
an der Piazza del Plebiscito wird geziert
von den Statuen der Herrscher Neapels.
Innen stehen die ehemals königlichen
Gemächer zur Besichtigung. Das **Teatro di San Carlo** entstand als Anbau
des Palastes 1737. Es war damals das
größte Opernhaus der Welt mit Uraufführungen von Rossini, Donizetti u. a.

Die gegenüberliegende **Kirche San**
Francesco di Paola 3 (Mo–Sa 6.45–
12, 16.30–19.30, So/Fei 8–12 Uhr)
wurde 1816 von den Bourbonen errichtet. Über dem Halbrund eines klassizistischen Portikus erhebt sich die Kuppel
der Kirche, die deutlich an das römische
Pantheon erinnert.

Via Toledo und Galleria Umberto I 4

An der Piazza Trieste e Trento beginnt
die Via Toledo. Vizekönig Pedro Alvarez
de Toledo riss im Zuge der Neugestaltung der Stadt die alte Stadtmauer nieder, um die neue Straße zu bauen. Am
südlichen Ende, nahe dem Hafen, steht
die historische Einkaufspassage **Galleria Umberto I.** (1887) mit glasüberdachten Arkaden. Eines der berühmtesten Cafés Neapels, das **Gran Caffè**
Gambrinus 1 mit einer wunderbaren
restaurierten Einrichtung des späten
19. Jh., befindet sich ebenfalls am Platz.

Santa Lucia und Castel dell'Ovo 5

Castel dell'Ovo: Via Eldorado 3, Mo–Fr
9–19.30, Sa/So 9–14 Uhr

Vom Terminal sieht man in westlicher
Richtung die kleine Landzunge mit dem
Castel dell'Ovo. Zusammen mit der alten Siedlung Paleopolis im heutigen
Stadtteil Santa Lucia entstand um 750
v. Chr. die neue Kolonie Neapolis. Ab 89
v. Chr war Neapel eine römische Provinz in der Region Campania.

Östlich des der Burg vorgelagerten
Jachthafens erstreckt sich das Gebiet
von Santa Lucia mit Cafés und Restaurants.

Centro Storico

Vom Terminal gelangt man über die
Piazza del Municipio und die Via Toledo
in ca. 20 Min. bis zur Straße Spaccanapoli, die durch das das enge Gassengewirr der Altstadt führt. Die zweite
Hauptachse durch das Viertel ist die Via
Tribunali.

Basilica di Santa Chiara 6

Via Santa Chiara 49, Kirche: 7.30–13,
16.30–20 Uhr, Eintritt frei; Kreuzgang/Museo dell'Opera: Mo–Sa 9.30–
17.30, So 10–14.30 Uhr, 6 €, erm.
4,50 €

Auf der Südseite der Piazza del Gesù
Nuovo steht das Gebäude des Konvents der Klarissen, ursprünglich aus
den Jahren 1310–28. Die eigentliche
Sehenswürdigkeit ist der angeschlossene **Kreuzgang.** Domenico Antonio
Vaccaro gab im Jahre 1742 die achteckigen Säulen des Gangs in Auftrag,
die mit ausgefallenen Majolika-Kacheln in lebendigen Farben verziert
wurden. Im **Museo dell'Opera** erfährt man alles über die Kirche und
kann außerdem archäologische Funde
besichtigen.

Von hier in Richtung Norden gelangt
man zur **Piazza Bellini.** Dort sind offen
zugängliche Ausgrabungen der antiken
Stadtmauern zu sehen, umrahmt von literarischen Cafes unter schattigen Bäu-

men. In der Mitte steht ein Denkmal zu Ehren Vincenzo Bellinis, der die Oper »Norma« komponierte.

Museo Archeologico Nazionale di Napoli (MANN) 7

Piazza Museo Nazionale 19, Metro: Museo, http://cir.campania.benicultu rali.it/museoarcheologiconazionale/, tgl. außer Di 9–19.30 Uhr, 8 €, erm. 4 €

Das archäologische Museum beherbergt die größte Sammlung antiker Funde in ganz Italien. In 28 Abteilungen finden sich Mosaiken, Fresken und Gegenstände des täglichen Lebens aus der ganzen Region, die einen unschätzbaren Einblick in den Alltag der Vergangenheit vermitteln. Zu den Exponaten gehören u. a. Mosaiken und Fresken aus Pompeji (S. 122). In einem Sondersaal werden die erotischen Darstellungen aus den Thermen und Bordellen Pompejis gezeigt (Kinder dürfen hier nur in Begleitung ihrer Eltern hinein).

Napoli Sotterranea 8

Piazza S. Gaetano 68, www.napolisot terranea.org, englischsprachige Führungen tgl. 10, 12, 14, 16, 18 Uhr, nur nach Voranmeldung, Eintritt 9,50 €

An der Piazza S. Gaetano kann man ein Netz von unterirdischen Gängen, Aquädukten, Zisternen und Beerdigungsstätten, ca. 40 m unter der Altstadt, erkunden.

Duomo di San Gennaro 9

Via Duomo 147, Tel. 0039 081 44 90 65, 0039 081 44 90 97, www.museo sangennaro.it, Mo–Sa 8–12.30, 16.30–19, So 8–12.30, 17–19.30 Uhr, 10 €, erm. 8 €, Audioguide 3 €

Der Dom wurde Ende des 13. Jh. von dem Bourbonen Karl II. Anjou erbaut und ist dem hl. Januarius gewidmet,

dem Schutzheiligen der Stadt. San Gennaro war im Jahre 305 unter Diokletian enthauptet worden und wurde später heilig gesprochen. Die prunkvoll mit Gold ausgestattete Kapelle im rechten Kirchenschiff beherbergt zwei Phiolen mit dem Blut des Heiligen.

Auf der anderen Seite des Doms befinden sich die Überreste der ältesten Kirche Neapels, der **Basilica Santa Restituta,** die unter Konstantin 324 enstand. Hier kann man die Ausgrabungen der alten Kirchenmauern und Überreste griechischer und römischer Gebäude besichtigen. Das benachbarte **Museo del Tesoro** (Domschatzmuseum) beherbergt einen unvorstellbaren Reichtum an Kunstschätzen.

Pio Monte della Misericordia 10

Via dei Tribunali 253, Tel. 0039 081 44 69 44/73, www.piomontedellamiseri cordia.it, Erw. 7 €, erm. 5 €

Ganz in der Nähe des Doms befindet sich in einer Kirche ein Museum, das 1601 aus einer wohltätigen Stiftung hervorging, die sich um Arme und Schwerkranke kümmerte. Die »Madonna della Misericordia« von Caravaggio war das erste erworbene Werk, hinzu kamen sechs weitere seiner Gemälde zum Thema der Barmherzigkeit. In der Kirche und der angegliederten Pinakothek befinden sich viele Werke anderer Künstler zum selben Thema.

Castel Sant'Elmo und Certosa di San Martino

Museo Nazionale di San Martino: Largo San Martino 5, von der Stazione Cumana zur Bergbahn Funicolare Montesanto oder mit dem Funicolare Centrale von der Piazza Trieste et Trento, Tel. 0039 08 15 78 17 69, www. polomusealenapoli.beniculturali.it, tgl. außer Mi 8.30–19.30 Uhr, 6, erm. 3 €

Auf Neapels Anhöhen befinden sich einige der interessantesten Museen der Stadt. Der sternförmige Bau des **Castel Sant'Elmo** 11 aus dem 14. Jh. thront über Neapels Altstadt. Der bereits im Mittelalter enstandene Bau wurde im 14. Jh erweitert. Er war damals Teil der äußeren Stadtbefestigungen.

Unterhalb des Kastells, in der **Certosa di San Martino** 12, gibt es bereits seit 1866 ein Museum. Sehr interessant ist die Ausstellung über die Geschichte Neapels. Unter anderem sind Skulpturen, Keramik und neapolitanisches Kunsthandwerk aus dem 15.–19. Jh. zu sehen.

Palazzo Reale di Capodimonte 13

Via Miano 2, www.polomusealenapoli. beniculturali.it, Do–Di 8.30–19.30 Uhr, 7,50 €, ab 14 Uhr 6,50 €, erm. 3,75 €; Parco di Capodimonte: tgl. 8 Uhr bis 1 Std. vor Sonnenuntergang
Der schönste der königlichen Paläste in Neapel, 1738 in Auftrag gegeben vom Bourbonenkönig Karl I., überblickt ebenfalls die Stadt. Inzwischen wurde der Palast zum Nationalmuseum umgewandelt. Die Ausstellung beeinhaltet in 100 Räumen neben der Sammlung Farnese sehenswertes Mobiliar und Einrichtungsstücke, z. B. im Porzellanzimmer (Saal 52).

Essen und Trinken

Kuchen, Eis und Historie – **Gran Caffè Gambrinus** 1: Piazza Trieste e Trento 38, Tel. 0039 081 41 75 82, http://grancaffegambrinus.com, Mi–Mo 7–24 Uhr. Die historische Architektur erinnert an ein Wiener Kaffeehaus, und die Auswahl an Kuchen und Eis ist beachtlich.

Altstadtrestaurant – **Bellini** 2: Via Costantinopoli, 79/80, Tel. 0039 081 45 97 74, tgl. 9–16, 19–2 Uhr. Zu den Spezialitäten gehört die Pasta mit Meeresfrüchten. Pasta ab 12 €, Hauptgerichte ab 16 €.

Meeresfrüchte – **La Scialuppa** 3: Santa Lucia, Piazzetta Marinari 5, Tel. 0039 081 764 53 33. Traditionsrestaurant seit 1860.

Einkaufen

Viele Branchen haben in Neapel ihre eigene Gasse oder Straße. Via San Gregorio Armeno: Hier findet man handgeschnitzte Krippenfiguren, eine der traditionsreichen Handwerkskünste in Neapel. Mode findet man z. B. von der Via Toledo zur Via Chiaia. Antiquitäten gibt es in der Via Santa Maria di Costantinopoli und der Via Fori.

Musik-Treffpunkt – **Fonoteca** 1: Via Morghen 31, www.fonoteca.net, Metro: Vanvitelli, Mo–Mi 10–1, So–Sa 10–2, So 18–1.30 Uhr. Der Plattenladen ist Szene-Treffpunkt und bietet rund um die Uhr leckere Snacks an.

Poppig – **Napolimania Special Store** 2: Via Toledo 309–312, Bus R1, R4, 201. Außergewöhnliche Souvenirs mit Comic-Ästhetik.

Krippenmotive mit Tradition – **Giuseppe Ferrigno** 3: Via San Gregorio Armeno 8, www.arteferrigno.it.

Infos

Am Hafen: Von der Stazione Marittima erstreckt sich die Altstadt in östlicher Richtung bergan. In ca. 20 Minuten ist man zu Fuß im Zentrum. Westlich und östlich des Terminals am Porto Beverello und Porto di Massa verkehren Fähren und Tragflügelboote (Aliscafi) nach Capri, Ischia und Sorrento. Der Alibus fährt vom Molo Belverello beim Fährhafen zum Hauptbahnhof Napoli Garibaldi (Ticket 3 € am Kiosk, 4 € im Bus). Künftig wird man direkt an der Piazza del Municipio in die Metrolinien 1 und 6 einsteigen können.

Touristeninformation: www.inaples.
it, www.napoliunplugged.com. Piazza
del Gesù Nuovo, Mo–Sa 9.30–13.30,
14.30–18.30, So 9–13.30 Uhr, Tel.
0039 081 551 27 01; gegenüber vom
Teatro di San Carlo, Via San Carlo, Mo–
Sa 9.30–13.30, 14.30–18.30, So 9–
13.30 Uhr, Tel. 0039 081 40 23 94.
Öffentliche Verkehrsmittel: www.
unicocampania.it. Das Ticket **Unicona-
poli** gilt für alle öffentlichen Verkehrsmittel (90 Min. 1,30 €, Tagesticket 3,70
€). Zu kaufen im *tabacchi* (Zeitungs-
kiosk), Bahnhof oder Fahrkartenbüro
Piazza Garibaldi. **Busse, Metro, Funiculare:** www.anm.it. Bus-Linien R1,
R2, R3 und R4 decken die wichtigsten
Ziele ab. Metro-Linie L 6 verbindet Mergellina mit Mostra D'Oltremare. Linie 1
von Piazza Dante bis Piscinola (die Strecke bis Hauptbahnhof und Flughafen
befindet sich im Ausbau); Linie 2 verkehrt im 8-Minuten-Takt, die Endhalte-
stelle ist Pozzuoli. Funiculare: Alle Berg-
bahnlinien führen auf den Hügel Vome-
ro: Centrale ab Augusteo (unteres Ende
der Via Toledo); Montesanto ab Piazza
Montesanto. Mergellina ab Via Mergellina. **Stadtbahnen:** www.eavsrl.it.
Circumvesuviana: vom Bahnhof oder ab
Porta Nolana über Ercolaneo, Pompeji
(s. S. 122) bis nach Sorrento; Ferrovia
Cumana: Abfahrt von Piazza Montesanto bis Pczzuoli und Baia. Linee
Sepsa: Abfahrt Napoli Montesanto bis
Torregavata (verbindet mit den westlich
liegenden Bezirken der Campi Flegrei).
Fähren und Tragflügelboote: siehe
Ausflug Capri, S. 126.
Mietwagen: Maggiore (am Bahnhof),
Tel. 0039 081 28 78 58.

Ausflug Sorrent und Amalfiküste

Am Südende des Golfs von Neapel liegt
die **Peninsula Sorrentina,** eine Halbinsel am Fuß der Monti Lattari. Die hübsche Stadt **Sorrent** ist mit der Bahn,
dem Auto und Booten von Neapel gut
zu erreichen und bietet Gelegenheit
zum Bummeln und zum Wandern in
den umliegenden Hügeln. Die Küstenstraße S 145 führt über Massa Lubren-
se zum Capo di Sorrento und weiter
nach **Sant'Agata sui due Golfi,** von
wo aus man die beste Aussicht auf die
Buchten von Neapel und Salerno genießt.

Bei Positano beginnt die **Costa
Amalfitana,** eine der schönsten Steil-
küsten der Welt. Die nur 36 km lange
Küstenstraße SS 163, die von Positano
bis nach Vietri sul Mare führt – auch als
›Straße der 1000 Kurven‹ bekannt –,
stellt einige Anforderungen an Autofah-
rer. Entlang der Strecke, die sich um
winzige Buchten und tiefe Küstenein-
schnitte schlängelt, liegen elf kleine
Örtchen, die sich terrassenartig an die
Felsen schmiegen, dazwischen Zitro-
nen- und Orangenhaine, aus denen z. B.
der für die Region typische Zitronenlikör
Limoncello gewonnen wird. Der gesamte Abschnitt wurde von der UNESCO
zum Weltkulturerbe erklärt. Zu den bekanntesten Örtchen gehört **Amalfi,** das
im 9.–11. Jh. eine bedeutende Seerepublik war. Das schicke **Positano** in-
spirierte Musiker von Ludwig van Beet-
hoven bis zu den Rolling Stones und
zahlreiche Literaten. Der Blick von der
Villa Rufolo in **Ravello,** das auf einer
Höhe von 350 m ü.M. etwas im Hinterland liegt, regte Richard Wagner an-
geblich zur Komposition seiner Oper
»Parsifal« an. Dies wird alljährlich beim
renommierten Ravello Festival (www.
ravellofestival.com) gefeiert.

Infos
www.sorrentotourism.com/en,
www.positano.com,
www.amalfitouristoffice.it,
www.ravellotime.it ▷ S. 126

11 | Leben mit dem Vesuv – Herkulaneum und Pompeji

Karte: ▶ J 4 | **Dauer:** Pompeji/Vesuv 6–7 Std., Herkulaneum/Vesuv 5 Std.

Schon bei der Fahrt auf den Vesuv wird klar, welche riesigen Ausmaße der Vulkankegel hat. Die Serpentinen winden sich eine nach der anderen auf den 1281 m hohen Berg. Er ist der einzige aktive Vulkan auf dem europäischen Festland und hat schon von jeher das Leben in der Stadt Neapel dominiert.

Die Vulkanasche auf den Abhängen ist fruchtbar, das Klima mild und die Lage in der Bucht sehr vorteilhaft. Daher haben sich immer wieder Menschen hier niedergelassen und Siedlungen gebildet. Jedem ist der verheerende Ausbruch des Vesuv um 79 n. Chr. bekannt, der die Städte Pompeji und Herkulaneum unter Lava und heißer Asche begrub.

Weitere vernichtende Ausbrüche gab es jedoch auch im Dezember 1631, als ca. 3000 Menschen getötet wurden, und im März 1944, als vor allem Gebäude zerstört wurden.

Mit dem Bus oder Taxi gelangt man nicht ganz bis zum Kraterrand. Vom Kartenhäuschen sind es ca. 25 Minuten zu Fuß (gutes Schuhwerk ist empfehlenswert). Die lange erkaltete Lava auf den unteren Abhängen ist mit Sträuchern, Gräsern und Blumen bewachsen, je höher man kommt, umso karger wird es jedoch.

Der Blick in den Vulkankrater löst bei fast jedem Betrachter Schauer aus – so ganz traut man dem schlafenden Riesen nicht. Fast ganz um den Kraterrand herum führt der Spazierpfad, und man kann die Stille genießen. Von allen Seiten hat man einen fantastischen Ausblick auf die Bucht von Neapel und den Golf von Sorrento. Am Ausgang wird man dann wieder in die Realität zurückgeholt – hier drängen Souvenirhändler die Touristen, ihre Andenken aus Lavagestein zu kaufen.

Ausgrabungsstätte Herkulaneum (Ercolaneo)

Südöstlich von Neapel befinden sich im Vorort Ercolano die Ausgrabungen der gleichnamigen altrömischen Stadt, in der die Villen reicher römischer Patrizier einst das Meer überblickten. Vom Bahnhof führt die Hauptstraße Via 4 Novembre hinunter zum Museum. Im Jahr 79 n. Chr. zerstörte der Ausbruch des Vesuv nicht nur Pompeji, sondern auch das benachbarte Herkulaneum. Während durch die heiße Asche die Holzstrukturen der Gebäude Pompejis verkohlten oder vollständig verbrannten, erlitt Herkulaneum den größten Schaden durch eine Flut von pyroklastischem Schlamm, der ganze Gebäude versiegelte. Dieser Schlamm wird bei Erhärtung zu Tuffgestein. Bei den Ausgrabungen in Herkulaneum, die immer noch andauern, kamen auf diese Weise ganze Marmorfußböden, Mosaiken und Gemälde, ja sogar organische Materialen wieder zum Vorschein, wie Pflanzen, Textilien, Holz, usw., die von dem Schlamm eingeschlossen und konserviert worden waren.

Vom **Besucherzentrum** überblickt man das ganze darunterliegende Areal und gewinnt einen lebendigen Eindruck vom Leben in dem ehemaligen kleinen Wohnort, der früher direkt am Meer lag und dessen Villen zum Ufer hin orientiert waren. Herkulaneum datiert zurück auf das 4. Jh. v. Chr., und viele Gebäude stammen aus der augustinischen Ära, wie die Basilica di M. Nonio Balbo, das Aquädukt, die sakralen Tempel und die Thermen. Seit dem Jahr 2001 kümmert sich das Herculaneum Conservation Project um die Ausgrabungsstätte. Nach neuesten Restaurationen ist auch die ehemalige Hauptstraße des Ortes, der Decumanus Maximus, wieder geöffnet. Entlang der Straße passiert man die **Casa del Doppio Portale** mit ihrem wunderschönen Portikus. Auch die Restauration der **Terme Suburbane** ist inzwischen abgeschlossen.

Auf dem Weg zurück zum Bahnhof passiert man auf der Via 4 Novembre das hochmoderne **Museo Archeologico Virtuale (MAV).** Hier wird mit der neusten Technik versucht, virtuell zu rekonstruieren, wie die antiken Städte rund um den Vesuv vor dem Ausbruch des Vulkans 79. n. Chr. ausgesehen haben. Die größte virtuelle Rekonstruktion zeigt das Forum in Pompeji.

Pompeji

Die Küstenregion Neapels war schon für wohlhabende Römer und Geschäftsleute der Antike der Platz, wo man eine Sommerresidenz hatte und wo man dem Trubel Roms entfliehen konnte. Pompeji war außerdem eine Handelsstadt der Antike, die Wein und Fisch exportierte. Als der Vesuv am 23. November 79 n. Chr. ausbrach, wurde die blühende Stadt in nur wenigen Stunden unter 6 m hoher glühender Asche begraben, die alles einschmolz und eine undurchdringliche Kruste bildete. Umfassende Ausgrabungen, die im Jahr 1748 begannen und bis heute andauern, brachten schreckliche Szenen zum Vorschein. Pompeji hatte zur Zeit des Unglücks etwa 20 000 Einwohner, rund 2000 konnten nicht entfliehen.

Der Chronist Plinius der Jüngere dokumentierte den Ausbruch vom Meer aus, seine Schilderungen haben den Historikern viele Hinweise gegeben. Zu dem Zeitpunkt, als die Asche fiel, waren die Menschen, die noch in der Stadt verblieben waren, bereits tot. Sie waren durch die heiße Luft und die giftigen Gase, die bei der der Eruption ausströmten, gestorben. Die Asche schloss die Leichname luftdicht ab und umhüllte sie mit geschmolzenem Stein, die Körper darin verwesten. Als man mit den Ausgrabungen begann, fand man diese leere Hüllen mit den Abdrücken der Körper. Man füllte die Hohlräume mit Ton und erhielt sehr detaillierte Formen mit der Position, Haltung und dem Gesichtsausdruck der umgekommenen Menschen. Viele dieser anrührenden Abdrücke sind im archäologischen Museum von Neapel ausgestellt (S. 119).

In den kopfsteingepflasterten Straßen finden sich noch Wagenspuren. In den Villen zeugen Fussbodenmosaiken und Wandfresken vom Reichtum der höhergestellten Patrizier. In einigen Weinläden sind noch Flaschen aufgereiht, die auf Käufer warten, die nie mehr kommen werden. Faszinierend sind die Einblicke in den römischen Alltag.

Die **Villa dei Misteri** **1** war ein Landhaus, das zur Sommer- und Ferienresidenz ausgebaut worden war. Es hatte eine Terrasse mit Meerblick, Wandmalereien und lebensgroße Fresken. Sehenswert ist auch die **Casa del Menandro** **2**, das riesige Anwesen der Poppea, Neros zweiter Frau. Das **Forum** **3** – der wichtigste Platz der Stadt mit Tempeln und Verwaltungsbauten, das **Teatro Grande** **4**, das

Anfiteatro **5** sowie der **Isistempel** **6** waren bedeutende kulturelle Einrichtungen in der Stadt. Außerdem sieht man Restaurants, wie die **Thermopoli di Vetutius Placidus** **7**, wo man das Mittagessen an der Theke einnahm. Sogar ein Hotel war in der Infrastruktur vorhanden.

An einigen Wänden werden Sie antike Graffiti in lateinischer Sprache entdecken. Ähnlich wie heute wurden damals Kommentare über die Politiker oder andere wichtige Persönlichkeiten abgegeben oder einfach nur Witze oder anstößige Bemerkungen und Zeichnungen auf Wände gekritzelt. Viele der Wandfresken vermitteln Eindrücke vom römischen Leben: Sie zeigen Markttreiben, Traubenlese, Gesellichkeit. Auch Gegenstände der Inneneinrichtung blieben teilweise erhalten, wie Mobiliar, dekorative Elemente, Geschirr und Silberwaren.

Vor dem Eingang befinden sich die **Suburbanen Thermen** **8**. In den Sälen mit mehr als eindeutigen erotischen Motiven wurde sehr wahrscheinlich das älteste Gewerbe der Welt ausgeübt. Viele der erotischen Wandmalereien und Darstellungen von hier und aus anderen Villen und Gebäuden in der Stadt befinden sich in einem Spezialflügel des archäologischen Museums von Neapel.

Infos

Hinweis: Will man Pompeji, Herkulaneum und den Vesuv besichtigen, muss man einen ganzen Tag einplanen, für Herkulaneum und den Vesuv reicht ein halber Tag.

Anreise: Nach Pompeji, Ercolano und zum Vesuv gelangt man z. B. mit der S-Bahn Circumvesuviana, die vom Bahnhof in Neapel abfährt. Zum Bahnhof fährt von der Molo Beverello der Alibus alle 30 Min. (3 €).

Circumvesuviana: Neapel–Sorrento alle 30 Min. von der Piazza Garibaldi, Tiefbahnhof oder Porta Nolana/Corso Garibaldi, www.eavsrl.it. Hält an verschiedenen Stationen auf dem Weg: Pompeji, Ercolano, Sorrento (bis Sorrento ca. 1 Std.). Das Uniconapoli-Ticket gilt hier leider nicht: bis Ercolano 2,20 €, bis Pompeji 2,90 € und bis Sorrento 4,10 €.

Zum Vesuv: Von der Station Ercolano Scavi fahren Linienbusse etwa alle 40

Min. bis zum Parkplatz unterhalb des Vulkans. Aufstieg ca. 30 Minuten. Bei der Station gibt es auch einen privaten Taxiservice auf den Berg mit Kleinbussen (Abfahrt, wenn der Bus gefüllt ist): Cooperativa Vesuvio Espress – Eurotaxi Plinius, Piazzale Stazione, Tel. 0039 081 739 36 66, www.vesuvioexpress.info, nur Fahrt 10 €, Fahrt plus Eintritt 20 €.

City Sightseeing Bus Linea Pompei–Vesuvio: Dieser Bus fährt an der Piazza Anfiteatro ab, 8–15.30 Uhr ca. alle 40 Min., letzte Rückfahrt vom Vesuv 17.30 Uhr. Der Bus hält nur in Pompeji bei der Villa dei Misteri, fährt dann zum Vesuv, Piazza Piedigrotti und zurück (kein Halt in Herkulaneum). Tagesticket Unico Pompei Vesuvio 10 €, www.unicocampania.it.

Herkulaneum – Ercolano Scavi: Corso Resina, 1, Ecolano, Tel. 0039 08 18 57 53 31, www.pompeiisites.org, April–Okt. tgl. 8.30–19.30 Uhr, letzter Einlass 18 Uhr, Nov.–März tgl. 8.30–17 Uhr (letzter Einlass 15.30 Uhr), Erw. 11 €, erm. 5,50 €. Kombiticket (Herkulaneum, Pompeji, Oplontis, Stabiae, Boscoreale), Erw. 20 €, erm. 10 €.

Museo Archeologico Virtuale (MAV): Ercolano, Via 4 Novembre 44, Tel. 0039 081 19 80 65 17, www.museomav.com, Di–So 9–16.30 Uhr, Mo geschl., Erw. 7,50 €, erm. 6 € (mit Artecard, s. 126), Audioguide 3 €.

Pompeji: Eingänge zu den Ausgrabungen befinden sich an der Porta Marina, Porta Esedra und an der Piazza Anfiteatro, Tel. 0039 081 857 53 47, www.pompeiisites.org, Infobüro am Eingang Via Marina, April–Okt. 8.30–19.30, sonst bis 17 Uhr, Tageskarte 11 €, erm. 5,50 €. Audioguides auch in deutscher Sprache. Einige Villen sind nur nach Voranmeldung zu besichtigen.

Essen und Trinken in Herkulaneum
Cafetteria Italia, SAS: Corso Italia 17, Tel. 0039 081 732 14 99.

Caffetteria Europa Di Formicola Rosa: Corso Italia, 59, Tel. 0039 081 777 81 57.

Essen und Trinken in Pompeji
Es gibt ein **Selbstbedienungsrestaurant** 1 im Thermenkomplex am Forum und **Imbissstände** 2 vor der Porta Marina (beide sind jedoch überteuert).

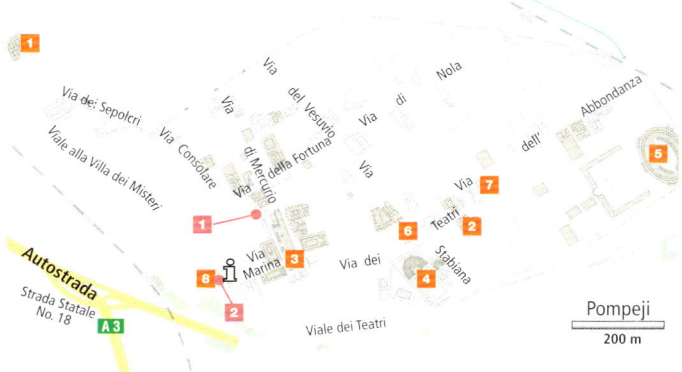

Pompeji
200 m

Anfahrt: Bahn und Bus: Stadtbahn Circumvesuviana bis Sorrento (s. Infos Neapel, S. 121), 1.10 Std., Tarif U5, Tagesticket 12 €. Weiter von Sorrento mit der SITA Sud-Buslinie 5070 (www.sita sudtrasporti.it) bis Positano (1 Std.) und Amalfi (1.30 Std.), Einzelfahrt 3,40 €. **Auto:** Von Neapel auf der A 3 bis Castelammare di Stabbia und dann über die S 145 bis Sorrent (48 km). Für den besten Ausblick auf die Amalfiküste fährt man auf der A 3 weiter südlich in Richtung Salerno (60 km) bis Vietro sul Mare und zweigt dann auf die S 163 ab. Im Sommer ist mit stockendem Verkehr zu rechnen, Parkmöglichkeiten oft nur außerhalb der Orte. **Boot:** SNAV, www.snav.it/en, von Napoli Belverello nach Sorrento, ca. 40 Min., 26 €. Bootsrundfahrten von Positano: Lucibello, www.lucibello.it (nur im Sommer).

Ausflug nach Capri

Die Insel hatte schon für die Griechen und Römer eine unwiderstehliche Anziehungskraft. Die Küstenlandschaft mit hoch aufragenden Klippen, tiefblauem Wasser und weiß getünchten Villen hat auch die künstlerische Fantasie angeregt. Viele Schriftsteller des 20. Jh. haben Capri zur Inspiration genutzt, z. B. D. H. Lawrence, Graham Greene, Axel Munthe.

In **Capri-Stadt** sind das Gewirr kopfsteingepflasterter Gässchen um die Piazzetta und der barocke Kirchenstuhl

Campania Artecard: Wer gleich mehrere Museen besuchen möchte, für den lohnt sich diese Karte, die auch die Benutzung einiger öffentlicher Verkehrsmittel mit einschließt. Am Bahnhof oder in den Fremdenverkehrsbüros erhältlich (www.campaniaartecard.it, ab 3 Tage, Erw. 13 €, erm. 8 €).

von Santo Stefano besonders sehenswert.

Am östlichen Ende der Insel steht auf der Punta del Capo die **Villa Jovis** des römischen Kaisers Tiberius aus dem Jahr 27. n. Chr (Tel. 0039 081 837 45 49, tgl. 9 Uhr bis eine Stunde vor Sonnenuntergang, 2 €). Tiberius gefiel die Aussicht über den Golf von Sorrento und die Amalfi-Küste so gut, dass er sogar seinen Hof hierher verlegte. Der Legende nach hat Tiberius viele seiner Feinde über die hiesigen Klippen in den Abgrund befördert.

Mit dem Bus gelangt man auf den westlichen Teil der Insel nach **Anacapri.** Der Dreh- und Angelpunkt ist hier die Piazza della Vittoria mit Geschäften und Cafés. Von hier führt ein Spazierweg zur **Villa San Michele** des schwedischen Schriftstellers, Kunstförderers und Naturschützers Axel Munthe (Tel. 0039 081 837 14 01, März 9–16.30, April 9–17, Mai–Sept. 9–18. Okt. 9–17 Uhr, 6 €). In seiner Villa unterhielt er intellektuelle Salons, denen sogar die schwedische Königin beiwohnte.

Von der Piazza della Vittoria fährt ein Sessellift hinauf zum **Monte Solaro,** mit 596 m der höchste Punkt der Insel. Von hier kann man zur **Blauen Grotte** (Grotta Azzurra), einer der größten Attraktionen Capris, hinunterwandern (ca. 45 Min.). Wahlweise gelangt man auch mit dem Bus von der Via Lo Pozzo hierhin (alle 20 Min.). Einmal bei der Grotte angelangt, muss man in ein Ruderboot steigen. Ein Bootsausflug von Marina Grande ist aber vielleicht der angenehmste Weg, die Grotte zu besuchen (s. u.).

Infos

Touristeninformation: www.capri tourism.com. Capri-Hafen, Tel. 0039 081 837 06 34; Piazza Umberto I.

Fähren und Tragflügelboote: Tragflügelboote (Aliscafi) fahren vom Molo Beverello, Fähren vom Molo Porta di Massa ab. Die Kosten variieren je nach Veranstalter (www.snav.it, www.capri.it, www.directferries.co.uk): 12–19 €. In Capri landen die Fähren in Marina Grande an der Nordküste. Am besten nimmt man die Funiculare (1,80 €) hinauf in die Stadt, ansonsten muss man mit 300 Treppenstufen rechnen.
Busverkehr auf Capri: Die Linien der Unico Capri ATC verbinden alle Teile der Insel. 1,80 € einfache Fahrt, 2,60 € pro Std. und Kombi-Tageskarte 8,60 €.
Sessellift Monte Solaro: tgl. 9.30–17.30 (Winter 10–15) Uhr, Erw. 7 € einfache Fahrt, hin und zurück 10 €, Kinder bis 8 Jahre frei.
Grotta Azzurra: mit dem Boot von Marina Grande, tgl. 9 Uhr bis 1 Std. vor Sonnenuntergang. Man fährt mit dem Motorboot bis zur Grotte und steigt dann in ein Ruderboot, hinzukommt der Eintritt für die Höhle. Gruppo Motoscafisti (www.motoscaficapri.com) oder Laser Capri (www.lasercapri.com): Marina Grande–Grotta Azzurra: 13 €, Ruderboot (Coop. Battellieri): 9 €, Eintritt 4 €, insgesamt pro Person 26 €.

Messina (Sizilien) ▶ J 5

Messina wurde 730 v. Chr. von den Griechen gegründet. Die Stadt liegt an der Straße von Messina, das italienische Festland ist von hier aus nur ca. 5 km entfernt. Vom einstigen Prunk der Stadt zeugt die goldene Statue der Jungfrau Maria an der Hafeneinfahrt mit den alten Befestigungen. Sie trägt die Aufschrift: »Vos et ipsam civitatem benedicimus« (›Gesegnet seid Ihr und Eure Stadt‹).

Ein ambitioniertes Projekt sieht den Bau einer Brücke zum Festland bis zum Jahr 2016 vor. Allerdings gibt es hier aufgrund finanzieller Probleme immer wieder Verzögerungen. Das Stadtzentrum von Messina wurde bei Erdbeben sowie durch Bombenangriffe im Zweiten Weltkrieg wiederholt zerstört.

Kurzer Rundgang

Bereits die Römer legten ab 263 v. Chr. Messinas erstes Straßennetz an, unter den Byzantinern gewann der Hafen als Umschlagplatz für Waren in der Mittelmeerregion große Bedeutung. Die Normannen, Staufer und Bourbonen hinterließen ihre Spuren. Leider sind von der historischen Altstadt nur noch wenige Gebäude erhalten. Von der Stazione Marittima in westlicher Richtung auf der Via Giuseppe Garibaldi gelangen Sie zu der normannischen Kirche **SS. Annunziata dei Catalani** aus dem 12. Jh. Die hübsche kleine Kirche, die im 14. Jh. ihre heutige Form erhielt und arabische Stilelemente aufweist, wird gern von Messinern für Hochzeiten genutzt.

Dom Maria SS. Assunta

Via XX Settembre, April, Mai, Aug., Sept. Mo–Sa 9–13, 15.30–18.30, sonst Mo–Sa 9–13 Uhr. Schatzmuseum und Campanile: Erw. 5 € , erm. 3,50 € Wenn Sie hinter der Kirche nach rechts abbiegen, sehen Sie bereits die Westseite des Doms, eins der sehenswertesten Bauwerke der Stadt, an der Piazza Immacolata. Der Dom mit der rund 60 m hohen Glockenturm *(campanile)* stammt ursprünglich aus normannischer Zeit und wurde im Beisein von Heinrich VI. 1197 geweiht. Immer wieder haben die Bürger von Messina das Gebäude restauriert, ja sogar orginalgetreu wieder aufgebaut. Der Glockenturm hat eine astronomische Uhr mit sechs verschiedenen Ebenen. Goldene Figuren aus Religion und Mythologie kreisen ab 12 Uhr um den Uhrturm und stellen historische Episoden der Stadtgeschichte dar.

Auf dem Platz vor dem Dom befindet sich der **Orionbrunnen** (1547–51) des florentinischen Bildhauers Giovanni Angelo Montorsoli, der Brunnen in Florenz und Rom ebenbürtig ist.

Wenn Sie zwischen Glockenturm und Brunnen vorbeigehen und dann nach Osten abbiegen, gelangen Sie zur **Piazza Unione Europea.** Hier wurde während der Konferenz von Messina im Jahr 1955 die Europäische Union ins Leben gerufen.

Museo Regionale di Messina

Viale della Libertà 465, Tel. 0039 090 404 20, www.unipa.it, Straßenbahn 28 in Richtung Annunziata, Mo/Fr, So und Fei 9–13.30, Di/Do/Sa 9–13, 15–17.30 Uhr, Erw. 3 €, erm. 1,50 €
Hier sind Kunstschätze der Region aus dem 12.–18. Jh. untergebracht, u. a. archäologische Funde, die nach verschiedenen Erdbeben gerettet wurden, einige Werke von Caravaggio, die 1604 von der Stadt in Auftrag gegeben wurden, sowie Werke von Antonello da Messina.

Einkaufen

Messina hat begrenzte Bummel- und Einkaufsmöglichkeiten, z. B. auf der Viale della Libertà. Designerlabels findet man z. B. rund um die Piazza Cairoli. Auf dem Corso Cavour gibt es einige Boutiquen und Juweliere, auf der Via Palermo und Via Cavour preiswertere Geschäfte.

Essen und Trinken

Schwertfisch ist eine Spezialität der Straße von Messina und wird weithin angeboten. In Sizilien erhält man auch die beste Granita (Halbgefrorenes). Besonders zu empfehlen sind Granita di Caffé und Granita di Limone.

Familienbetrieb – **Casa Savoia:** Via XXVII Luglio 38, Tel. 0039 090 293 48 65. Kleines gemütliches Lokal mit sizilianischer Küche. Hauptgericht ab 18 €.
Leckere Brote – **Focacceria Famulari:** Via Cesare Battisti 143. Focaccia mit Füllungen und Arancini-Reisbällchen u.a.m. Focaccia ab 6 €.

Infos

Am Hafen: Das Kreuzfahrtterminal liegt direkt vor dem Stadtzentrum von Messina. Der Bahnhof ist in ca. 10 Min. zu Fuß zu erreichen. Im Terminal sind meist Vertreter der Touristeninformation anwesend, verteilen Stadtpläne und geben Hinweise zu Bussen und Taxis. Für einen Ausflug nach Taormina ist auch die Fahrt mit dem Zug zu empfehlen.
Touristeninformation:
www.regione.sicilia.it/turismo, www.comune.messina/turismo.it, www.unipa.it
Büros am Hafen und Viale Boccetta, is. 373 Palacultura Piano terra, Tel. 0039 090 772 35 53
Öffentliche Verkehrsmittel: Busse und Straßenbahn: www.atmmessina.it. Die Straßenbahnen fahren vom Terminal nach Osten entlang des Viale della Libertà, nach Westen zur Piazza Repubblica beim Bahnhof. **Bahn:** www.trenitalia.com. Messina ist an das italienische Bahnnetz angeschlossen mit Verbindungen nach ganz Sizilien. Für Ausflüge besonders interessant ist die Strecke nach Siracusa, die an Taormina-Giardini (S. 134) und Catania (S. 129) vorbeiführt.
Taxis: Am Hafenausgang wird man förmlich von Taxifahrern überfallen. Wenn Sie ein Taxi für eine Rundfahrt buchen (z. B. Taormina und Ätna), wird der Fahrer an bestimmten Plätzen auf Sie warten bzw. Fotostopps zulassen. Wenn Sie in einer Gruppe reisen, kann sich dies lohnen (4 Personen 150 €,

Einfahrt in den Hafen von Messina

Fahrtzeit ca. 1 Std. 45 Min.). Für andere Ziele müssen Sie Preise und Konditionen aushandeln, die Taxifahrer sprechen meist Englisch, manche auch Deutsch. Wenn Sie nur nach Taormina oder Catania möchten, sind Sie mit dem Zug oder Bus meist besser beraten. **Mietwagen** *(noleggio):* Via G. Garibaldi 128 (500 m vom Hafenterminal), Tel. 0039 090 34 44 24, www.hertz.it, 8.30–19.30 Uhr.

Catania (Sizilien) ▶ J 5

Catania ist die zweitgrößte Stadt Siziliens, sehr lebendig und recht dicht besiedelt. Im 8. Jh. v. Chr wurde die Stadt von den Griechen gegründet. Ihre Geschichte ist eng mit dem Vulkan Ätna verbunden, dessen schneebedeckter Gipfel sich im Hintergrund erhebt (▐ **direkt 12!** ▶ S. 134). Vom Vulkanausbruch 1669 war Catania stark betroffen, die Lavaströme flossen bis ins Meer und rissen viele Gebäude mit. 1693 verheerte ein Erdbeben den Rest der Stadt. Im 18. Jh. wurde Catania umfassend wieder aufgebaut.

Altstadt

Das kompakte Stadtzentrum kann man gut zu Fuß erwandern. Die Piazza del Duomo ist das Herz der Altstadt. Die **Cattedrale di Sant'Agata** ◼ (tgl. 8–12, 16–18, So/Fei 9–10, 16.30–18 Uhr, Eintritt frei) entstand zwischen 1078 und 1093 unter den Normannen. Vom Originalgebäude sind noch die Apsis und die zwei Türme erhalten. In der Sakristei befindet sich ein Fresko aus dem 17. Jh., das den Ausbruch des Ätnas darstellt. In der Cappella di Sant' Agata werden die Gebeine der Stadtheiligen, der Märtyrerin Agatha, aufbewahrt. Im Februar finden Prozessionen zu ihren Ehren statt.

Mitten auf der Piazza steht die **Fontana dell'Elefante** 2 (›Elefantenbrunnen‹), das Wahrzeichen der Stadt, mit einem Elefanten aus schwarzem Lavastein, der einen kleinen ägyptischen Obelisken auf dem Rücken trägt. Giovanni Battista Vaccarine hat ihn 1736 geschaffen.

Unterhalb des Platzes, in südlicher Richtung die Treppen hinunter, befindet sich der **Fischmarkt Pescheria** 3, für den Catania berühmt ist (Piazza Alonzo di Benedetto). Sehenswert ist vor allem das Markttreiben, die lautstarke, gestikulierende Kommunikation von Fischhändlern und Käufern.

Südwestlich des Platzes liegt das **Castello Ursino** 4 (1239–50), errichtet von Friedrich II. Vor dem Vulkanausbruch stand die Burg auf einer Klippe, die das Meer überblickte. Sie beherbergt das **Museo Civico** (tgl. 8.30–13.30 Uhr, Eintritt frei), das 1934 die Kunstsammlung der hiesigen Benediktinermönche mit der des Prinzen von Biscari zusammenführte. Hier werden archäologische Funde und Kunstwerke des 16.–18. Jh. aus der Region ausgestellt.

Von hier in nördlicher Richtung gelangt man über die Piazza Mazzini vorbei an der **Kirche S. Franceso** 5. Westlich von hier steht das Haus, in dem der Komponist Vincenzo Bellini (1801–35) geboren wurde. Ein kleines Museum erinnert mit Notenblättern, Fotografien usw. an ihn: **Museo Belliniano** 6, Piazza San Francesco 3, Tel. 0039 095 715 05 35, Winter 9–13.30, Sommer bis 12.30 Uhr, Eintritt frei.

An der Piazza V. Bellini, im **Teatro Massimo Bellini** 7 von 1890, wurde u. a. Bellinis Oper »Norma« aufgeführt. Bellini lebte und arbeitete auch in Neapel, wo seine Werke im Teatro di San Carlo gespielt wurden.

Westlich von Bellinis Geburtshaus steht eine von zwei römischen Ruinen, das **Teatro Romano** 8 aus dem 2. Jh. aus Lavastein. Hier kann man einige der Gladiatorentunnel besichtigen (Via Vittorio Emanuele II 260, Di–Sa 9–13.30, 14.30–19.30 Uhr, Eintritt frei).

Nördlich führt die von barocken Gebäuden gesäumte Via dei Crociferi fast bis zur modernen Piazza Stesicoro. Hier blickt man nach unten auf die umzäunten Überreste des **Anfiteatro Romano** 9 aus dem 3. Jh. aus schwarzem Lavastein (Di–So 9–13.30, 14.30–17 Uhr, Erw. 6 €, erm. 3 €).

Nach Süden auf der **Via Etnea** kann man einen Schaufensterbummel machen. Sie ist die Hauptstraße und zum großen Teil Fußgängerzone mit Cafés, Restaurants und Geschäften.

Essen und Trinken

Bei der Pescheria – **Osteria Antica Marina** 1: Via Pardo 29, Tel. 0039 095 34 81 97, www.anticamarina.it, 12–15, 19–23 Uhr, Mi geschl., Menü ab 25 €. Typisch sizilianisches Restaurant mit Fisch- und Pastagerichten.

Mit Meerblick – **Ristorante Pizzeria Costa Azzurra** 2: Via de Cristoforo 4, Tel. 0039 095 712 59 34, www.ristorantecostaazzurra.it. Ausgefallene Fisch- und Nudelgerichte mit Blick über den Jachthafen. Im oberen Stock Restaurant, Hauptgericht ab 18 €, Pizza ab 7 €.

Süße Spezialitäten – **Pasticceria Caprice** 3: Via Etnea 30, Tel. 0039 093 188 28 46, www.pasticceria caprice.com. Gebäck, das wie ein Gemälde aussieht und wie ein Gedicht

Catania

Sehenswert

1 Cattedrale di Sant'Agata
2 Fontana dell'Elefante
3 Fischmarkt Pescheria
4 Castello Ursino
5 Kirche S. Franceso
6 Museo Belliniano
7 Teatro Massimo Bellini
8 Teatro Romano
9 Anfiteatro Romano

Essen und Trinken

1 Osteria Antica Marina
2 Ristorante Pizzeria Costa Azzurra
3 Pasticceria Caprice

schmeckt. Es gibt auch *granite* in verschiedenen Geschmacksrichtungen.

Einkaufen

Die Hauptstraße Via Etnea ist auch die Einkaufsstraße Catanias. Wenn Sie ein besonderes Souvenir mitnehmen möchten, sollten Sie auf Holzschnitzereien achten. Überall in Sizilien werden die berühmten *pupi* gefertigt, mit denen das Puppentheater Siziliens aufgeführt wird – man erinnert sich vielleicht an die Geschichte Pinocchios, der vom Meister Gepetto geschnitzt wurde.

Infos

Am Hafen: Der Hafen ist ca. 20 Gehminuten vom Zentrum entfernt. Von der Bahn- und U-Bahnstation kommt man alle 15–30 Min. zum Hauptbahnhof etwa 10 Gehminuten von der Innenstadt entfernt.

Touristeninformation: A.A.P.I.T., Via Domenico Cimarosa, 10, Tel. 0039 095 730 62 11, www.apt.catania.it; Via Vittorio Emanuele II. 172, Tel. 0039 095 742 55 73, www.comune.catania.it.

Öffentliche Verkehrsmittel: Metro: Station Porto gleich vor dem Hafenaus-

Auf den Spuren des »Paten«

Verschiedene Veranstalter bieten von Messina oder Catania Ausflüge zu den Schauplätzen der Film-Trilogie »Der Pate« (engl. »The Godfather«) an. Das Familienepos über den Corleone-Clan, basierend auf dem Roman von Mario Puzo, wurde von Francis Ford Coppola u. a. in **Savoca** verfilmt. Dort sind in der Bar Vitelli viele Film-Memorabilien zu sehen. Die Tour führt auch in das mittelalterliche **Forza D'Agrò,** das schon allein wegen der Aussicht auf das gebirgige Hinterland sehenswert ist.

Ganztagestouren mit Verpflegung, Go Italy Tours, www.goitalytours.com, 7 Std. 280 €/3 Pers.;

City Discovery, www.city-discovery. com, 6 Std. 83 €/Pers.

gang, von hier aus geht es zum Hauptbahnhof sowie zur Station Borgo zum Anschluss an die Circumetnea (s. S. 133). **Bahn:** Stazione Centrale, Piazza Papa Giovanni XXIII, östlich der Altstadt, www.trenitalia.com. Von hier gibt es Zugverbindungen nach Taormina-Giardini, Siracusa und Messina. **Bus:** Vom Bahnhof fahren die Busse der Gesellschaft AMT (www.amt.ct.it) ins Zentrum Richtung Piazza Duomo. Tickets: 1 €.

Ausflug zum Ätna (Monte Etna)

Der Ätna ist ca. 3340 m hoch und damit Europas größter Vulkan, und immer wieder bricht er aus. 1987 wurde der **Parco dell'Etna** eingerichtet, zum Schutz der einmaligen Landschaft um den Vulkan. Das fruchtbare Gebiet ist trotz der ständigen Bedrohung ziemlich dicht besiedelt. Bereits vor einer halben

Million Jahren begannen die unterirdischen Aktivitäten des Vulkans. Langsam und stetig wuchs der Berg an, jedoch führten die Ausbrüche auch zur Bildung verschiedener Calderas und um 6000 v. Chr. zum Einsturz der Ostflanke des Vulkans. Das so entstandene Tal wird **Valle del Bove** genannt.

Die meisten Ausbrüche erfolgen auf dem Gipfel in den Hauptkratern. An den Flanken gibt es 300 Schlote, aus denen ebenfalls Lava austritt – seit 2001 viermal –, diese sind jedoch nicht so gefährlich. Ausbrüche in den Hauptkratern sah man in den Jahren 2006, 2007/08 und im Januar 2011. Im Jahr 2002 wurde die Seilbahnstation auf der Südseite des Berges beschädigt, und die Skistation Piano Provenza auf der Nordflanke des Berges wurde zerstört.

Immer wieder kommt es zu Lavaeruptionen und kleineren Ausbrüchen, die auch Erdbeben nach sich ziehen können. Die flüssige Glut fließt mit ca. 10 m pro Sekunde, die Temperaturen erreichen 1000 °C. Gefährlich sind aber auch die Gase, die Asche und der Steinschlag, die eine Eruption hervorbringen.

Man kann den Berg von verschiedenen Seiten in Angriff nehmen, allerdings darf man seit dem letzten großen Ausbruch im Jahr 2002 nur noch mit erfahrenen Bergführern bis zu den Hauptkratern ganz hinauf.

Von dem Ort **Nicolosi** auf der Südseite des Vulkans führt eine Straße hinauf zum **Rifugio Sapienza** (1927 m). Von dort fährt eine Kabinenseilbahn zur Bergstation. Mit Kleinbussen gelangt man dann bis auf 2900 m Höhe. Von hier geht es nur mit Bergführern zu Fuß weiter. Wer nicht ganz bis oben fahren möchte, kann bei der Talstation den erloschenen **Crateri Silvestri** besichtigen. In Nicolosi gibt es außerdem ein Museum über den Vulkan und verschiedene Restaurants.

Infos
Anfahrt: Bahn: Von Catania Centrale direkt bis Giarre-Riposto in 25 Min., ab 2,85 €. Circumetnea: www.circumet nea.it. Von der Station Catania Borgo fährt die Bahn rund um den Vulkan bis Giarre-Riposto. Sie hält in den Ortschaften rund um den Ätna und erreicht eine Höhe von etwa 967 m. Man kann unterwegs aus- und wieder einsteigen. Die gesamte Strecke dauert 3 Std. (110 km). Die Preise werden je nach Entfernung berechnet, Hin- und Rückfahrt ca. 9,20 €. **Seilbahn:** Funivia Etna, Talstation Rifugio Sapienza, Tel. 0039 095 91 41 41, www.funivia.etna.com, im Sommer tgl. 9–17.45, im Winter bis 15.45 Uhr, 27 €, mit Bus und Tourguide 60 €. Aufstieg mit der Gondelbahn bis auf 2500 m, von dort mit Bussen bis auf 3000 m Höhe. **Mietwagen:** Avis, Via

Cardinale Dusmet, c/o Vecchia Dogana (am Hafen), Tel. 0039 095 53 78 71, www.avisautonoleggio.it, 9–12.30, 15–19 Uhr. **Geführte Touren:** Etna Tribe in Catania bietet geführte Touren zum Etna auch für Kreuzfahrtpassagiere an, www.etnatribe.it/en/excursions-on-etna.php.

Touristeninformation Nicolosi: Piazza Vittorio Emanuele, 32–33, Tel. 0039 095 91 44 88, www.nicolosi etna.it, Mo–Fr 9–13, Mo–Do 15–18 Uhr. **Parco dell'Etna:** Nicolosi, Via del Convento, 45, Tel. 0039 095 82 11 11, www.parcoetna.it, Mo–Fr 8–14, Mi auch 15–17.30 Uhr.

Museo vulcanologico dell'Etna: Via Cesare Battisti, 28, Nicolosi, Tel. 0039 095 791 45 89, www.nicolosi etna.it, Juni–Okt. 10–18, Nov.–Mai 9–17 Uhr, Erw. 2 €, erm. 1 €.

Bedrohlicher Vulkan: der Monte Etna

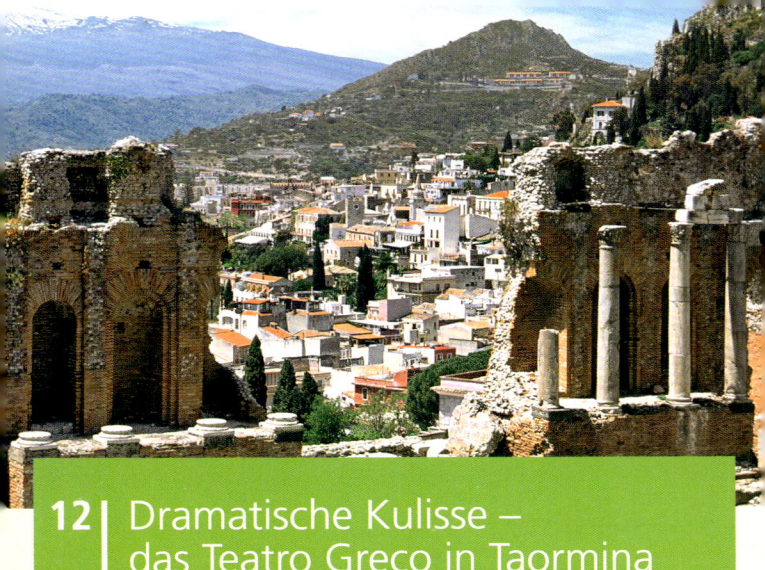

Karte: ▶ J 5 | **Dauer:** Rundgang 2,5 Std., Anreise/Rückreise je 1,5 Std.

Auf dem Monte Tauro gelegen, ist Taormina bereits seit dem Altertum für sein gutes Klima berühmt. Der Berg überblickt die weite darunterliegende Bucht, über der der Ätna thront. Die dramatischste Aussicht ergibt sich vom Teatro Greco, dem griechischen Theater.

Taormina

Ende des 19. und Anfang des 20. Jh. entdeckten wohlhabende Reisende und Künstler den Ort für sich. So wollten Kaiser Wilhelm ebenso wie die Rothschilds und die Vanderbilts die Schönheit dieses Ortes genießen.

Der Weg zum Theater führt durch die stimmungsvolle Altstadt von Taormina, durch die Porta Catania und dann entlang des Corso Umberto. Hübsche Geschäfte reihen sich hier aneinander. Links und rechts führen Treppenstufen in kleine Gässchen, man blickt in In-

nenhöfe mit Gärten voller Bougainvillea und Palmen. Die **Cattedrale San Nicolò** 1 wurde bereits im Jahr 1400 erbaut. Auf dem Vorplatz steht ein Brunnen aus dem Jahr 1635 mit dem Stadtwappen Taorminas.

Dann öffnet sich die Straße auf die großzügige Piazza IX. Aprile mit Aussichtsterrasse und einem Glockenturm, **Torre dell'Orologio** 2, aus dem 12. Jh. Weiter gelangt man zum märchenhaften **Palazzo Corvaja** 3 aus dem 15. Jh. Der kubische Turm entstand unter den Arabern im 11. Jh. Im rechten Flügel des Gebäudes tagte im 14. Jh. das sizilianische Parlament. Heute ist hier die Touristeninformation untergebracht.

Vorhang auf

Ein kurzer Weg führt hinauf zum **Teatro Greco** 4 aus dem 3. Jh. v. Chr. Die griechischen Erbauer hatten sich wirklich den schönsten Platz auf dem Hügel für ihren zweitgrößten Theaterbau ausgesucht. Es bot etwa 5400 Besuchern Platz; die Bucht von Taormina mit dem Ätna im Hintergrund bildete eine natürliche Kulisse. Die Römer vergrößerten das Theater und bauten eine Rückwand aus korinthischen Säulen und Bogengängen ein. Bei der Restauration der Anlage im 19. Jh. beschloss man, diese Arkaden nicht wieder instandzusetzen. So wurde das ursprüngliche Panorama für die Nachwelt gerettet. Heute wird die Bühne des Theaters während des Sommerfestivals »Taormina Art« bespielt, und es finden Theater-, Ballett- und Musikdarbietungen statt.

Den besten Blick hat man mittig von den oberen Rängen, hier kann man einige Zeit verbringen und beobachten, wie die Rauchwolken über dem Kegel des Ätna schweben. Mit etwas Glück bläst der Wind die Wolken weg, sodass man dessen schneebedeckte Spitze sehen kann.

Infos

Touristeninformation Taormina:
Taormina Local Holiday and Tourist Board (A.A.S.T.), Piazza Santa Caterina (Palazzo Corvaja), Tel. 0039 094 223 243, www.comune.taormina.me.it.
Teatro Greco 4: Via del Teatro Greco, 40, Tel. 0039 094 223 220, www.teatrogrecotaormina.com, tgl. 9–19 Uhr, 8 €, erm. 4 €.

Anreise

Mit der Bahn: www.trenitalia.com. Schnellzug 39 Min., 8 €, sonst 1 Std. 3,95 €. Eine lange serpentinenreiche Straße führt in die Altstadt – zu Fuß ist die Strecke nicht empfehlenswert.

Stadtbusse fahren alle 20 Min. direkt vor dem Bahnhof ab. Taxis kosten ca. 15–20 €).
Mit dem Bus: Der Fernbus Interbus (www.interbus. it) fährt direkt nach Taormina-Stadt, von Messina in ca. 1.45 Std., 8,80 €, von Catania 1.10 Std., 8,50 €.

Rasten in Taormina

La Tavernetta 1: Via Timoleone 22, Tel. 0039 094 22 33 78, Mi–Mo 12–15, 18.30–23 Uhr. Terrassenlokal mit guten Fleischgerichten, Menü 25 €.
Vecchia Taormina 2: Vico Ebrei 3, Tel. 0039 094 22 43 59. Beliebte Pizzeria nahe dem Dom, Pizza 7–12 €.

Malta

Die drei Inseln Malta, Gozo und Comino bilden den unabhängigen Inselstaat, der sich 1964 von Großbritannien lossagte. Gozo ist ländlicher, wird aber mehr und mehr auch von Touristen entdeckt, während Comino weitgehend unbewohnt ist. Die Malteser sind hilfreich und offen. Von den Briten blieb noch der Linksverkehr, ansonsten kann man kulturell sehr viele Ähnlichkeiten mit dem nahe gelegenen Sizilien feststellen. Phönizier, Karthager und Araber prägten die Insel. So weist die maltesische Sprache große Ähnlichkeiten mit nordafrikanischen Dialekten auf, sie wird jedoch in lateinischen Buchstaben geschrieben. Von 1530 bis 1798 unterstand Malta dem Johanniterorden. Der Großmeister Jean Parisot de la Vallette gründete Valletta und gab der Stadt seinen Namen, er begann auch mit dem Bau der Verteidigungsanlagen. Derweil versank die alte Hauptstadt **Mdina** (`direkt 13` S. 141) in einen märchenhaften Dornröschenschlaf.

Valletta ► J 6

Die Einfahrt in den Grand Harbour in Valletta sollte man auf keinen Fall verpassen. Die wehrhaften Anlagen im historischen Zentrum und das weitläufige Hafengebiet sind beeindruckend. Wenn die Morgensonne auf das Ensemble scheint, werden die Gebäude aus honigfarbenem Kalkstein in einen goldenen Glanz getaucht. Einen regen Austausch pflegt man mit den Nachbarorten Sliema und St. Julians, dem Partyviertel der Stadt.

Rundgang durch Valletta

Schon durch das Stadttor sieht man die Hauptstraße **Republic Street,** die sich bis zum Fort St. Elmo erstreckt. Sie ist zum großen Teil eine Fußgängerzone mit Cafés und Geschäften. Die Seitenstraßen wurden rasterartig angelegt, daher fällt die Orientierung leicht. Der Architekt Gerolamo Cassar ist für viele der Großbauten wie die Kathedrale und den Großmeisterpalast verantwortlich, die im Auftrag von Großmeister de la Vallette enstanden. Da der Orden der Keuschheit, Gehorsamkeit und Armut verpflichtet war, ist die Architektur aus den Anfangszeiten sehr nüchtern gehalten. Später wurden dann Barockfassaden vor die Kirchen und Paläste gesetzt – sie bestimmen den Charakter der Stadt bis heute.

National Museum of Archaeology **1**

Republic Street, Auberge de Provence, Tel. 00356 212 393 75, www.heritage malta.com, tgl. 8–19 Uhr, 5 €, erm. 3,50 €, Kinder 6–11 Jahre 2,50 €
Das Museum zeigt Fundstücke aus der Zeit der prähistorischen Besiedlung Maltas, wie z. B. die Schlafende Priesterin aus dem Hypogäum von Hal-Saflieni in Tarxien südöstlich von Valletta. Hier entstanden um 3600–2500 v. Chr. verschiedene Tempel. Auch einen

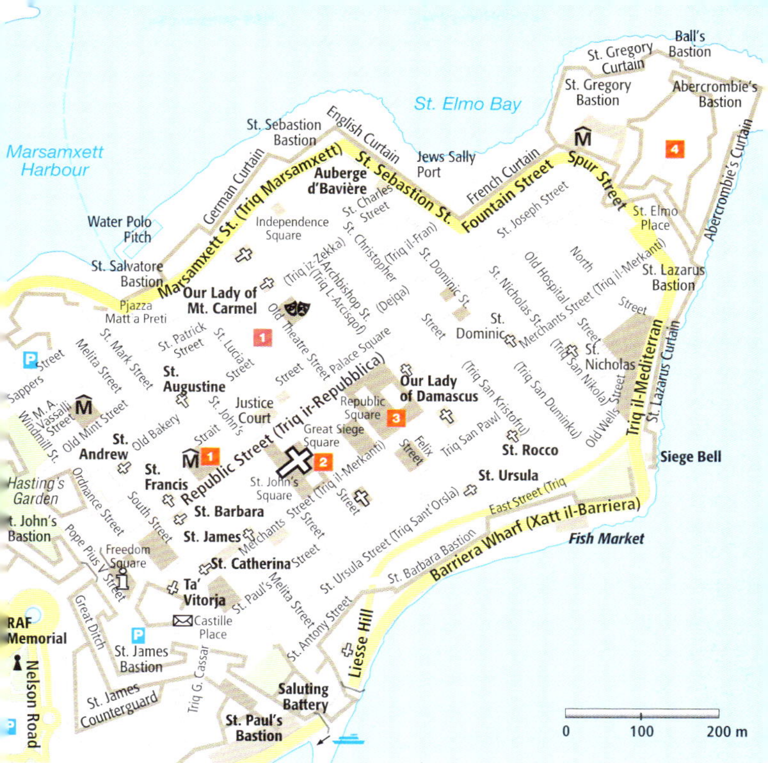

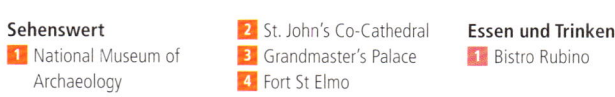

Valletta

Sehenswert

1 National Museum of Archaeology

2 St. John's Co-Cathedral

3 Grandmaster's Palace

4 Fort St Elmo

Essen und Trinken

1 Bistro Rubino

Altar von dort hat man in das Museum verbracht. Das Gebäude selbst beherbergte einst die Ordensritter aus der Provence.

St. John's Co-Cathedral 2

St. John's Square, Eingang in der Republic Street, Ausgang über die Merchant Street, www.stjohnscocathedral.com, Mo–Fr 9.30–16.30, Sa 9.30–12.30 Uhr, Audioguides 6 €

Von außen sieht die Kirche, die dem Schutzheiligen des Ordens gewidmet ist, im Stil der Johanniter eher nüchtern aus. Im 17. und 18. Jh. fand man jedoch Mittel und Wege, das Armutsgelübde zu umgehen und unter den Großmeistern Nicolas und Raphael Cotoner wurde das Innere der Kathedrale aufwendig mit Gold und Intarsien barockisiert.

Die verschiedenen Kapellen sind jeweils einer Landsmannschaft des Ordens zugeteilt, dessen interne Gliederung nach Sprachen (»Zungen«) erfolgte. Die Grabdenkmäler fast aller Großmeister sind hier untergebracht. Im

Malta

Oratorium befindet sich ein Caravaggio gewidmetes Museum. Sein monumentales »Die Enthauptung Johannes des Täufers« von 1608 ist eine Auftragsarbeit für den damaligen Großmeister Wignacourt. Es überflügelte jedoch den Zeitgeschmack, war zu realistisch und blutig in der Darstellung.

Grandmaster's Palace 3

Palace Square, www.heritagemalta.org
Palace State Rooms: Mo–Mi, Fr 10–16.30, Sa/So 9–16.30 Uhr
Palace Armoury: Mo–So 9–17 Uhr,
Kombiticket 10 €, erm. 7 €, Kinder 6–11 Jahre 5 €

Am Republic Square steht der Palast, in dem erst die Großmeister residierten, dann die britischen Gouverneure und heute das Parlament und der Staatspräsident. Es gibt zwei sehr schöne Innenhöfe, und bei der Marmortreppe erinnert ein Wandpanel an die 28 früheren Großmeister. Der Tapestry Room enthält wertvolle Wandteppiche. Besonders bemerkenswert ist die Waffenkammer, die eine der größten Waffensammlungen aus dem 16./17. Jh. auf der ganzen Welt enthält.

Fort St Elmo 4

St. Elmo Place, nur zu bestimmten Terminen geöffnet, Näheres auf www.visitmalta.com

Das sternenförmige Fort ist so platziert, dass es die Einfahrten in beide Naturhäfen Maltas, den Marsamxett und den Grand Harbour, überblickt. Nach der Belagerung durch die Türken wurde das Fort restauriert und die Mauern verstärkt. Bei einem Rundgang entlang der Stadtmauern gewinnt man eine Übersicht über die Hafenanlagen und die gegenüberliegenden Ufer.

Prachtvolle Barockkirche am Msida-Creek bei Valletta

Essen und Trinken

Maltesisch – **Bistro Rubino** 1: Old Bakery Street, Tel. 00356 212 246 56, http://rubinomalta.com. Italienisch-maltesische Speisen. Menü 35 €.

Infos

Am Hafen: Für Kreuzfahrtschiffe gibt es fünf Anleger in den restaurierten Pinto Wharves direkt unterhalb der Altstadt. Westlich davon erstreckt sich die Valletta Waterfront (www.valletta waterfront.com) mit Restaurants und Geschäften. Bei der Lascaris Wharf befindet sich ein Lift, der direkt zu den Upper Barakka Gardens führt, zu Fuß sind es etwa 25 Min. bergauf. Die Buslinie 130 fährt vom Terminal zum Castille Place.

Touristeninformation: Valletta Waterfront, Pinto Wharf (beim Kreuzfahrtterminal), Tel. 00356 212 20 63 32 29, www.cityofvalletta.org und www.visit malta.com. Ein zweites Büro befindet sich in der Merchants Street, Tel. 00356 229 154 40-2, Mo–Sa 9–17.30, So/Fei 9–13 Uhr.

Öffentliche Verkehrsmittel: Bus: Malta Public Transport, www.public transport.com.mt, Tagesticket 1,50 €, erm. 0,50 €. **Wassertaxi:** Tel. 00356 79 99 00 01, www.maltawatertaxis. com.mt. Die gelben Wassertaxis verbinden Valletta Waterfront mit Birgu und Sliema (10 €) sowie St. Julians (12,50 €). Es werden auch private Bootstouren angeboten (ab 4 Pers.). **Fähre nach Gozo:** www.gozochannel.com Mit dem Bus zum Fährhafen Cirkewwa, die Überfahrt nach Mgarr auf Gozo dauert 20 Min., Erw. 4,65 €, erm. 1,15 €.

Stadtrundfahrten: Hop-on-hop-off Bus, Tel. 00356 201 020 90, www.city-sightseeing.com, Erw. 17 €, erm. 10 €. Der Bus verkehrt auf drei verschiedenen Routen (z. B. auch nach Sliema und Mdina), die man den ganzen Tag befahren kann. Geführte Exkursionen und Tagestouren: Tel. 00356 234 922 08, www.excursionsinmalta.com, Erw. 21–65 €). Mit dem Elektroauto: Rolling Geeks, Tel. 00356 79 95 06 95, www.rol ling-geeks.com, Dauer 2,5 Std. (75 € für 2 Erw. und 2 Kinder). Die Route ist per GPS vorprogrammiert, alle Sehenswürdigkeiten werden kommentiert (auch in Deutsch).

Bootsrundfahrten: Captain Morgan Cruises, Court, Tigne Seafront, Sliema, Tel. 00356 213 433 73, www.captain morgan.com.mt; Luzzu Cruises, Triq Peppi Vella, Vittoriosa, Tel. 00356 79 06 44 89, www.luzzucruises.com.

Taxi: Malta LowcosTaxi, www.transfers malta.com. Festgelegte Tarife für Kurzfahrten, z. B. zum Gozo Fährhafen.

Strand: Die Strände bei Valletta sind felsig und eher klein. In St. Julian's empfiehlt sich hier z. B. der Reef Club Beach, auf der Dragonara-Halbinsel (Eintritt!). Wer einen richtigen Badeausflug unternehmen möchte, sollte dies entweder mit einem Ausflug nach Gozo oder Comino verbinden oder einen Ausflug in den Nordwesten der Insel unternehmen, z. B. zum Golden Beach.

Sliema und St. Julians

▶ J 6

Von der Promenade in **Sliema, The Strand** (Triq Ix-Xatt), werden Bootstouren durch beide Häfen angeboten. Die Promenade ist durch Restaurants und Touristen immer belebt. Den Hintergrund bilden moderne Apartmenthäuser. In den Gässchen der Altstadt kann man gut bummeln. In Sliema findet sich z. B. auch eins der größten Kaufhäuser der Stadt, das **Plaza Shopping Centre**.

Weiter nördlich gelegen, verwandelt sich **St. Julians** mit dem Stadtteil Paceville abends in ein lautes Ausgehviertel. Entlang der Spinola Bay kann man zahlreiche Lokale ausprobieren.

Essen und Trinken

Frischer Fisch – **Peppino's:** St. Julians, Spinola Bay, 31 Triq San Gorg, Tel. 00356 77 79 99 22, Mo–Sa 12–15 und 18.30–23 Uhr, Hauptgerichte ca. 15–20 €. Fisch, mediterrane Gerichte und Wein – dazu ein schöner Ausblick von der Dachterrasse.

Alteingesessen – **La Dolce Vita:** St. Julians, 159 Triq San Gorg, Tel. 00356 213 886 00, tgl. 12–15, 18.30–23 Uhr, Hauptgerichte 13–15 €. Mediterrane Küche, auch hier ein toller Blick über die Fischerboote in der Bucht.

Die ›Three Cities‹ ▶ J 6

Am Ufer gegenüber vom Terminal liegen die historischen »Three Cities« l'Isla (Senglea), Bormla (Cospicua), Birgu (Vittoriosa). Hier war zu Anfang der Hauptsitz des Johanniterordens. In **Birgu** ragt das **Fort S. Angelo** (nicht zugänglich) in den Hafen, das eine Hauptverteidigungsanlage im 16. Jh. war. Während der Belagerung 1565 griffen die Türken von der gegenüberliegenden Halbinsel an – erst nach ihrem Abzug machte man sich daran, die Wehranlagen von Valletta zu bauen. 1571 verlagerte der Orden seinen Sitz gänzlich dorthin.

In Birgu illustriert das **Malta Maritime Museum** lebendig die Seefahrtsgeschichte Maltas (Vittoriosa Waterfront, Tel. 00356 216 600 52, www. heritagemalta.com, tgl. 9–17 Uhr, Erw. 5 €, erm. 2,50 €).

Essen und Trinken

Café-Restaurant – **Two and a Half Lemon:** Birgu, Vittoriosa Waterfront, Vault 5, Old Treasury Building. Tel. 00356 218 099 09, www.twoandahalf lemon.com. Italienische Küche in einem der alten ausgebauten Lagerhäuser, Hauptgerichte 15–20 €.

Entspannend – **Il Forn:** Birgu, 27 Triqit-Tramuntana, Tel. 00356 218 203 79, Hauptgerichte 8–15 €. Kunstgalerie und Weinbar mit leichter Küche, z. B. Salate.

13 | Die stille Stadt – Mdina

Karte: ▶ J 6 | **Dauer:** Rundgang 3 Std., Anreise/Rückreise Bus Nr. 80 je 30 Min.

Hoch über der Insel am Rande des Dingli-Plateaus thront die stolze, alte Hauptstadt Mdina. Ihrem Beinamen »die stille Stadt« wird sie in den schmalen Seitengassen und besonders in den Abendstunden gerecht.

Schon die bronzezeitlichen Siedler wussten die strategisch günstige Lage zu nutzen und ließen sich an der Abbruchkante des Dingli-Plateaus nieder. Ihnen folgten das legendäre Seefahrervolk der Phöniker und schließlich die Römer. Diese begannen mit dem Bau einer ersten Stadtmauer, die auch weite Teile des heutigen Rabat umschloss. Als die Araber im 9. Jh. die Insel eroberten, dividierten sie das Gebiet wieder auseinander. Aus dieser Zeit stammen auch die arabischen Namen: Ra-

bat, »vor den Toren der Stadt« und Mdina, »von Mauern umgeben«. Unter der Herrschaft von Normannen, Staufern und Spaniern erlebte die Stadt ihre mittelalterliche Blütezeit. Damals wehrten die Einwohner einen Angriff der Osmanen heldenhaft ab. Der spanische König belohnte Mdina daraufhin mit dem Ehrentitel »città notabile«, die Angesehene Stadt.

Als sich der Johanniterorden 1530 auf Malta ein Stelldichein gab, erkoren die Ritter zunächst Mdina zu ihrem Sitz. Jedoch mussten sie schnell erkennen, dass sie mit ihrer Flotte besser in Meeresnähe aufgehoben waren und zogen an den Grand Harbour um. Die alte Hauptstadt verfiel in einen Dornröschenschlaf, das Alltagsleben verlagerte sich fortan ins benachbarte Rabat.

141

Übrigens: Seinen ganzen Charme entfaltet Mdina zur blauen Stunde, ab den späten Nachmittagsstunden, wenn die Reisegruppen heimgekehrt und die Museen und Läden geschlossen sind. Etwa ab 17 Uhr wird Maltas alte Hauptstadt ihrem Beinamen »die Stille« ganz und gar gerecht. Mit ein wenig Glück ist die Bank links am Ende der Befestigungsmauern am Bastion Square frei – ideal um hier ein kleines Picknick und ein Gläschen Wein zu genießen. Und auch ein Abendspaziergang durch die von alten Laternen beleuchteten schmalen Seitengassen könnte romantischer kaum sein. Geradezu atemberaubend ist der Blick von den Bastionen über Maltas Lichtermeer bis nach Valletta.

Vom Main Gate bis zur Casa Inguanez

Eine steinerne Brücke führt zum Main Gate, dem Haupttor der Stadt. Über dem Torborgen erinnert ein Wappen an den portugiesischen Großmeister Manoel de Vilhena, der das Portal im 18. Jh. stiftete. Wollten die Großmeister des Ordens in die Stadt hinein, so mussten sie zunächst am **Main Gate** ◼1 dem ortsansässigen Adel geloben, deren Privilegien zu respektieren. Auf der Innenseite des Tores erblickt man drei Figuren. Die mittlere stellt den hl. Paulus dar, die linke zeigt den hl. Publius, den ersten Bischof von Malta und rechts erinnert die hl. Agatha an ihr Martyrium.

Auf der linken Seite hinter dem Main Gate steht der **Torre dello Standardo** ◼2 aus dem 16. Jh., der bei der Verteidigung der Insel eine wichtige Rolle spielte. Wenn sich Feinde näherten, wurden die Insulaner gewarnt, indem man ein Feuer auf dem Dach entzündete.

Der **Palazzo Vilhena** ◼3 gegenüber wurde 1693 als Großmeisterresidenz erbaut. Unter den Briten diente der Prachtbau als Krankenhaus. Heute ist darin ein Naturkunde-Museum untergebracht.

Man folgt der Gasse nach rechts und steht an der **Harold's Loggia** ◼4. Der kleine Platz wird rechts vom rückwärtigen Flügel des Palazzo Vilhena gerahmt. In ihm war einst der **Corte Capitanale** ◼5, der Gerichtshof, untergebracht. Aufgebrachte Bürger sollen den Anführer der französischen Truppen von dessen Balkon geworfen haben, nachdem dieser die Plünderung der Kirchen und Klöster der Stadt befohlen hatte. Vom Balkon an der Stadtmauer wurden Proklamationen der Universitá, des Selbstverwaltungsgremiums des maltesischen Adels, verlesen. An ihn schließt sich der alte Adelspalast **Xara Palace** an, in dem heute ein Fünfsterne-Hotel, die **Trattoria AD 1530** und das Restaurant **De Mondion** ◼1 untergebracht sind.

In der Villegaignon Street, der Hauptstraße Mdinas, stößt man auf die **Casa Inguanez** ◼6, die sich einst im Besitz der ältesten maltesischen Adelsfamilie befand. Bis heute besteht ein Privileg, das aus der Zeit der spanischen Herrschaft über Malta stammt: Die spanischen Monarchen genießen Wohnrecht in der Casa Inguanez. Es waren jedoch nur zwei Könige, die von diesem Recht tatsächlich Gebrauch gemacht haben. Das Haus befindet sich in Privatbesitz.

Barockes Gotteshaus

Nur ein paar Schritte von der Casa Inguanez entfernt öffnet sich der St. Paul's Square, der von der prächtigen **St. Peter and Paul's Cathedral** ◼7 dominiert wird. Ihr Vorgängerbau wurde 1693 von einem heftigen Erdbeben zerstört. Das neue Gotteshaus erbaute

Maltas führender Architekt des 17. Jh., Lorenzo Gafà. Typisch für seine Arbeiten sind die barocken, aber dennoch schlichten Fassaden.

Die Apsis im Inneren stammt noch von der alten Kirche. In der Halbkuppel sieht man ein Gemälde von Mattia Preti, das den Schiffbruch des hl. Paulus auf Malta zeigt. Auch die mächtige Tür aus irischer Mooreiche, die man im Seitenschiff bewundern kann, hat das Erdbeben überstanden. Sie stammt nicht aus Malta und wurde vermutlich von den Normannen mitgebracht.

Gegenüber vom Seiteneingang liegt das **Cathedral Museum,** das mit einem Sammelsurium sakraler Kunst aufwartet. Wertvollster Besitz des Museums sind Kupferstiche und Holzschnitte von Albrecht Dürer.

Von der Villegaignon Street zum Bastion Square

Zurück auf der Villegaignon Street stößt man auf einen weiteren Palast, den **Palazzo Santa Sophia** 8 dessen Untergeschoss aus der Zeit vor dem Erdbeben von 1693 stammt. Das Zick-Zack-Fries mit dem Kugelmotiv wie auch die Doppelfenster im Obergeschoss sind im sog. siculo-normannischen Stil gehalten.

Auf derselben Seite liegt hinter einer schlichten Fassade das **Karmeliterkloster** 9, dessen Plünderung durch die Franzosen die Revolte der Malteser gegen diese auslöste. Heute ist in dem Gebäude ein Museum untergebracht, das sich dem Leben der Mönche widmet, und außerdem ein kleines Café.

Schräg gegenüber liegt der **Palazzo Falson** 10. Die mittelalterliche Fassade ist im romanischen Stil gehalten. Der aufwendig restaurierte Bau ist für die Allgemeinheit als Museum zugänglich. Über den ganz zauberhaften Innenhof kommt man zu den verschiedenen Räumlichkeiten, in denen Kunstobjekte zur Geschichte der Besitzerfamilie sowie Maltas ausgestellt sind.

Nach wenigen Metern steht man auf dem **Bastion Square** 11, der von dem ältesten Teil der Bastionen begrenzt wird. Von ihnen genießt man einen wunderbaren Ausblick über den Norden Maltas.

Infos
St. Peter and Paul's Cathedral 7 :
Tel. 00356 214 546 97, http://thechurchinmalta.org, Mo–Fr 9.30–16.30, Sa 9.30–15.30 Uhr, So geschl., 2,50 €, erm. 1,75 € inkl.
Palazzo Falson (Norman House) 10:
Tel. 00356 214 545 12, www.palazzo-falson.com, Di–So 10–17 Uhr (letzter Einlass 16 Uhr), Mo geschl., 10 €, Kinder 6–12 Jahre frei.

Essen und Trinken
Neben dem Gourmet-Restaurant **De Mondion** 1 im Fünfsterne-Hotel **Xara Palace,** das nicht nur durch eine hervorragende Küche, sondern auch durch ein sagenhaftes Panorama überzeugt, gibt es einige weitere Lokale, in denen die wundervolle Atmosphäre der Stadt zum Tragen kommt, etwa das romantische **The Medina** 2 in einem mittelalterlichen Stadthaus. Die Speisekarte konzentriert sich auf mediterrane und maltesische Küche (Tel. 00356 214 540 04, 30–40 €).

Preiswerter ist es im **Ciappetti** 3 , einem entzückenden Lokal mit maltesischen Spezialitäten (Tel. 00356 214 599 87, Mo–Fr 12–15, Sa/So und im Sommer Di–Sa auch 19–22 Uhr, Menü 30 €.

von Katrin Schmidt

Tunis (Tunesien) ▶ G 5

Tunis hatte eine bewegte Geschichte. In der Antike lag unweit von hier Karthago, das Machtzentrum der Phöniker (**direkt 14**▶ S. 146). Auf die Römer folgten die Araber, und die Medina entstand. Die Franzosen erweiterten Tunis um die Neustadt und eröffneten den Weg zur Großstadt.

Stadtrundgang

Von der Haltestelle der TGM gelangt man über die Avenue Habib Bourguiba ins Zentrum. Sie ist die Lebensader der Stadt und der größte Boulevard in Tunis. Hier gibt es eine Unzahl von Cafés unter schattigen Bäumen, wo sich Tunesier treffen. Die Straßen der Neustadt, die links und rechts abzweigen, wurden von den Franzosen während der Kolonialzeit Mitte des 19. Jh. nach einem Rasterplan angelegt. Der Boulevard ist gesäumt von Gebäuden aus dieser Zeit, wie z. B. der französischen Botschaft oder dem Théâtre Municipal. Am Ende der Avenue Bourguiba bfeindet sich die **Kathedrale St-Vincent-de-Paul** von 1882, die die verschiedensten Stile vereinigt (Mo–Sa 8–12, 15–18 Uhr).

Die Medina

Die Avenue Habib Bourgiba geht in die Avenue de France über, und die Straßen werden etwas chaotischer, man merkt, dass man in der Zeit zurückgeht, in den älteren Teil der Stadt, bis man zum Eingangstor der Medina gelangt. Bis die Franzosen hier eintrafen, war dies der einzig bebaute Teil der Stadt. Man gelangt vor das Stadttor **Bab el-Bahr 1**. Von hier führt die Rue Jamaa Zitouna direkt bis zur Moschee. Die Medina besteht aus einer verwirrenden Menge von weißen Türmen, Kuppeln Minaretten und engen, gewundenen Gässchen mit bunten Farbklecksen durch Mosaike und Kacheln. Dazwischen befinden sich Geschäfte, Verkaufsstände mit Souvenirs und Krimskram. Wenn man von allen Seiten von Verkäufern bedrängt wird, geht man am besten zielgerichtet vorbei.

Ez-Zitouna-Moschee 2

Sa–Do, 8–14.30 Uhr, 2 TD

Die Große Moschee von Tunis entstand im 9. Jh., Umbauten wurden im 17. und 19. Jh. vorgenommen. Sie befindet sich im Zentrum der Medina. Die Moschee war das erste große Gebäude, das die Araber nach der Eroberung des byzantinischen Karthago durch Hasan ibn Nu'uman erbauten. Von hier zweigen viele enge, kleine Gässchen in alle Richtungen ab. Die Stadt wuchs nach und nach um die Moschee herum. Rundherum laden Marktviertel *(souks)* zum Stöbern ein.

Souks

Fast jede Straße in der Umgebung der Moschee hat ihren eigenen Markt. Die meisten waren früher auf bestimmte Warengruppen bzw. Handwerke spezialisiert – heute überwiegen allerdings

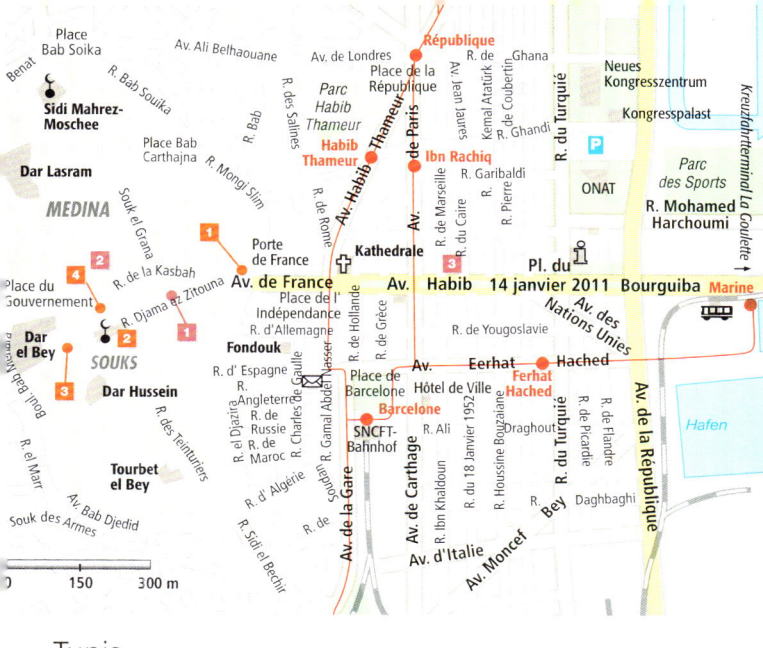

Tunis

Sehenswert

1 Bab el-Bahr

2 Ez-Zitouna-Moschee

3 Bad Midhat es-Soltane

4 Souk el-Berka

Essen und Trinken

1 Café Culturel El Ali

2 Dar El Jeld

3 Chez Nous

die Souvenirs. Die Namen der Souks deuten noch auf die Waren hin: Im Souk el-Kachachine wurden Teppiche und Kleidung verkauft, im Souk de la Laine direkt neben der Moschee befinden sich Schneidereien.

In der Rue Sidi Ben Arous befindet sich das alte **Bad Midhat es-Soltane** **3** aus dem 15. Jh., das zur Moschee gehörte. Der **Souk el-Berka** **4** war dem Sklavenhandel vorbehalten.

Essen und Trinken

Entspannend – **Café Culturel El Ali** **1**: 45bis, rue Jemaa Zaytouna, Tel. 00216 71 3219 27. Angenehme Atmosphäre mit B ick auf die Ez-Zitouna-Moschee von der Dachterrasse.

Traditionell – **Dar El Jeld** **2**: 5, rue Dar El Jeld, La Kasbah, Tel. 00216 71 56 71 30, www.dareljeld.com. Schickes Restaurant in einem aufwendig gekachelten Palast, traditionelles Menü von Couscous bis Süßspeisen.

Schick – **Chez Nous** **3**: 5, rue de Marsailles, Tel. 00216 712 540 43. Französische und tunesische Küche à la carte in schickem Brasserie-Ambiente. Menü ab 40 TND.

Info

Am Hafen: Der Hafen La Goulette ist 15 km von der Stadt entfernt. Meist werden Shuttlebusse organisiert, die gleich eine Rundfahrt mit Bummel einschließen. Vor dem Ter- ▷ S. 149

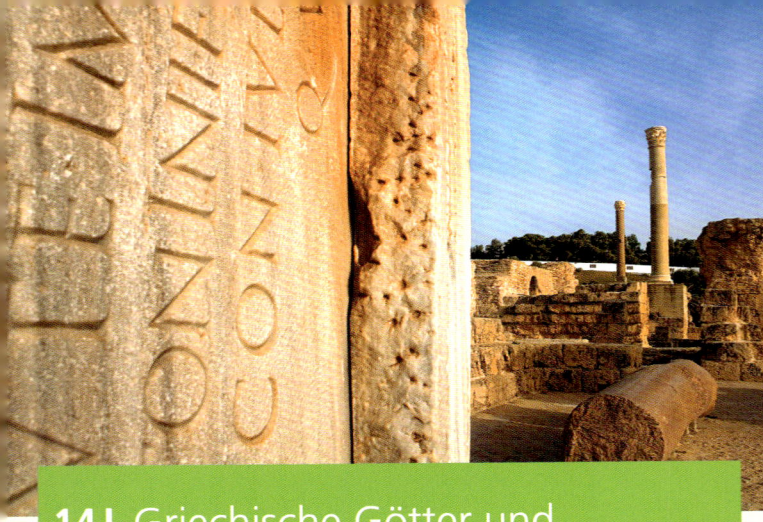

14 | Griechische Götter und punische Krieger – Karthago

Karte: ▶ G 5 | **Dauer:** Rundgang mit Bahnfahrt 5–6 Std.

Der römische Dichter Vergil verewigte den Konflikt der antiken Mächte Karthago und Rom durch die tragische Liebesgeschichte der mythologischen Gestalten Dido und Äneas. Tatsächlich wurde in Karthago eine der blutigsten Schlachten des römischen Reiches geschlagen.

Die Phöniker und späteren Karthager nutzten den natürlichen Hafen und das Hügelfort von Byrsa, um von hier in den Mittelmeerraum vorzustoßen und die Küsten Nordafrikas und Südspaniens zu kolonisieren, lange bevor die Römer ihr Reich dorthin ausdehnten. Die Karthager stellten im Mittelmeerraum daher eine reelle Bedrohung für das Römische Reich dar. Als Hannibal mit seiner legendären Armee von fast 40 000 Kriegern und berittenen Elefanten über Spanien und Frankreich gegen Rom vorstieß, errang er bei Cannae einen

seiner größten Siege. Daraufhin holten die Römer bereits im 3. Jh. v. Chr. während des Ersten Punischen Krieges zum Gegenschlag aus und griffen Karthago an. Erst im Zweiten Punischen Krieg wurden die Karthager jedoch völlig besiegt.

146 v. Chr. landete Scipio Africanus in Nordafrika und machte sich daran, Karthago (Qart Hadasht) systematisch in Schutt und Asche zu legen. Die Stadt wurde durch eine lange 15 m hohe Mauer geschützt, die entlang der schmalen Halbinsel verlief. Dahinter lagen die zwei kleinen Hafenbecken und die Zitadelle in Byrsa. Scipio begann, die Stadt von ihren Versorgungslinien auf dem Land und dem Wasser abzuschneiden. Seine Armee campierte rund um die Mauer, man baute einen Damm vor den Häfen, bis sich die Karthager in die Zitadelle auf dem Hügel zurückzogen, und vernichtete die karthagische Flotte.

Punische Häfen

Heute wirken die beiden Häfen eher klein und unbedeutend, der eine dient für Marineschiffe, der andere als Handelshafen. Beide sind durch einen Kanal verbunden. Eine Brücke führt zu einer Insel in der Mitte. Auf der dem Meer zugewandten Seite der Insel befindet sich eine Werft, die einen Eindruck von einem der antiken Schiffe gibt, die ungefähr 35 m lang waren. Man kann außerdem an einem Modell des Hafens sehen, wie er im Jahr 146 v. Chr. aussah. Im Vergleich mit modernen Kreuzfahrtschiffen wirken die Schiffe der Antike recht winzig und nicht so bedrohlich, wie sie vielleicht auf die Römer gewirkt haben mögen.

Byrsa

Als die Römer die Stadtmauern endlich durchbrachen, belagerten sie die Zitadelle auf dem Hügel Byrsa. Die Karthager verteidigten sie sechs Tage lang. Schließlich mussten sich die verbliebenen Karthager ergeben, sie wurden gnadenlos versklavt. Die Römer brannten die gesamte Stadt nieder und gingen sogar soweit, das Land umzupflügen und Salz in die Erde zu streuen, damit nie mehr wieder ein Grashalm hier wachsen sollte. Dies erklärt, warum man selbst nach jahrelangen Ausgrabungen so wenige Überreste von der einst so bedeutenden Stadt gefunden hat.

Hundert Jahre später kehrten die Römer zurück, um eine neue Stadt zu erbauen. Sie trugen einen Teil des oberen Hügels ab, der Bauschutt wurde am Hügelfuß abgelagert. Dem ist es zu verdanken, dass einige der Ruinen durch Erde abgeschlossen wurden. Die besten und wichtigsten Ausgrabungsstücke finden sich auf dem Gelände der ehemaligen Zitadelle auf dem Byrsa, in der Nähe der heutigen Kathedrale. Hier hat man sich bis zu den Fundamenten der Häuser durchgegraben, die einst auf dem Hügel standen, und ausgeklügelte Wasserleitungen und Abwassersysteme freigelegt.

Musée de Carthage

Das **Karthago-Museum** 1 auf dem Hügel Byrsa enthält eine Sammlung von Artefakten aus der karthagischen, römischen und christlichen Zeit Karthagos. Interessant ist vor allem, wie in Karthago die Kulturen verschiedener Länder verschmolzen. Durch ihre Handelstätigkeit waren die Karthager nicht nur weit gereist, es gab auch viele Einwanderer aus Ägypten, Griechenland und Italien in der Stadt, die das Kunsthandwerk beeinflussten. Die Skulpturen im Museum reichen von griechisch anmutenden Figuren aus dem 4. Jh. v. Chr., römischen Mosaiken, Marmorsärgen und punischen Grabplatten bis zu Stelen mit dem charakteristischen Halbmond.

Nordwestlich an der Straße nach Tunis liegen die Überreste des **Amphitheaters** 2 aus der Zeit des römischen Wiederaufbaus der Stadt. Nicht weit davon auf der anderen Straßenseite befinden sich bei der kleinen Ortschaft La Malga die **römischen Zisternen** 3. Die Grundmauern stammen wahrscheinlich noch von den Puniern. Hier wurde Wasser mittels eines Aquäduktes gesammelt und in die Zisterne geleitet.

Kathedrale St. Louis

In der Nähe der Ruinen erhebt sich die **Kathedrale St. Louis** 4, die 1890 als größte christliche Kirche Afrikas geweiht wurde. Ihr Name geht auf König Ludwig IX. von Frankreich zurück, der als Kreuzfahrer nach Tunis kam und 1270 an den Folgen der Pest starb. Angegliedert sind die ehemaligen Klöster der Weißen Schwestern und der Weißen Väter, die sich stark für die Ausgrabung der antiken Stätte eingesetzt haben. Der Globigerinenkalk, aus dem die Kirche erbaut wurde, stammt von der nahegelegenen Insel Malta.

Thermen des Antoninus und Römische Villen

Nördlich von der Bahnstation Cartago-Hannibal liegen weit verstreut die Überreste der römischen Siedlung, leider oft inmitten von Wohnvierteln. Im Viertel Magon, nahe dem Seeufer, steht ein riesiger Thermenkomplex, die **Thermen des Antoninus** 5, von dem jedoch nur noch das Untergeschoss erhalten blieb. Die Thermen gehörten zu den größten Bädern im ganzen römischen Reich. Sie entstanden 145–165 und verdeutlichen, welche Bedeutung Karthago für das römische Reich der Kaiserzeit besaß. Die aufwendige Anlage bezeugt auch den Reichtum der hier lebenden Patrizier. Die Lage direkt am Meer erlaubte direkte Anbindung an ein Meerwasserschwimmbecken. Das Bad war so angelegt, dass man durch eine Folge von heißen in kalte Bäder (Frigidarium) bis zu Schwimmbädern gelangte. Das Hauptschwimmbecken entsprach wohl den Abmessungen eines heutigen olympischen Schwimmbeckens (50 m Länge).

Toiletten waren Steinbänke mit Aushöhlungen, unter denen ein Wasserstrom hindurchfloss, der die Ausscheidungen sofort wegspülte. Hier saß man allerdings ohne Türen nebeneinander. Der obere Teil des Gebäudes, der leider heute nicht mehr erhalten ist, soll mit dekorativen Fresken und Mosaiken ausgestattet gewesen sein.

Weiter nördlich, auf der anderen Seite der Bahnlinie, befinden sich die Reste verschiedener römischer **Patriziervillen** 6, von denen aus man einen guten Blick auf die Bucht hatte.

Infos

www.commune-carthage.gov.tn/en. Für die Besichtigung der Ausgrabungen sind geführte Touren zu empfehlen

(z. B. über www.getyourguide.co.uk/tunis-l304). Gegenüber vom Terminal befindet sich die Haltestelle der S-Bahn (TGM) Le Bac, weiter östlich liegt die Haltestelle La Goulette. Von dort nimmt man die Bahn in Richtung La Marsa Plage. Die Ausgrabungen erstrecken sich zwischen den Stationen Carthage-Byrsa und Carthage-Amilcar. Carthage-Byrsa bietet Zugang zu den punischen Häfen. Von Carthage-Hannibal gelangt man zu den Antoninus-Bädern und den römischen Villen, zur Kathedrale St. Louis und dem Karthago-Museum. Anfahrt per Taxi, siehe Infos. **Carthage Site et Musée:** Rue 2 de Mars, Tel. 00216 71 73 02 61, www.patrimoinedetunisie.com.tn/eng. Tickets für alle antiken Stätten, tgl. 16. Sept.–März 8.30–17, April 8.30–18, Mai–15. Sept. 7.30–19 Uhr, 9 TND.

Enge Gassen durchziehen die Medina, die Altstadt von Tanger

minal verkehrt die S-Bahn TGM von der Station Le Bad zur Haltestelle Tunis Marine bei der Prachtstraße Habib Bourguiba.

Touristeninformation: am Bahnhof, www.bonjour-tunisie.com, www.commune-tunis.gov.tn.

Währung: Die Währung ist der Tunesische Dinar TND. Wer öffentliche Verkehrsmiteln nutzen möchte, sollte Geld wechseln. Ansonsten kann man fast überall mit Euro bezahlen.

Öffentliche Verkehrsmittel: Bahn: www.commune-tunis.gov.tn, www.sncft.com.tn. Die S-Bahn TGM fährt entlang der Küste von Tunis-Marine (Richtung Innenstadt) bis La Marsa-Plage (Richtung Karthago und Sidi-Bou-Said), Einzelfahrt 0,50 TND. Die Fahrpläne sind ohne Gewähr, mit Verspätungen ist zu rechnen. Aufgrund der andauernden Unruhen in Tunesien werden die Stationen zudem von militärischem Personal bewacht. Die **Métro léger** fährt von Tunis Marine z.B. zum Hauptbahnhof an der Place Barcelonne.

Taxi: Mit den Taxifahrern am Hafen muss man den besten Preis aushandeln. Meist sind die Angebote direkt am Hafenausgang wesentlich teurer. Eine Rundfahrt für 4 Pers. mit Aufenthalt bei der Medina und in Sidi-Bou-Said sollte nicht mehr als 40–60 € kosten.

Tanger (Marokko) ▶ B 5

Das nordafrikanische Tanger war von jeher eng mit dem gegenüberliegenden Europa verbunden. Die Meerenge bei Gibraltar ist nur 14 km breit und Tanger hat immer eine Rolle als Verbindungsbrücke zwischen Norden und Süden gespielt. Im 8. Jh. gelangte der Maurenführer Tarik ibn-Ziyad nach Gibraltar, und von dort begann die maurische Eroberung Spaniens. Ab 1471 kamen dann die Portugiesen über die Meerenge von Norden und nahmen Tanger ein. 1661 fiel Tanger in britische Hände.

149

Im 20. Jh. erhielt Tanger einen zweifelhaften Status durch Schmuggler und Schieber, Drogen und Verbrechen. Zudem war es für einen anstößigen Lebenswandel zugezogener Künstler aus Europa und Amerika bekannt. Heute ist die Stadt voll von Tagestouristen, die die Fähre von Gibraltar nehmen, um einmal exotische Luft zu schnuppern.

Die Neustadt

Die **Medina** mit der Kasbah-Burg (**direkt 15** S. 152) schmiegt sich an einen Berghang und zieht sich bis zum Meer und dem weißen Strand hinunter. Im Stadtzentrum gibt es viele Märkte, auf denen auch Töpferwaren und Gewürze verkauft werden. In den Teestuben wird Schwarztee gemischt mit Pfefferminze serviert. In der Neustadt sind die beiden Hauptstraßen der Boulevard Mohammed V und der Boulevard Pasteur. Am Boulevard Pasteur befinden sich die Touristeninformation sowie eine schöne Aussichtsterrasse.

Hotel El Minzah **1**

85, rue de la Liberté, Tel. 00212 539 333 444, www.leroyal.com/morocco In der Rue de la Liberté, die zur Medina führt, befindet sich eines der besten Hotels Tangers. Das Gebäude von 1930 verfügt über einen hübschen Innenhof und mehrere Cafés, Bars und Restaurants. Das Restaurant El Korsan und der Misbah Club sind zu empfehlen.

Musée Forbes **2**

Palais Mendoub, Rue Shakespeare, Tel. 00212 539 93 36 06, tgl. 10–17 Uhr. Zum Museum auf der Westseite am Fuß der Kasbah gelangt man über die Place du 9 Avril, die Rue de la Kasbah und dann die Rue Assad ibn el Fassat. Direkt gegenüber vom Sportstadion liegt die ehemalige Villa des amerikanischen Zeitungsbarons und Millionärs Malcolm Forbes, das Palais Mendoub. Forbes lebte hier in ultimativem Luxus, als Tanger den Status einer internationalen Zone hatte. Er baute die weiße Villa am Meer, die man heute besichtigen kann. Außerdem war er ein leidenschaftlicher Sammler von Spielzeugsoldaten. Mit ihnen inszenierte er Szenen aus berühmten Schlachten der Weltgeschichte.

Essen und Trinken

In den Hotels der Avenue des Far hinter dem Strand wird man allemal fündig, wenn man Hunger oder Durst hat. Auch in der Altstadt und der Medina gibt es eine reiche Auswahl.

Mittelmeerküche – **San Remo 1**: 15, rue Ahmed Chaouki, Tel. 00212 539 93 84 51. Mediterrane Küche mit spanischen und italienischen Speisen ab etwa 60 DH.

Marokkanische Spezialitäten – **Hamadi 2**: 2, rue de la Kasbah, Tel. 00212 539 993 45 14, tgl. 9.30–15.30, 19.30–23 Uhr. 40–70 DH.

Einkaufen

Der **Boulevard Pasteur** ist die Haupteinkaufsstraße mit Boutiquen, Teppichläden, Souvenirs und Keramikwaren. An der **Place Mohammed V,** einem der Hauptplätze der Stadt, stehen Straßenhändler, die allerlei Ramsch an die Touristen verhökern. Von hier hat man auch einen schönen Blick über die Bucht.

Infos

Am Hafen: Das Schiff legt ca. 800 m entfernt vom Stadtzentrum an. Ein Shuttlebus und Taxis sind verfügbar.

Touristeninformation: Délégation du Tourisme, 29, bd. Pasteur, Tel. 00212 539 94 80 50, magounjab@tourisme. gov.ma.

Öffentliche Verkehrsmittel sind in Marokko eher unzuverlässig. Die Stadtbusse sind immer überfüllt, Fahrpläne

Tanger

Sehenswert

1 Hotel El Minzah
2 Musée Forbes
3 Grand Socco
4 Grand Socco-Moschee
5 Bab Fahs

6 Petit Socco
7 Große Moschee
8 Bab el Aissa
9 Dar El Makhzen
10 Musée d'Art marocain

Essen und Trinken

1 San Remo
2 Hamadi
3 Café Hafa

existieren nicht. Man sollte am besten auf Taxis ausweichen, die vor dem Hafen warten. Der Busbahnhof liegt an der Place Sahat El Djamia El Arabia (Place de la Ligue arabe), 2 km südöstlich des Stadtzentrums. Der neue Bahnhof liegt 3 km südöstlich des Zentrums, an der Straße nach Tétouan.

Mietwagen: Büros der großen Agenturen finden sich um den Boulevard Mohammed V und den Boulevard Pasteur, www.ctm.ma, www.oncf.ma.

Geführte Touren: z. B. über www.cruisingexcursions.com, ab 16 €/Pers.

Strand: Vom Hafen geht man auf der Avenue d'Espagne und entlang der Avenue des Forces Armées Royals (FAR). Dieser Boulevard verläuft entlang der Hauptstrände der Stadt. Im Hintergrund stehen mehrere große Hotels.

15 | Weiße Stadt auf dem Berg – die Medina von Tanger

Karte: Cityplan S. 151 | **Dauer:** Rundgang 3–4 Std.

Wie viele andere Küstenstädte im Mittelmeer ist Tanger so angelegt, dass eine Burg auf dem Hügel den Hafen überblickt. Die von der Stadtmauer umgebene Kasbah sitzt ganz oben auf dem Hügel, und ihre weißen Türme, Kuppeln und bezinnten Mauern strahlen in der Mittagssonne über einem Gewirr von Häusern, Moscheen, Torgängen und lebhaften Märkten.

Die Lage der Stadt wurde von jeher als strategisch vorteilhaft angesehen: an der Meerenge, direkt gegenüber dem Felsen von Gibraltar, der nur 14 km entfernt ist – ein guter Ausgangspunkt, um den Schiffsverkehr und die Handelsrouten Nordafrikas und nach Europa zu kontrollieren. Die multikulturelle Stadt unterstand zunächst den Arabern, dann den Portugiesen, Briten und schließlich marokkanischen Herrschern. Zwischen-

durch unterlag sie einem Sonderstatut und war ab 1923 internationale Zone.

Insbesondere in dieser Zeit entwickelte Tanger den Ruf einer etwas anrüchigen Metropole, man dachte bei ihrem Namen an Spione, Betrüger, einen anstößigen Lebenswandel, Drogenhandel und andere Verbrechen. Das Zentrum Tangers, die Medina mit der Kasbah, war das Zentrum dieser zwielichtigen Welt und hat bis heute etwas Zwischenweltliches. Auch das Werk und Leben des Schriftstellers Paul Bowles (1910–99) ist ganz eng mit der Stadt verbunden. Er lebte hier ab 1947 mit seiner Frau Jane in einer Freiehe. Sein Roman »So mag er fallen«, schildert teilweise autobiografische Erlebnisse in Tangers Unterwelt. Die amerikanische Beat Generation mit Autoren wie Ginsberg, Kerouac and Borroughs fühlte sich hiervon inspiriert und nach Tanger gezogen, um frei zu sein und ihre Fantasien auszuleben.

Die Medina von Tanger

Der Rundgang durch die Medina beginnt am **Grand Socco** `3` (Soukh), dem Markt, der die Medina von der Neustadt trennt. Bevor die größte Hitze des Tages beginnt, stellen Händler hier ihre Stände auf, mit würzigen Speisen, Töpferwaren und anderen touristischen Angeboten, die sie an den Mann bringen möchten. Im Hintergrund erhebt sich das Minarett der **Grand Socco-Moschee** `4` mit auffallendem, pinkfarbenem Mosaik. An derselben Stelle befand sich einst ein römischer Tempel, dann eine portugiesische christliche Kathedrale.

Das weiße Tor **Bab Fahs** `5` bildet den Eingang zur Medina. Die Rue Essaighin (Silberschmiedstraße) geht auf römische Ursprünge zurück, sie führt zum **Petit Socco** `6`, dem kleineren Markt im Zentrum der Medina. Mitte des 20. Jh. war er die Durchgangsstation für Schieber und Schmuggler. Heute stellt sich alles etwas harmloser dar, der Platz ist gesäumt von Cafés und Läden sowie zahlreichen Souvenirgeschäften, die sich auf die Tagestouristen eingestellt haben.

Von hier gelangt man auf der Rue de la Marine zur **Großen Moschee** `7` mit ihrem schwarz-weiß gemusterten Minarett. Sie stammt aus dem 17. Jh., wurde aber um 1815 restauriert.

Vom Petit Socco gelangt man über die Rue des Almohades, dann die Rue Ben Raisouli zur befestigten Kasbah. Das solide Haupttor **Bab el Aissa** `8` führt zum Mechouar, dem Platz vor dem weißen Sultanspalast **Dar El Makhzen** `9`. Das Gebäude von Moulay Ismail aus dem 17. Jh. ist um zwei Innenhöfe angelegt, die mit Marmorbrunnen und Säulen geschmückt sind. Dies war der Sitz der Sultane von Marokko, wenn sie in Tanger weilten. Bis ins 20. Jh. hielt der Sultan hier öffentlich Gericht.

Im Palast sind die zwei wichtigsten Museen der Medina untergebracht. Das **Musée d'Art marocain** `9` zeigt kunsthandwerkliche Gegenstände wie Teppiche, Waffen, Schmuck, alte Manuskripte, Keramik und Schnitzereien. Das **Musée des Antiquités** befindet sich in der ehemaligen Küche des Palastes. Es beherbergt eine Sammlung von römischen und prähistorischen Artefakten, die in der Gegend gefunden wurden. Daneben liegt die Schatzkammer des Sultans, das **Bit el Ma.**

Übrigens: Marokko war das erste Land, das die Unabhängigkeit der Vereinigten Staaten anerkannte. Die erste diplomatische Niederlassung der USA entstand 1821 in Tanger im Südwesten der Medina. Im Paul-Bowles-Flügel ist ein interessantes Kunstmuseum untergebracht.
Tangier American Legation Institute for Moroccan Studies: www.legation.org, 8 Zankat America, Tel. 00212 539 93 53 17, Mo–Fr 10–13,15–17 Uhr.

Infos

Musées de la Kasbah: 12, rue de la Kasbah, Tel. 00212 539 91 20 97, So–Mo 9–13 und 15–18 Uhr, 10 DH.

Erfrischende Rast

Café Hafa `3`: Av. Hadi Mohammed Tazi, Mo–Fr 8.30–23, Sa/So 8.30–2 Uhr. Legendäres Café seit 1921, das zu den Favoriten der Dichter der Beat Generation sowie der Rock- und Popmusiker der 1960er-Jahre gehörte. Eine Spezialität ist der Minztee, der nach einem Geheimrezept zubereitet wird.

Register

Das Klima im Blick — atmosfair

Reisen bereichert und verbindet Menschen und Kulturen. Wer reist, erzeugt auch CO_2. Der Flugverkehr trägt mit einem Anteil von bis zu 10 % zur globalen Erwärmung bei. Wer das Klima schützen will, sollte sich für eine schonendere Reiseform (z. B. die Bahn) entscheiden – oder die Projekte von *atmosfair* unterstützen. *Atmosfair* ist eine gemeinnützige Klimaschutzorganisation. Die Idee: Flugpassagiere spenden einen kilometerabhängigen Beitrag für die von ihnen verursachten Emissionen und finanzieren damit Projekte in Entwicklungsländern, die dort den Ausstoß von Klimagasen verringern helfen. Dazu berechnet man mit dem Emissionsrechner auf *www.atmosfair.de,* wie viel CO_2 der Flug produziert und was es kostet, eine vergleichbare Menge Klimagase einzusparen (z. B. Berlin – London – Berlin 13 €). *Atmosfair* garantiert die sorgfältige Verwendung Ihres Beitrags. Klar – auch der DuMont Reiseverlag fliegt mit *atmosfair!*

Unterwegs mit Lilly Nielitz-Hart und Simon Hart

Lilly Nielitz-Hart studierte Amerikanistik und Kulturwissenschaft und ist als freie Journalistin und Autorin tätig. In Großbritannien arbeitete sie mehrere Jahre für ein namhaftes Kreuzfahrtunternehmen. Simon Hart studierte Antike Geschichte und Archäologie. Er lehrte u. a. an der University of British Columbia (Kanada) und nahm an zahlreichen archäologischen Ausgrabungen römischer Fundstätten teil. Beide leben in Großbritannien und veröffentlichten mehrere Reiseführer über das Land. Zusammen haben sie auf zahlreichen Kreuzfahrten den Mittelmeerraum bereist, da sich ihr kulturelles und historisches Interesse auf diese Weise ideal mit der Begeisterung für Seereisen verbinden lässt.

Abbildungsnachweis

Bildagentur Huber, Garmisch-Partenkirchen: Titelbild (Gräfenhain)
DuMont Bildarchiv, Ostfildern: S. 34 (Selbach)
Simon Hart, Bournemouth: S. 7, 156 li
Daniel Izquierdo Hänni, Valencia: S. 46
laif, Köln: S. 152 (Boisvieux/Hoa-Qui); 30 (Gonzalez); 104 (Harscher); 48 (hemis.fr); 42 (hemis.fr); Umschlagklappe vorn, 69 (hemis.fr/Moirenc); 17 (Heuer); 9 (Peterson/Redux); 74 (Valentin)
Mauritius Images, Mittenwald: S. 13, 39, 56, 62, 81, 85, 86, 89, 94/95, 108, 112, 134, 146, 149 (Age); 133 (Bahnmüller); 141 (Dauerer); 122 (Koziol); 138/139 (Kreder)
Lilly Nielitz-Hart, Bournemouth: Umschlagrückseite, S. 4/5, 15, 28/29, 129, 156 re

Umschlagfotos

Titelbild: Blick vom Liegestuhldeck auf den Vulkan Stròmboli
Umschlagklappe vorn: Bug eines Kreuzfahrtriesen

Hinweis: Die Autoren und der Verlag haben alle Informationen mit größtmöglicher Sorgfalt geprüft. Gleichwohl sind Fehler nicht vollständig auszuschließen. Alle Angaben erfolgen ohne Gewähr. Bitte schreiben Sie uns! Über Ihre Rückmeldung zum Buch und Verbesserungsvorschläge freuen sich die Autoren und der Verlag:
DuMont Reiseverlag, Postfach 3151, 73751 Ostfildern,
info@dumontreise.de, www.dumontreise.de

2., aktualisierte Auflage 2015
© DuMont Reiseverlag, Ostfildern
Alle Rechte vorbehalten
Redaktion/Lektorat: Hans E. Latzke, Sebastian Schaffmeister
Grafisches Konzept: Groschwitz/Blachnierek, Hamburg
Printed in China

Kartografie:

DuMont Reisekartografie, Fürstenfeldbruck
© DuMont Reiseverlag, Ostfildern

FSC
www.fsc.org
100%
From well-managed forests
FSC® C021256